A K B A R A H M E D

ISLAM UNDER SIEGE

Themes for the 21st Century

21세기를 위한 주제 03

포위당한 이슬람

아크바르 아흐메드 지음 · 정상률 옮김

울력

포위당한 이슬람 (21세기를 위한 주제 03)

지은이 | 아크바르 아흐메드
옮긴이 | 정상률
책임 편집 | 김익균
펴낸이 | 강동호
펴낸곳 | 도서출판 울력
1판 1쇄 | 2007년 5월 25일
등록번호 | 제10-1949호(2000. 4. 10)
주소 | 152-889 서울시 구로구 오류1동 11-30
전화 | (02) 2614-4054
FAX | (02) 2614-4055
E-mail | ulyuck@hanafos.com
값 | 12,000원

ISBN | 978-89-89485-51-3 03340

· 잘못된 책은 바꾸어 드립니다.
· 옮긴이와 협의하여 인지는 생략합니다

차례

일러두기

1. 이 책은 Akbar S. Ahmed의 ***Islam Under Siege*** (Polity, 2003)를 완역하였다.
2. 이 책은 원서의 체제를 따랐다.
3. 본문에서 책과 신문, 잡지 등은 『 』로, 논문과 기사는 「 」로 표시하였다. 그리고 영화나 음악 작품은 〈 〉로 표시하였다. 원어 그대로 표기한 경우, 책과 신문, 잡지 등은 이탤릭체로, 논문과 기사는 " "로 표시하였다.
4. 본문 중 〔 〕로 묶은 것은 모두 옮긴이의 것이다.
5. 아랍어 표기는 옮긴이의 의견에 따랐다.
6. 주석은 책 뒷부분에 있으며, 옮긴이의 주와 함께 일련 번호를 붙여 정리하였다.

감사의 글

이 책에 제시된 몇 가지 생각들은 런던에 있는 왕립국제문제연구소Royal Institute of International Affairs에서의 강의 내용과 『월드 투데이』에 게재한 몇 편의 논문들을 발전시킨 것이다. 또한 워싱턴에 있는 아메리카 대학 이슬람 연구Islamic Studies 이븐 할둔Ibn Khaldun 석좌 교수 취임 연설을 발전시킨 것이다. 이 연설문은 『중동 저널*Middle East Journal*』(워싱턴)에 게재되었다. 또한 이 책은 『고등교육연보*Chronicle of Higher Education*』(워싱턴), 『히스토리 투데이』, 『인종 · 종족 연구*Ethnic and Racial Studies*』, 『인디펜던트』, 그리고 『가디언』(런던)에 게재된 논문들을 발전시킨 것이다. 관련된 모든 분들에게 감사드린다. 미국의 『릴리전 뉴스 서비스』에 특별한 감사의 마음을 전한다.

나는 조언을 해준 아흐메드Amineh Ahmed, 고드윈David Godwin, 굿맨Louis Goodman, 오리어리Carole O'Leary, 루이

스Peter Lewis, 미텔먼James Mittelman, 몬트빌Joe Montville, 파샤Mustapha Kamal Pasha, 로제크Chris Rojek, 세드마크Todd Sedmak, 손Tamara Sonn에게 감사한다. 또한 『워싱턴포스트』의 카힐Kathleen Cahill에게도 감사의 마음을 전한다. 그는 이 책을 편집하고, 쟁점이 되고 있는 자료들을 분류하는 데 헌신적으로 도움을 주었다. 항상 그래 왔던 것과 같이 나의 아내 지나트Zeenat는 나에게 글에 대한 조언과 영감을 주었고, 나의 글을 읽어 주었으며, 내 생각들을 더욱 세련되게 만드는 데 도움을 주었다. 나는 이 책을 친구인 프린스턴 대학의 로젠Lawrence Rosen 교수에게 바친다. 나는 그의 학문과 우정에 감사를 표한다.

아크바르 아흐메드

서론: 신의 도박

"너희의 종교가 네 손바닥에 있는 뜨거운 석탄 조각과 같은 날이 올 것이다; 너희는 그것을 붙잡고 있을 수 없을 것이다." 이슬람의 예언자는 7세기 초에 아라비아에서 신도들에게 이렇게 말하면서 미래를 예측하였다. 후에 제자들이 그에게 물었다. "무슬림이 거의 사라진다는 의미인가요?" 예언자는 대답했다. "아니다. 무슬림 수는 그 어느 때보다도 늘어날 것이다. 그러나 대해의 파도 위에 떠 있는 거품처럼 힘이 없게 될 것이다."

2001년 9월 11일 이후, 예언자의 이 예언은 사실로 드러나는 것 같았다. 이슬람은 그의 신도들에게 뜨거운 석탄 조각 같은 것이 되었다. 그러나 이전 어느 때보다도 신도 수는 증가했고, 역사상 처음으로 전 세계에 퍼져 있다. 무슬림 사회는 어느 곳이나 혼란 속에 있는 것처럼 보이고, 피고인석에 앉아 있는 것처럼 느껴지며, 그들은 "테러리스트" "광신자" "극단주의자" 종교에 속한 것으로 비난받는다. 이슬람은 포위되어 있는 것처럼 보인다.

2001년 9.11 사건 이후, 조지 부시 대통령이 선언했던 "테러와의 전쟁"은 금세기 내내 이어질 위험이 있다. 즉, 많은 무슬림들은 그것을 이슬람에 대한 전쟁으로 여기고 있다. 그러므로 전 지구적 · 개인적 수준 모두에서, 지금은 무슬림들에게 도전과 실망의 시기이다.

나는 인류학자의 한 사람으로서 변화하는, 복잡하고 위험한 세계를 이해하고자 노력할 것이다. 나는 무슬림 세계에서 무엇이 잘못되고 있는지, 왜 잘못되고 있는지, 그리고 나의 설명은 무슬림, 비무슬림들을 모두 포함하고 있기 때문에, 만약 우리가 장래에 전 지구적 안전과 조화를 원한다면 우리는 어떻게 앞으로 나가야 할 것인지를 설명하려고 한다.

나는 성찰적 인류학의 방법론methodology of reflexive anthropology을 이용할 것이고, 중요한 점을 설명하기 위해서 내 개인적 성향personal nature을 드러내는 예도 제시할 것이다. 나는 또한 질문을 제기하고, 미래에 가능한 연구 방향을 제시할 것이다. 나는 질문에 대해 답하지는 않을 것이다. 다양한 해석이 가능하다. 오래된 낡은 개념들은 논쟁을 하거나 폐기될 것이다.

서구 식민지 출현 이후, 지난 2세기 넘게 무슬림 사회에서는 불화, 변화, 종교 개혁 시도들이 분명하게 존재했다. 어떤 기술적, 경제적 발전은 사회 내 분열과 논쟁을 더욱 심화시켰다. 무슬림의 행위와 사고의 규범을 이해할 수 있는 이념적 틀

자체가 도전을 받고 있다. 무슬림들은 신의 말씀인 코란과 예언자의 삶을 이해하지 않고는 무슬림의 행위 규범을 이해할 수 없다. 이 두 가지는 샤리아Shari'a[이슬람법, 코란과 무함마드의 언행을 모아 놓은 하디스로 구성됨] 또는 신이 제시한 길Path을 구성한다.

무슬림들은 어디에서나 이슬람에 대한 재평가와 재검토를 강요받고 있다. 신과 창조의 목적에 관한 의문들이 제기되고 있다. 이슬람 교리 자체와 그 미래에 대한 의문들도 또한 제기되고 있다.

신의 도박

우리가 살고 있는 세계를 이해하기 위해서는 신이 우주를 가지고 주사위 놀이를 하는 것은 아니라는 사실을 기억할 필요가 있다. 아인슈타인이 옳았다. 그러나 신은 인간을 창조하고 인간에게 자유 의지를 주고서 [인간] 역사와 도박을 했다. 21세기 초에 [인간이 직면하고 있는] 문제들, 즉 광범위하게 퍼져 있는 가난, 정의와 동정심의 결여, 지구 자원의 완전한 고갈, 광범위하게 퍼져 있는 폭력과 그에 대한 무감각 등을 보면서, 신은 이제 인간 창조를 후회할지도 모른다. 그리고 우리는 신이 마음속으로 무슨 생각을 하는지 잘 알고 있다. 영감을 지닌 메신저와 성서를 통하여 신은 인간 남녀 모두에게 당신의 형상대로 인간을 창조하였다는 사실을 전달했다. (여성을 차별하는 종교로 널리 알려져 있는 이슬람에 대한 고정관념과는 반대로,

코란은 남녀 모두를 동등하게 언급하고, 포함한다.) 코란은 남성을 신의 "대리인" 또는 "대리자"로 묘사하고 있다(2장 30절).[1]

신은 인간을 창조함으로써 도박을 했다. 바로 자유 의지 개념 속에는 온건하면서도 잔혹한 긴장이 존재한다. 즉, 인간은 정의롭고 자비롭게 되는 것만큼이나 쉽게 살인하고 파괴할 수 있는 능력을 가지고 있다. 이것은 인간이 그 본성인 야생성이나 아나키적 충동을 억누르기 위해서 지식과 본능을 이용할 정도로, 신과 같은 자신감을 가지고 있다는 것을 의미한다. 신은 인간이 선을 행하고 악을 피하기를 원하신다(9장 112절). 신은 정의롭고 균형 있는 인간 사회를 원하신다(55장 9절). 그러므로 신을 가장 실망시키는 것은 아마도 인간이 할 수 있는 극단적인 폭력의 표현일 것이다. 특히 그것은 인간이 자신의 환경을 변화시키고 통제하기 위해 그 재능을 계발해 온 것이다. 의학과 통신 분야에서의 획기적인 성취로 인간은 탐욕스러운 욕구를 억제하지 못하고 있다. 인간 사회는 매우 빠른 속도로 지구를 파괴하고 있다는 사실을 받아들일 준비조차 하지 못하고 있다. 미래 세대의 것을 빼앗고 있다는 주장에 귀를 기울이지 않고 있는 것 같다.

코란에 표현된 신의 비전은 명백하다. 신은 전지전능하고 어디에나 존재하기 때문에, 정의와 동정심을 강조한다. 신은 자신을 만유universes(여기서 복수를 사용했음을 명심해야 함)의 신으로 묘사하고 있다. 신은 부족이나 피부색에 따라 인간 사회를 인위적으로 나누어 놓은 것은 아니라는 것을 지구상에 살고 있는 우리에게 명백히 하고 있다. 또한 그에게는 지리적으로 동과 서가 따로 없다(2장 115절). 신은 어디에나 존재하고 모두의 것이다. 신은 사람들이 서로 다른 언어를 말하고 서로 다른 문화 속에서 사는 다른 부족과 민족에 속하도록 만들었다. 이 모든 것은 신의 보편적인 동정심의 표시이고, 우리는 서로에게 감사하는 것을 배워야 한다(5장 48절, 30장 22절, 49장 13절). 그는 심지어 아브라함을 몇몇 종교(유대교, 기독교, 이슬람)에 공통된 메신저로 보내기조차 했다. 무엇보다도 신은 "종교에는 강요가 없다"(2장 256절)고 선언했다.

모든 것은 신으로부터 왔고, 인간은 신의 형상을 닮아 갈수록 자신의 운명을 이행하고 신의 "대리인"이 되는 길에 가까워질 것이다. 이러한 맥락에서 신과의 일치라는 생각을 이해할 수 있는데, 그것은 수피sufi[신비주의를 추구하는 이슬람의 한 분파]의 언명인 아나 알-하끄ana al-haqq, 즉 "나는 신이다"라는 표현 속에서 그 역사적 표현을 발견할 수 있다. 비록 '신과의 일치'라는 관념이 정통 이슬람에서는 신성을 모독하는 것이었지만, 그렇다고 결코 무리한 생각은 아니었다. 인간의 마음속에 신성을 불러일으키고자 하는 소망을 가지고서, 신은 창조 그 자체의 단일성과 통합성을 강조했다.[2]

인류의 가장 발달된 특성 중에서 가장 위대한 것은 아마도 도덕적 선택을 할 수 있는 능력일 것이다. 즉, 인간은 분노하는 사람에게 다른 쪽 뺨을 내놓을 수 있고, 다른 사람들과 평화를 이야기할 수 있는 유일한 종이다. 인간이 동정심을 표현할 때, 그것은 인간과 창조주를 이어주는 신성의 불꽃을 반영하고 있는 것이다.

인간 존재에 대해 회의적인 천사가 신에게 인간들이 지상에서 그들의 짧은 역사를 통해 이룬 것이 무엇이냐며 의문을 제기한다면, 신은 그들에게 부여한 그의 가장 큰 선물인 '창조적 재능creative genius'을 언급할 것이다. 그는 아브라함 같은 예언자의 헌신과 신앙심, 부처님과 공자의 지혜, 피라미드와 타지마할 같은 건축물, 시대를 초월한 문학, 즉 인도의 성전聖典인 베다Vedas, 『일리아드』, 셰익스피어의 비극 속에 표현된 인간의 곤경과 숭고함, 루미Rumi와 갈립Ghalib의 시, 핵 기술과 눈부신 현대 과학 및 정보 통신 기술의 발견 및 발명, 인간으로 하여금 하늘을 날고 물속에서 살며 달 위를 걸어 다닐 수 있게 한 발명품들을 언급할 수 있을 것이다. 이러한 창조물의 대부분은 도덕적 선택moral choice과 관련된 것이다.

이와 유사한 도덕적 선택 때문에, 인간은 다른 방식으로 신을 믿는 사람들에게 폭력을 가하는 데 신의 이름을 이용한다. 더욱이 인간들은 신의 메시지를 가지고 온 사람들에게조차 무관심하거나 무자비했다. 모세가 신의 메시지를 받기 위해 갔던 시나이 산에서 돌아왔을 때, 그는 자신의 추종자들이 황금 소를 만들어 그것을 숭배하고 있는 것을 발견했다. 예수는 고문을 받고 십자가에 못 박혔다. 이슬람 예언자는 암살 시도에서 벗어났지만, 그의 네 명의 후계자 중 3명은 — 선하고 독실한 사람들인데 — 벗어나질 못했다. 후에 샤리아 형성에 가장 영향을 미친 그 네 사람은 매질을 당했고, 투옥되었다. 한 명은 감옥에서 사망했다.

인간 행위에 대한 신의 범주

이슬람에 따르면, 신의 대리인이 되기 위해서 인간은 두 가지 행위 범주category of behavior를 따라야 했고, 그 두 가지 행위 범주 간에 균형을 이루어야 했다. 첫 번째 범주는 종교 의식 및 기도와 관련되어 있는데, 그것은 무엇보다도 인간과 신 사이의 관계를 창출하려는 데 뜻이 있었다. 그것은 이슬람의 5주柱[무슬림이 반드시 행해야 할 5가지 행위 준칙, 5행行이라고도 함], 즉 신에 대한 믿음의 선언, 단식, 기도, (현금이나 친절에 의한) 자선, 일생에 반드시 한 번은 해야 하는 메카 성지 순례를 포함하였다. 비록 이러한 5주가 타인과의 상호 작용을 요구했지만, 그것들은 우선 개인의 행위와 관련되어 있었다. 그리고 그것들은 사회적 행위의 두 번째 범주를 발생시키는 조건을 창출했다.

두 번째 범주는 더 광범위한 사회적 관계들을 창출했고, 그 안에 깊이 뿌리 내리고 있었다. 그중에서 가장 중요한 것은 아들adl(정의), 이흐산ihsan(동정심 · 친절 · 균형), 일름ilm(지식; 코란에서 알라 또는 신의 이름 다음으로 많이 사용되는 단어이다)이다. 그러나 정의adl는 재판관이나 통치자가 사회 내에서 이용 가능하도록 만들어 줄 때만 가능하다. 이와 비슷하게 동정심 · 친절 · 균형ihsan도 사회 내의 타인들이 그것을 믿고 실현할 수 있도록 도와줄 때 성취될 수 있을 뿐이다. 지식ilm의 획득은 개인적 행위이지만, 그럼에도 불구하고 사회가 그것을 증진시킬 수 있는 도서관, 대학, 그리고 인력을 제공해 줄 때 가능했다. 비록 지식을 얻는다 해도, 억압적인 사회에서 그것을 나누거나 발전시키기는 어려웠다. 지식을 수단화하는 것은 사회를 변화시키는 것을 의미했다. 정의, 동정심, 지식은 신이 소망하는 사회를 지향한다는 거대한 함의implications를 가지고 있었다. 이러한 용어들은 이상적인 지도자가 되기 위한 전제조건이 되었다. 그것들을 믿는 지도자는 좋은 지도자였다.

두 가지 범주는 정의로운 사회를 창출하는 조건들을 함께 제공했다. 첫 번째 범주는 수직 축을 구성하는데, 신학이라는 필터를 통해서 가장 우선적으로 이해되었다. 두 번째 범주는 수평 축을 구성하는데, 그것의 가장 우선하는 필터는 인류학이었다. 이 두 범주는 함께 이슬람의 이상을 구성했다. 그러므로 이슬람의 이상Islamic ideal을 발견하기 위해서는 현대 무슬림 사회에 대한, 1차원적 분석이 아니라, 다차원적 분석을 필요로 한다.

종교 제도는 공적인 상호 작용public interaction과 개인의 신앙심 간에 균형을 이루어야 한다. 믿는 종교와 속한 인종이 서로 다름에도 불구하고 함께 사는 방식을 찾고 있는 우리에게 중요한 것은, (아브라함의 신앙에서와 같이) 유일신을 믿는 것이 (힌두교와 같이) 다신을 믿거나 (불교와 같이) 어떠한 신도 믿지 않는 것보다 더 낫다는 것이 아니라, 사회 안에서 사람들을 보호하고 균형감을 가진, 동정적이며 친절함을 가진 조화로운 사회를 창출하는 것이다.

정의롭고 동정심 있는 사회를 창출하는 데 실패함으로써

사람들은 부족의 명예와 복수라는 생각을 갖게 된다. 사회 내부의 분열은 혈통과 관습에 기초하는 것을 심화시킨다. 그리고 살인과 갈등을 고무한다. 그 집단의 명예와, 그리고 그것이 공격받을 경우, 복수의 욕구가 평화 속에서 신을 숭배하고 사회 내부에 동정심을 불러일으키는 것보다 더 중요시된다.

왜 이슬람이 중요한가

21세기는 이슬람의 세기가 될 것이다. 9.11 사건은 그것을 보여 주었다. 네 기의 미국 여객기를 공중 납치한 납치범들은 수천 명의 무고한 사람들을 살해하였을 뿐만 아니라, 그들의 무시무시한 행위는 21세기의 가장 거대한 패러독스 중의 하나를 창출했다. 이슬람은, 그 자체는 평화의 종교로 보이지만, 이제 살인과 파괴와 결합되고 있다. 오늘날의 이슬람을 생각해 보자. 55개 국가에 약 13억의 무슬림이 살고 있다. 당장 하나의 핵 보유 국가가 있고, 세계 무슬림의 약 1/3이 비무슬림 국가에서 살고 있다. 미국에 700만, 영국에 200만을 포함하여 약 2,500만 무슬림이 서구에 살고 있다. 무슬림 국가들은 미국 외교 정책에서 매우 중요한 국가들이다. 미국 외교 정책의 토대가 되는 9개 "중추 국가pivotal states" 중 5개국이 무슬림 국가이다(Chase et al, 1996 참조). 무슬림 세계는 가장 빠른 속도로 인구가 증가하고 있는 곳 중 하나이다. 그리고 무슬림은 다른 세계적 종교들과 충돌 과정collision course에 있는 하나의 세계 종교이다.

무엇보다도 역사적으로, 독특한 지정학적 요소들의 결합으로 인해, 이슬람은 세계 주요 종교 모두와, 즉 중동에서는 유대교와, 발칸 · 체첸 · 나이지리아 · 수단에서, 때로는 필리핀과 인도네시아에서는 기독교와, 남아시아에서는 힌두교와, 탈리반이 바미얀의 불상을 폭파시킨 이후에는 불교와 대립 상태에 있다. 유교 철학, 도교, 공산주의 이념이 혼합된 문화의 중국은 서부 지역에서 이슬람과 충돌 과정에 있다.

딱 이슬람을 골라내어 21세기가 이슬람 문명과 다른 문명 간의 전쟁의 시기가 될 것이라는 지구적 논쟁을 불러일으키는 것은 이러한 [이슬람의] 역사적 결합 때문이다. 물론 이러한 단순화된 주장은 매우 많은 무슬림 국가들이 비무슬림 국가들과 확고한 동맹을 맺고 있기 때문에 도전을 받고 있다. 더욱이, 현재 매우 많은 무슬림들은 비무슬림 국가에서 살고 있다. 그러나 주요 세계 문명들은 그 문명 내외에서 이슬람을 수용하고 이해하는 데 문제가 있음을 경험하고 있다.

사회적 이행social transformation의 경제적, 정치적, 때로는 인구학적 원인이 무엇이든 관계없이, 매우 단순화된 관념은 가끔 상상력을 불러일으키고, 보통 사람들이 그것을 이해할 수 있게 하는 여과기 역할을 하기도 한다. 그런 하나의 관념, 즉 이슬람 문명과 서구 문명 간에 계속적인 충돌이 있다는 관념은 현재 전 세계 사람들의 상상력을 확실히 사로잡고 있다. 하버드 대학의 교수들과 유럽의 수상들이 그 논쟁에 불을 지펴 왔다. 그러나 그 논쟁은 1천 년 동안 지속된 것이었다. 우리가 문명의 충돌이라는 생각을 고수할 것인가, 아니면 대화를 선택할 것인가는 이슬람을 이해하는 데 열쇠가 될 것이다.

이슬람 공포증Islamophobia — 또는 이슬람과 이슬람 문명에 대한 일반화된 증오 또는 경멸 — 은 광범위하게 퍼져 있고 점점 더 증가하고 있는 것 같다. 이것은 현실이다. 헌법과 헌장이 아무리 숭고하고 고매하다 해도, 그 결과는 무슬림 가족에게 압력으로 작용하고, 사회적, 정치적, 심지어 도덕적 삶에 대해서도 압력이 되고 있다. 그 귀결은 [무슬림의] 노여움, 혼란, 좌절이고, 결국 무슬림들의 폭력 행위를 초래한다. 피트나fitna(혼돈)와 샤르shar(갈등)는 흔한 일이 되고 있다. 정의롭고 동정심 있는 인간 사회를 만들겠다는 신의 비전은 달성되지 않은 채로 남아 있다. 그러므로 이슬람을 이해하는 것이 중요한 과제가 되고 있다.

모든 사회는 무슬림 사회 내에서 발생하고 있는 결과물들을 느낄 것이다. 현재 어느 누구도 이슬람 사회에서 격렬하게 벌어지고 있는 논쟁에서 자유롭지 못하다. 이 책 속에 업급된 쟁점들은 학자, 정책 결정자, 보통 시민들을 염두에 둔 것이다.

이슬람에 대한 오해

이슬람에 대해 매우 많은 오해를 하고 있다. 9.11 사건 이후 서구에서 일어나고 있는 이슬람에 대한 논쟁은 너무 자주 반복적으로 계속되는 뿌리 깊은 편견들에 지나지 않는다. 예를 들면, 이슬람을 비판하는 사람들은 다음과 같이 묻는다. “이슬람은 동정심과 인내심을 그렇게도 강조하면서, 왜 비무슬림들을 향해 폭력을 사용하고 관용적이지 못하며,[3] 여성을 차별하는가?[4]

이 질문에 답을 하자면, 무슬림도 비무슬림도 코란을 선택적으로 이용하고 있다는 것이다. 앞부분에 기록된 코란 구절들(예를 들면, 코란 2장 190-4절)은 뒷부분에 기록된 구절들(9장 5절)에 비해서 평화와 일치를 강조한다. 일부 행동가들은 이것이 선행 구절들의 폐기를 의미한다고 보기 때문에 공격적인 호전성을 옹호한다. 사실 코란 구절들은 그것이 형성된 사회적, 정치적 맥락 내에서 이해되어야 한다. 코란 구절들을 독해할 때, 기록될 당시의 특수 상황과 그것들이 구현되는 일반 원칙general principle 모두를 고려해야 한다.

이슬람이 폭력을 조장한다고 하는 이슬람 비판자들에 대해 논해 보자. 19명의 비행기 납치범들은 이슬람 신학과는 거의 관련이 없었다. 단 한 명의 무고한 사람을 살해하는 것은 모든 인간을 살해하는 것과 같은 것이라고 코란은 경고하고 있다(5장 32절). 코란은 분명히 관용과 이해를 권고한다. 더욱이 인종의 다양성을 강조하는 것과 같은, 인류학적으로 계몽적인 구절도 있다. "오 인간이여! 명심하라, 너희 모두는 남자와 여자로 창조되어 왔고, 민족nations과 부족tribes에 속하여 왔다. 그 결과 너희는 서로를 알아보게 되었다…. 신이 보았을 때, 너희를 가장 고귀하게 하는 것이 가장 훌륭한 행위이다"(49장 13절).

만인은 공통된 인간성을 가지고 있다는 생각은 무슬림의 자아 인식에 있어 중심 개념이다. 신을 라흐만Rahman과 라힘

Rahim, 즉 자선심이 충만한 분이고Beneficient 자비로우신 분Merciful으로 앎으로써 — 라흐만과 라힘은 신에 대한 99개 명칭 중 가장 흔하게 불리는 두 개의 이름이며, 종교적 언명을 소개하는 데 이 두 가지 용어를 사용함으로써 신 자신이 코란에서 선택한 명칭이다 — 무슬림들은 자신들의 공동체, 종교, 국가에 속하지 않는 사람들도 포용해야 한다고 알고 있다. 신은 코란을 통해 '신이 인간 사회 내에 만들어 놓은 다양성을 높이 평가해야 한다' 고 우리에게 말씀하신다. "신이 창조하신 것 중에는 하늘과 땅, 너희의 서로 다른 언어와 피부색이 있느니라. 이에 선지자들에게는 경이로운 일이라!"(30장 22절).

유대인, 기독교인 — 또는 "위선자들"로 간주되는 무슬림 — 과 싸우는 것에 관한 [코란] 구절들은 특정 상황 및 시대 조류와 관련해서 이해해야 한다. 무슬림들에게 중요한 것은 공격자가 누구든 자신들의 권리를 지키는 것이다. "너희에게 적대하여 싸우는 자들과 싸워라, 그러나 먼저 적대 행위를 시작하지 말라"고 코란은 무슬림들에게 말한다(2장 190절). 빈 라덴 같은 사람들은 이 구절을 인용하면서 일반적으로는 유대인과 기독교인들을 상대로 하는 그들의 폭력 행위를, 특히 유대교와 기독교를 대표하는 것으로 인식하고 있는 미국에 대한 그들의 폭력 행위를 정당화한다. 그들은 '신은 무슬림들이 유대인, 기독교인들과 끊임없이 갈등관계에 있기를 원하신다' 는 인상을 주고 있다. 그들은 잘못하고 있다. 그들은 이 구절들을 초기 이슬람 역사의 특정 상황과 관련된 맥락 속에서 해석하지 않을 뿐만 아니라 신의 더 큰 명령을 분명히 전하고 있는 다음과 같은 구절들을 무시하고 있다. "만일 그들이 평화를 원하면, 그들과 평화롭게 지내라. 신은 용서하시니, 자비로우시도다"(2장 192-3절).

[코란을] 잘못 이해한 무슬림과 비무슬림들, 특히 언론에 종사하는 인스턴트 전문가들은 자신들의 주장을 지지하기 위하여 성서[코란]를 선택적으로 이용하기 때문에 이런 식의 잘못을 범하는 것이다. 이러한 사례에서와 같이, 어떤 무슬림들은 유대인과 기독교인에 대한 폭력은 허용된다고 주장할 것이다. 어떤 비무슬림들은 이러한 노선[의 문제점]을 지적하고, 타자에 대해 적대적인 무슬림들을 매우 저주한다고 말할 것이다. 그들은 그러므로 이슬람과 싸우겠다는 생각은 정당화된다고 넌지시 주장한다.

무슬림 남성들이 혼인할 수 있는 여성의 수와 관련한 토론도 이와 비슷한 처지에 있다(제4장 2절 "베일에 가려진 진실: 이슬람 여성"을 참조). [코란을] 잘못 이해한 무슬림들은 네 명의 아내를 가지는 것을 정당화하기 위해서 코란 4장 3절 — "네가 원하는 만큼의 많은 여성, 2명, 3명 혹은 4명과 결혼하라" — 을 인용한다. [코란을] 잘못 이해한 비무슬림들은 이슬람의 음탕한 특성을 지적한다. 양자 모두 같은 절에 있는 그 다음 행, 즉 각각의 아내는 동등하게 그리고 "정의"롭게 대우받아야 하며, 이것이 불가능할 때에는 한 명의 아내를 가지는 것이 가장 좋다는 말을 무시하고 있는 것이다.

"왜 그들은 우리를 저주하는가?"

무슬림뿐만 아니라 많은 사람들에게 우리가 살고 있는 이 시대에 분노를 불러일으키는 또 다른 면이 있다. 팔레스타인, 카슈미르 또는 체첸에서 살해되고 있는 사람들을 생각할 때, 무력감과 모욕감을 느낀다. 많은 사람들은 직접적으로나 간접적으로 미국을 비난한다. 그들이 볼 때, 초강대국[미국]은 도덕적 파산자이고, 세계인들이 겪는 고통을 기꺼이 중지시키려고 하지 않으며, 자신들의 지나친 소비를 멈추려고 하지 않는다. 빈 라덴에 의한 테러 사건 이후 조지 부시가 "왜 그들은 우리를 저주하는가?"라고 묻기 훨씬 더 전부터 미국은 증오의 대상이었다.

이슬람을 향한 최근의 증오 한가운데에는, 자신들의 믿음을 위해 기꺼이 자살할 준비가 되어 있는 젊은 무슬림들이 있다. 서구인들은 "왜?"라고 묻는다. 그에 대한 대답은 언론에 홍수를 이루고 있다. "그들은 우리를 증오한다," "그들은 우리의 삶의 방식을 시기한다," "그들은 우리의 민주주의를 싫어한다." 정신과 의사들이 전적으로 [사람의] 행위를 해석하는 나라에서, 그들이 고위 성직자와 마찬가지로 상담을 해 주는 나라에서, 그리고 가장 인기 있는 TV 쇼[시트콤] 중 하나인 〈프레이저*Frasier*〉의 주인공이 두 명의 정신과 의사 형제인 나라에서, 비행기 납치범의 행위에 대해 정신 병리학의 용어인 "시기," "저주," "질투"라는 단어를 사용하는 것은 너무나 당연한 것이었다.

다른 비평가들은 달리 설명한다. 제리 폴웰Jerry Falwel 목사는 신이 격노하고 있다고 격렬하게 비난했다. 그는 미국 사회에서 발생하고 있는 동성애, 낙태, 도덕적 해이를 비난했다. 헌팅턴Samuel Huntington이 자주 인용되는데, 그는 그 공격이 무슬림과 서구 간의 문명의 충돌(1993, 1996)에 관하여 그가 내내 말해 왔던 것을 확인시켜 주는 것 같아 보였기 때문에 만족스러운 듯 능글맞은 웃음을 지었을 것임에 틀림없다. 루시디Salman Rushdie는 자신이 이슬람에 관해 말해 왔던 것, 즉 "그래, 이것이 바로 이슬람이야"라고 했던 것에 대해 만족해 했다(『뉴욕타임즈』, 2001. 11. 2). 후쿠야마Francis Fukuyama는 자본주의의 승리와 역사의 종말(1998)[5] 이론이 뉴욕[세계무역센터]과 펜타곤[미 국방부]의 파편 속에 쓰러지면서 수세적 입장이 되었다. 9.11 사건으로 보아, 역사는 끝나지 않았다. 역사는 새롭고 위험스런 방향으로 뛰어오르기 시작했다.[6]

개발도상국 사회의 사람들에게 "테러와의 전쟁"은 사실 미 제국주의라는 탐욕스럽고, 만족할 줄 모르며, 위협적인 엔진의 폭력적 표현이다.

> 결코 끝나지 않는 임무는 미국의 완벽한 전쟁, 미 제국주의의 끝없는 팽창을 위한 완벽한 매개물이다. 우르드어로 이익profit이란 단어는 파이다fayda이다. 알-카에다는 그 단어를 신의 말씀, 즉 법이란 의미로 사용한다. 그래서 인도에서 일부 사람들은 테러에 대한 전쟁을 알-카에다 대 알-파이다[의 전쟁], 신의 말씀 대 이익[의 전쟁]이라 부른다. 당장에는 알-파이

> 다가 승리할 것처럼 보인다. 그러나 그때에도 [누가 승리할지에 대해서는] 아무도 알지 못할 것이다…(“Not Again” by Arundhati Roy in the *Guardian*, September 27, 2002).

언론들이 전하는 해답은 단순히 불완전한 것만으로 그치는 것은 아니었다. 언론들은 더 나아가 잘못된 방향으로 논쟁을 이끌어 가고 있었다. 사고와 분석보다는 저주와 편견이 주를 이루었다. 사회과학이 대답해 줄 수 있는 것이었지만, 자살 공격에 관한 모든 토론에서 뒤르켕Emile Durkheim의 이름을 한 번도 들어보지 못했다. 뒤르켕은 자살에 관해 쓴 그의 저서(『자살론*Suicide: A Study in Sociology*』, 1966년 판; 또한 Giddens 1978 참조; 뒤르켕에 대한 최근의 평론인 Poggi 2000 참조)에서 학문적인 토론 정보를 풍부하게 제공해 주고 있다.

뒤르켕은 정신 장애, 인종, 기후 같은 전통적 설명이 자살 행위를 완전하게 설명해 주지 못한다고 주장했다. 자살은 사회 질서가 교란된 결과라고 그는 주장했다. 그의 주장에 의하면, 변화의 시기에 도덕규범은 붕괴되고, 이것은 부자와 가난한 사람들에게 영향을 미쳤다. 긴장strain이 자살이나 비정상적 행위를 초래하는데, 그는 그러한 현상을 “아노미”라고 정의했다(『사회 분업론』, 1964년판). 뒤르켕의 이러한 주장은 이븐 할둔Abd al-Rahman bin Muhammad Ibn Khaldun의 아싸비야 asabiyya 개념을 반영하고 있었다. 이 단어의 아랍어 어원은 assab이다. assab은 “결합하다to bind”라는 의미를 가지고 있다(Dhaouadi 1997: 12). 아싸비야에 가장 가까운 개념은 “집단 충성group royalty," "사회적 결속social cohesion," "사회적 연대social solidarity"이다. (이것에 대해서는 뒤에서 논의할 것이다.) 이 두 사상가는 우리에게 유용한 핵심 주제를 제공해 준다. 우리는 변화하는 사회 질서 내에서, 사회 붕괴라는 의미에서, 그리고 명예와 존엄성의 상실이라는 감정에서 해답을 찾을 필요가 있다. 이것이 바로 내가 [이 책에서] 하려는 것이다.

논의의 틀

2001년 9.11 테러 사건은 이슬람에 관해 우리에게 몇 가지 의문을 던져 주었다. 코란은 폭력을 권장하는가? 무슬림들은 유대교도와 기독교인들을 증오하는가? 우리는 이슬람과 서구 사이의 마지막 십자군 전쟁을 시작하고 있는가? 왜 세계의 여러 종교들이 설파하는 평화와 동정의 메시지는 노여움과 저주의 소음 속에서 사라져 버렸는가? 지역 문화들은 지구 전체에 불어 닥친 개발에 직면하여 어떻게 그들의 정체성과 존엄성을 유지할 수 있는가? 명예를 상실했다고 인식하는 것은 집단 충성 또는 사회적 결속의 붕괴 때문인가? 우리는 원인과 결과를 규명할 수 있는가? 집단 충성은 미래 지향적인 인도주의적 동정심에 의해서 유연해지겠는가?

이러한 의문점들을 둘러싸고 있는 심각한 불확실성 때문에, 최근에 주어진 많은 답들이 인위적이거나 위선적이라고 놀랄 일은 아니다. 전문가들도 잘못 판단할 수 있다. 인류학이 우리에게 이러한 질문들에 대한 답을 줄 수 있다고 주장하겠지만, 우리는 다른 학문 분야를 통해 해답을 찾을 필요가 있다. 이 책은 인류학에 관해 쓴 것도 아니고, 빈 라덴에 관해 쓴 것도 아니다. 이 책은 빈 라덴과 그의 알-카에다 네트워크를 조직하도록 만든 세계, 그가 이러한 조직을 만드는 데 협조한 세계에 관한 것이다. 또한 빈 라덴의 행동으로 다른 세계 종교들과 대립하게 된 이슬람에 관한 것이다. 그래서 이 책은 지구를 조망하는 지도를 만들고, 앞에 놓여 있는 길, 그리고 위험 요소들을 지적하기 위한 연습이다.

나는 현 세계를 설명하기 위해서 탈근대주의,[7] 탈감정주의postemotionalism,[8] 탈인간posthuman[9] 같은 대안 개념을 탐구하고 있다. 나는 우리가 "탈명예post-honor"의 세계로 진입하고 있다고 생각한다(제2장 2절 "탈명예의 세계인가" 참조).[10] 나는 우리가 살고 있는 세계를 관찰하기 위한 도구로서 명예 개념과 그것의 용도를 탐구할 것을 주장한다. 우리는 사회와 아싸비야, 즉 집단 충성, 결속 또는 연대성에 대한 관념을 고려해야 할 것이다. 만약 명예 개념이 변하였다면, 그때 왜 그러한 일이 발생했는가를 이해하기 위해 우리는 사회를 탐구할 필요가 있다. 나는 명예 개념이 변한 것은 다양한 아싸비야가 새로이 생겨난 결과라고 생각하는데, 새로운 아싸비야는 집단에 대한 과장되고 심지어 강박적인 충성에 기초하고 있고, 타자에 대한 적대감과 간헐적인 폭력을 통해 표현된다. 나는 이것을 초-아싸비야hyper-asabiyya라고 부른다. 여기서 나는 그 원인과 결과를 지적하려고 한다. 그러나 나의 주장은 가까운 미래의 연구를 제안하는 수준의 노력일 뿐이다.

나는 위험스럽고도 모호한 명예 개념이 — 그리고 더욱 위험하다고도 볼 수 있는, 명예의 상실이라는 관념이 — 사람들의 폭력 사용을 조장한다고 주장할 것이다. 간단히 말해서, 전 지구적 차원에서의 사회 발전으로 인해서 많은 사람들은 명예를 빼앗겼다. 급격한 전 지구적 변화는 전통 사회 구조를 흔들고 있다. 각 집단들은 타 집단들과 함께, 또는 타 집단들에 의해서 서로 섞여 살지 않을 수 없게 되었다. 각 집단들은 서로 섞이는 과정에서 타 집단들이 가지고 있는 문제점들에 대해 참지를 못한다. 참을 수 없는 정도가 심화되면, 그들은 분노를 통해서 그것을 표현한다. 모든 사회는 [다른 사회의] 영향을 받게 되어 있다. 경제학자들이 "선진국"이라고 하는 사회들조차도 위기 때에는 명예와 복수를 생각한다.

그러한 국민들은 타 집단의 명예를 흔듦으로써, 자신들의 명예를 유지할 수 있다고 생각한다. 그래서 그들은 선한 행위와 숭고한 대의명분noble causes을 추구함으로써 유지되는 전통적인 명예 개념에 도전하고 있다. 과거에는 기사도 정신이 있었기 때문에, 비록 적이라고 할지라도 그에게서 용기, 동정심, 관대함을 발견하면 그것을 인정해 주었다. 명예를 중시하는 사람들은 여성과 약자들을 특별하게 대우해 주었다. 그래서 명예를 추구하는 것은 인간이 지향해야 할 목표였다. 잔인함과 포악함은 이상적인 명예로부터의 일탈이기 때문에 대체로 비난받았다. 우리 시대의 많은 것들을 대조하여, 폭력 행위에 탐닉하는 것이 명예로운 것이라고 생각해 보자. 그렇게 되면 정상이 아닌 것으로 간주되어야 할 것이 규범norm으로 수용될 것이다. 과대 포장된, 부족과 종교에 대한 충성심 — 즉, 초-아싸비야 — 은 타자에 대한 폭력 행위를 위장하는 것이나 다를 바 없다. 그러나 부족의 관습이나 종교적 이념은 우리 시대에 목격할 수 있는 무감각한 폭력을 요구하지 않는다. 광범위하게 오 · 남용되고 있는 명예는 우리가 거의 명예롭지 못하거나 전혀 명예롭지 못한 세계, 또는 탈명예의 세계에 살고 있을지도 모른다는 것을 말해 주고 있다. 초-아싸비야가 바로 우리가 살고 있는 탈명예의 세계의 원인이자 하나의 증후군이다.

우리가 살고 있는 세계가 어떻게 움직이고 있는가를 설명해 보자. 탈명예의 세계에서 가장 잘 알려진 전사인 빈 라덴, 그리고 슬프게도 무슬림 사회뿐 아니라 다른 사회에도 많이 존재하는 빈 라덴 같은 사람들을 생각해 보자. 전통적인 정체성의 기준이었던 가족, 국가, 종교가 위협을 받고 있는 이때, 빈 라덴은 자신이 속한 집단과 자신을 과도하게 일체화시키고 있다. 빈 라덴은 자신이 속한 집단의 곤경에 대해 남들 — 그의 경우에 유대교인과 기독교인, 또는 미국인, 즉 미국 시민들 — 을 비난한다. (자신이 혼란 상태에 있기 때문에, 그는 종교적, 민족적 정체성을 결합한다.) 그러한 상황을 바꾸기 위해, 그리고 명예를 회복하기 위해 미국인들에게 폭력을 가할 계획을 세웠다. 그는 여성과 어린아이들을 포함하여 무고한 사람들이 죽는 것에 대해서는 주의를 기울이지 않았다. 그는 무슬림들을 죽일 수도 있다는 사실 — 2001년 9월 뉴욕을 공격할 때 그들은 실제로 그곳에 있었다 — 에 주의를 기울이지 않았다.

빈 라덴의 행위는 사람들이 왜 명예를 폭력의 의미로 해석하는지, 어떤 방식으로 명예를 되찾으려고 하는지에 대해 우리에게 그 단서를 제공해 준다. 초-아싸비야로 인해 명예는 변화되고 꼬이고 폭력적인 것으로 해석되고, 또 그로 인해 탈명예의 사회로 가는 조건이 만들어지는 것이다.

명예와 복수, 이것은 사회적 행위에 대한 남성적 해석이다. 즉, 이것은 남성이 사회적 행위를 할 때 지켜야 하는 규범이다. 9.11 사건 이후, 세계 무대에 등장한 배우가 주로 남성이라는 사실은 우연이 아니다. 그 배우들은 미국에서는 부시, 체니, 파월, 럼스펠드, 영국에서는 블레어, 러시아에서는 푸틴, 중동에서는 샤론Ariel Sharon, 아라파트Yasser Arafat, 무바라크Hosni Mubarak, 후세인, 두 명의 압둘라(즉, 요르단의 하쉬미트 왕과 사우디의 왕세자[사우디 왕세자 압둘라는 파흐드 국왕이 2005년 8월 1일 사망한 직후 사우디 왕실 법정의 공표로 제6대 국왕이 됨]) 등이다. 미국 언론에 9.11 사건의 영웅으로 보도된 거의 모든 미국인들 — 뉴욕 시장, 소임을 다하다 죽은 소방관들과 경찰관들 — 은 남성이었다.

우리를 탈명예의 세계로 밀어 넣는 움직임을 되돌리기 위해서, 우리는 다른 문화와 대화하고 그것을 이해하는 것의 [가치를] 재발견할 필요가 있다. 우리는 모두를 위해 정의와 동정심을 중시하는 도덕을 강조할 필요가 있다.

문제는 명예뿐 아니라 매우 많은 전통적 개념들이 도전받고 있다는 것이다. 우리는 무슬림 행동가들(예를 들면, 남아시아의 마우두디Maulana Syed Abdul Ala Maududi와 중동의 쿠틉

Sayyid Qutb)이 20세기 대부분의 기간 동안 그랬던 것처럼 세계를 이분법적 대립물 — 이슬람 대 서구 — 로 나누는 것을 더 이상 수용할 수 없다. 서구 세계에서 살고 있는 2,500만 명 이상의 무슬림 인구, 인도에서 힌두교도와 무슬림 간의 충돌, 중국에서 무슬림과 중국인 간의 충돌, 인종에 기초한 무슬림 사회 내부에서의 갈등들은 그러한 단순한 이분법이 더 이상 유효하지 않다는 것을 말해 주고 있다.

그러므로 나는 간단하게 "이슬람"과 "서구"라는 용어를 사용할 것이지만, 매우 복잡하면서도 내적으로 다양한 문화를 포함하고 있는 이 두 개념을 매우 단순한 용어로 사용하는 것은 문제를 해결하기보다는 새로운 문제를 야기할지도 모른다는 것을 경고해 두고자 한다.

더욱이, 과거에 세계를 분리해서 바라보던 무슬림들의 세계관은 붕괴되었다. 다르 알-하르브dar al-harb(전쟁의 집), 즉 무정부주의 및 불신의 땅과 다르 알-이슬람dar al-Islam(평화 또는 이슬람의 집)[무슬림들은 dar al-Islam 안에서 믿음(종교 생활)과 평화를 실천할 수 있었다]을 구분했던 것은 더 이상 유효하지 않다.[11] 20세기의 마지막 십여 년 동안, 그러한 구분은 크게 중요하지 않았다. 왜냐하면 무슬림들은 미국과 다른 지역에서 자신들의 종교 생활과 번영을 위해 자유롭게 행동할 수 있었기 때문이다. 반면에 그들은 이라크에서 박해를 받았다. 2001년 9월 이후, 그러한 구분은 모두 사라져 버렸다. 모든 곳에서 무슬림들은 포위되어 있다고 느꼈다. 어느 곳에서도 안전하지 않았다. 어느 사회도 혼란과 무정부 상태의 폭력에서 자유롭지 않았다. 폭력은 일상적인 것이 되었다. 전 세계는 다르 알-하르브가 되었다.

무슬림 세계에서 발생하고 있는 갈등들을 이해하는 데 도움을 주기 위해서, 오래 전에 가장 통찰력 있는 무슬림 사회과학자 중의 한 사람인 이븐 할둔(1332-1406)의 저서를 살펴볼 것이다. 할둔의 아싸비야 이론은 보편적인 것the universal과 동정적인 것the compassionate을 강조하는 이슬람과는 모순되는 종교적 또는 부족적 집단 충성을 높이 평가하는 것 같다. 따라서 어떤 무슬림 집단이 편협한 입장을 선택하는 것에는 내재된 문제가 있다. 그러나 집단적인 사회적 결속은 정상적인 시기에는 안정성과 연속성을 제공해 주는 역할을 할 것이다. 소수 집단에게도 보호와 정의를 확실하게 보장할 것이다. 나는 무슬림의 아싸비야가 어떻게 하여 총체적으로 붕괴되었고, 결과적으로 사회 자체가 전통적인 행위 유형뿐 아니라 이슬람 자체의 본래 모습으로부터 어떻게 벗어나게 되었는가를 지적할 것이다. 이것은 매우 많은 것을 함의하고 있다. 나는 이슬람의 리더십과 학문이 붕괴된 사례를 제시할 것이다. 나는 부분적으로 명예와 위엄의 문화적 개념을 고려함으로써 무슬림들이 어떻게 위기에 대응하는가를 논의할 것이다. 분명히 우리가 정치적, 종교적 쟁점들을 이해하는 데에는 [고려해야 할] 문화적 차원이 있는 것이다.

"원리주의자," "테러리스트," 그리고 "극단주의자" 등의 어휘들은 오늘날 우리들에게 의미 없는 것이 되었다. 우리가 풀려는 문제보다 더 많은 문제를 야기하지 않으면서 "원리주의자"라는 용어를 적용할 수 있는가? 어떤 종교 — 여기서는 기독교 — 를 위해 만들어진 용어들을 다른 종교 — 이슬람 — 에 적용할 수 있는가? 모든 무슬림들은 코란의 "원리를 이루는 것들fundamentals"을 믿고 있기 때문에 "원리주의자"이지 않는가? 자유주의적인 무슬림들조차도 코란의 본질적인 신성을 믿고 있지 않는가? 그렇다면 모든 무슬림은 "광신자" 또는 "테러리스트" 또는 "극단주의자"인가? 물론 대답은 분명히 '아니다' 이다. 그래서 "원리주의자" 같은 용어들은 우리에게 말해줄 것이 거의 없고, "테러리스트"와 "극단주의자" 같은 용어는 더욱 그렇다. 이 용어들의 사용은 혼란을 추가할 뿐이다. 나는 다른 용어와 개념들을 사용할 것이다.

"배타주의자exclusivist"와 "포용주의자inclusivist"는 단순성과 '명쾌함' 이라는 장점을 가진 용어들이다. 이 용어들은 원리주의자, 테러리스트, 극단주의자 같은 개념들을 내포하고 있다. 배타주의자들은 영역을 만들고, 위계를 만든다. 포용주의자들은 타자를 수용하고, 그들과 상호 작용하며, 그들의 주장에 귀를 기울이기도 하고, 그들로부터 영향을 받을 준비가 되어 있는 사람들이다. 포용주의자들은 인간 문명이 본질적으로 하나이지만, 종교, 문화, 또는 언어로 분리되어 있다는 것을 믿는 사람들이다. 예를 들면, 적지 않은 주류 종교의 신자들은 같은 종교의 다른 종파에 속한 사람들조차 수용하지 못하는 독단주의자들이다. 21세기의 진짜 투쟁은 포용주의자와 배타주의자 사이의 투쟁이 될 것이라고 나는 믿고 있다. 이 두 용어 안에는 많은 변화, 차이, 가변적 입장이 있기 때문에, 나는 이 두 범주를 폭넓게 정의하고자 한다.

우리는 그 뉘앙스를 유연하게 해석할 필요가 있다. 전 지구적 범위에서 발생하고 있는 변화와 혼란들은 전통 사회들을 위협하고 있고, 엄격한 경계를 가진 집단으로 강제로 재구성하고 있다. 배타주의자들은 사회에 연속성과 안정성을 제공해주는 사회적 결속과 집단 충성을 부여하지만, 너무 엄격한 배타성의 적용은 타자에 대한 폭력을 초래한다. 어떤 점에서는 배타주의가 요구되지만, 동정심과 정의로 완화할 필요가 있다. 그렇지 않으면, 배타주의는 대결과 갈등을 초래할 것이다.

포용주의자들이 직면하고 있는 문제점 중의 하나는 언론이 배타주의자들을 더 선호한다는 것이다. 갈등과 대결의 메시지는 차분하고 김빠진 토론을 보는 것보다 더 가치 있는 것으로 간주된다. 더 중요한 것은 무슬림 공동체의 노여운 감정 때문에 사회 내부에 포용주의자들을 지지할 용기가 남아 있지 않다는 것이다. 무슬림 세계에는 포용주의자들이 신념을 가지고 대화하는 것을 못하게 막는 너무나 많은 사례들이 있다. 즉각적인 행동을 제안하는 단순한 해결책들이 힘들고 불확실한 대화보다 더 인기가 있다. 더욱이 무슬림 세계의 인구 통계를 보면, 젊은이의 비율이 매우 높다는 것을 알 수 있다. 이것은 낮은 문자 해득률과 상호 관련되어 감정과 분노를 통한 해결책이 더 많은 지지와 광범위한 호소력을 가진다는 것을 의미한다.

이슬람에 적대적인 전 지구적 환경은 배타주의자들을 고무시키고 있다. 프린스턴 대학의 폴크Richard Falk 같은 학자들은 세계화 시대에 세계 문명들의 공동체로부터 무슬림들을 "배제하고" 그들을 천민이나 비인간으로 만들고자 하는 계획적인 시도가 있다고 주장했다.[12]

뒤에서 두 가지 확대된 사례 연구를 통해 여러 무슬림 사회를 설명하고, 무슬림 사회가 어떻게, 어디에서 신의 명령을 실천하지 못하고 있는지 알아볼 것이다. 성찰적 인류학의 방법을 채택하여, 나는 몇 가지 기획을 통해 [이슬람을] 이해시키고자 했던 시도에 대해 나의 설명을 제시할 것인데, 그중 하나가 '진나 4중주Jinnah Quartet'이다. 지난 몇 년간 내 삶과 관련된 사건들, 이를테면 사소한 성취와 실패들을 드러낼 수 있는 위험에도 불구하고, 나는 그 4중주를 진행하면서 직면했던 문제점들에 대해 토론할 것이다. 나의 목적은 나의 승리의 트럼펫을 부는 것이 아니라 무슬림 사회 내부적으로, 그리고 무슬림 사회를 위해서 어떤 특정 방향을 지향할 때 발생할 수 있는 문제점들을 지적하는 것이다. 그러한 훈련은 우리가 무슬림 사회의 작동 원리와 사고방식을 통찰하는 데 도움이 될 것이다.

두 번째 사례에서, 나는 탈리반Taliban에 초점을 맞출 것이다. 탈리반은 독실한 무슬림들이 지나친 배타주의적 접근방식을 취할 경우 진정한 이슬람 사회를 만들 수 없게 된다는 것을 역설적으로 확인시켜 주었다. 탈리반은 일단의 신의 명령 — 즉, 5주柱 — 에 복종하지만, 포용주의(포용성)를 무시한다. 탈리반은 여성과 소수 집단을 다룰 때, 정의나 동정심 또는 지식을 거의 보여 주지 않았다. 첫 번째 범주를 강조하고 두 번째 범주를 최소화함으로써, 그들은 사회적 불균형을 만들어 내고 있다. 앞으로 보게 되겠지만, 두 번째 범주의 교의를 따르지 않는 것은 주목할 만한 것이고, 그 실패의 함의는 매우 크다.

세계화 과정을 조금이라도 이해한다면 금세기에도 복잡하고 불안정한 삶이 계속될 것이라는 것을 알 수 있기 때문에, 나는 세계화에 대해서도 고려할 것이다(세계화에 대한 논의는 다음 두 장을 참조할 것). 나의 논의는 이슬람과 서구의 충돌은 피할 수 없는 어떤 것, 더욱이 문명 충돌이라는 관념을 인정하는 것과 같은 어떤 것을 제안하는 것인지도 모른다. 하지만 나는 그러한 충돌에 관한 토론 열기와 소란 속에서 대안, 즉 '문명의 대화'를 위한 조용하지만 강력한 힘을 가진 어떤 흐름이 나타나고 있음을 지적하고 싶다.

결론 장에서는 대화의 필요성을 제안한다. 무슬림의 리더십이 비전을 상실하고 무슬림 사회들의 조건에 무관심한 시기에, 이슬람에 대한 전 세계적인 적대감에 직면하고 있는 상황에서, 그리고 무슬림 사회가 실질적인 어려움에 직면해 있는 상황에서, 대화는 비현실적일지도 모른다. 그러나 대화에 대한 생각은 — 문명 간의 대화와 문명 내에서의 대화 — 희망을 약속해 준다. "대화"라는 단어를 반복함으로써 그것은 [문명 충돌이라는] 진부한 용어를 집단들 간의 이해라는 의미 있는 교두보로 전환시킬 수도 있을지 모른다. 선한 의지와 선한 신앙을 가진 사람들은 대화를 이끌어 낼 수 있다. 탈명예의 세계 상태에서 그 대화는 건전하고 균형이 잡혀 있으며, 긴급하게 요구되는 것이다(제5, 7장 참조). 만약 대화가 생산적인 것이 되게 하려면, 어떤 문화적, 정치적 전통 속에서 대화에 임한다 하더라도, "나는 옳고 다른 모든 사람들은 옳지 않다"는 배타주의자들의 고집은 억제할 필요가 있다.

그러나 우리는 공허한 말들을 넘어서 "대화"와 "이해" 쪽으로 움직일 필요가 있다. 우리는 술-이-쿨sulh-i-kul, 즉 "모두와의 평화"를 주창하는 남아시아 수피들의 보편적 메시지를 수용해야 한다. 아마도 수피들은 천 년 전에 인도에 처음 왔을 때부터 해답을 가지고 있었던 것 같다. 그들의 술-이-쿨은 '동정심이 있는 신성compassionate divinity'의 핵심 사상을 반영했다. 결국 우리가 주목해 왔던 것과 같이 가장 위대한 신의 두 가지 이름은 자선의 신Beneficient과 자비의 신Merciful이다. 진정한 평화와 타자에 대한 존중을 통해서만 대화나 이해에 대한 희망을 가질 수 있다. 그리고 수피들의 메시지는 천 년 이상 동안 그 원천이 되어 왔던 것 같다. 〈당신에게 필요한 전부는 사랑이에요All you need is love〉라는 존 레논의 노래를 기억하자. 모한다스 간디, 마틴 루터 킹, 그리고 넬슨 만델라는 모두 각자의 길을 갔지만, 똑같은 감정을 불러일으켰다.

1. 포위당한 이슬람

I. 인류학의 회귀와 최후의 십자군

인류학은 빈 라덴에게 여러 모로 감사해야 한다. 수십 년간 비판에 직면하고도, 인류학은 얼마 전까지 위기에 처해 있었다. 인류학의 창시자들 — 젊은 원주민들 연구에 전념했던 말리노프스키Bronislaw Malinowski, 민족지학적 설명을 고안해 냈던 미드Margaret Mead — 은 신뢰를 받지 못했다. 인류학자들은 실망했고, (워슬리Worsley의 1966년 저서의 제목인) "인류학의 종말"을 예견했다(또한 Banaji 1970 참조). 인류학 분야가 가장 취약한 상태에 있을 때, 에드워드 사이드Edward Said의 강력한 새로운 목소리가 출현하였는데, 그는 인류학이 두려운 용어인 "오리엔탈리즘"(사이드의 1978년 글의 제목인)에 의해 오염되었다고 선언하였다. 아마도 가장 매몰찬 비난은 인류학이 서구 제국주의자들에게 봉사하는 불독조차도 못 되는 한낱 강아지처럼 보인다는 것이었다. 인류학도들은 목적도 없이 — 때로는 포스트모더니즘 문학의 과대 평가 속에서, 때로는 자전적인 과잉 속에서 — 방황했다. 키츠John Keats의 「무자비한 미녀La Belle Dame Sans Merci」에 나오는 기사騎士처럼, 인류학은 "괴로워하는" 것 같았다. 인류학은 "외롭게 그리고 창백하게 배회하는 것"처럼 보였다.

9.11 사건은 그 모든 것을 변화시켰다. 인류학의 주요 관심사들 — 민족성ethnicity, 집단 충성, 명예, 복수, 자살, 부족 규범, 인류학자들이 세계 종교들의 대大전승Great Tradition이라고 부르는 것과 그들의 지방적 특성을 고려한 실천 또는 소小전승Little Tradition 사이의 갈등 등 — 은 세계 곳곳에서 토론되었다. 아마도 사람들은 그들이 전통적인, 심지어 "원시적인" 사회와 동일시되었고, 그리고 신뢰를 받지 못했기 때문에 이러한 쟁점들을 토론하고 있다는 것을 깨닫지 못했다. 이제 그것들은 가장 관심을 끄는 뉴스 거리가 되었다. 분명한 것은 초-아싸비야 감각이고, 그리고 그에 수반되는 편집증과 불확실성이었다.

이상하게도, 전 세계적으로 대부분의 종교와 공동체들은 자신들이 포위당해 있다고 느꼈다. 미국의 텔레비전은 "포위당한 미국"이란 제목으로 뉴스와 토론을 방송하였다. 이스라엘인들은 아랍인들이 자신들을 포위하고 있다고 느꼈다. 인도인들은 공격적인 이웃의 무슬림들에 의해 둘러싸여 있다고 불만을 터뜨렸다. 미국, 이스라엘, 인도는 무슬림들의 자살 폭탄 공격을 보고서 두려움에 휩싸였던 것 같았다. 그들은 폭력에 대해 더 큰 폭력 이외의 대응 방식을 갖고 있지 않았다.

서로 죽이고 있기 때문에, 포위당해 있다는 심리는 더욱 확대되었다. 상대편에 대해 더 잔인한 무력을 사용하고 더 큰 고통을 가하는 것이 국가 전략인 것처럼 보였다. 비전과 동정심이 요구되는 곳에서, 국가는 사람을 죽이고 불구로 만들며, 재산을 파괴하는 것처럼 보였다. 국가의 대표자들은 신의 성전house of God인 사원을 보호해 주지 않았다.

미국, 이스라엘, 인도는 근대에 이르러 힘겹게 얻은 성숙한 민주주의의 개념을 훼손하고 있었다. 불법 구금, 시민 자유의 제한, 불법 감시 등의 사례가 있었다. 희생자는 변함없이 무슬림이었다.

다수자이든 소수자이든 간에, 무슬림은 9.11 사건 이후 특히 위태로움을 느꼈다. 납치범 19명 모두 무슬림이었다는 사실 때문에 지구상의 모든 무슬림들은 한데 엮여 비난받는 것처럼 보였다. 무슬림들은 자신들의 정체성을 표현하는 것이 테러 행위로 의심받게 되는 위험에 빠졌다. 무슬림들은 그들의 종교인 이슬람이 포위당해 있다고 느꼈다.

십자군 전쟁으로 가는 길

20세기의 마지막 몇 년 동안 서구에서는 일반적인 무정형無定形의 인식이 형성되기 시작했는데, 공산주의의 몰락과 함께 지구의 새로운 적은 이슬람이 될 것이라는 인식이 바로 그것이다. 그러한 생각은 9.11 사건으로 인해 구체화되었다. 9.11 사건 직후, 부시는 "이슬람 테러리스트들"에 대한 "십자군 전쟁"을 선언했다. "십자군 전쟁"이란 단어에 대한 외국 언론의 부정적 반응을 의식해, 부시는 갑자기 그 단어를 빼 버렸다. 그러나 [부시의] 무의식적 욕구를 드러낸 그 실언은 일부 사람들에게 그 전쟁은 이슬람에 대항한 십자군 전쟁이 될 것임을 암시해 주었다. 세계의 다른 지도자들은 "십자군 전쟁"이라는 단어를 사용할 때 부시보다 덜 민감했다. 당시 이탈리아 수상이었던 실비오 베를루스코니Silvio Berlusconi는, 이슬람은 서구 문명의 주적이라고 공개적으로 선언했다.

그러나 누가 이슬람을 대표했는가? 빈 라덴과 알-카에다였는가? 또는 특정 국가나 국가들이었는가, 아니면 전체 무슬림 세계였는가? 적의 정의가 모호했다지만, 전쟁 기간은 더욱 모호했다. 작전 지역theater of operations의 경계는 더욱 분명하지 않았다. 미국은 테러리스트가 어디에서 발견되든 그들을 격멸하기 위해 모든 무력을 사용할 것이고, 그 전쟁은 적이 다 파괴될 때까지 무한정 지속될 것이라고 했다. 미국의 민간 언론과 공적 기구들은 무서운 일체감spirit of determined unity을 보이며 행동했다. 분명히 이것은 아프가니스탄의 동굴에 숨어 있는 작은 단체[알-카에다]와 싸우고 있는 펜타곤의 군사 작전 이상의 것이었다.

십자군과 같은 방식으로 생각하고 행동함으로써, 부시는 다종교 다문화주의를 거부하고 있었다. 그는 탈근대주의자들의 다원주의를 거부하고, 작가와 예술가들이 거대 서사 혹은 메타 서사 — 이것은 획일적 사고나 문화에 의한 지배를 강조한다 — 라고 불렀던 것을 부활시키고 있었다. 그의 "우리 편 아니면 적"이라는 이분법적 접근은 탈근대 시대를 확실하고 확정된 경계선과 획일적 사고의 시대로 되돌리고 있었다. 그는 시계를 천 년이나 되돌려 버렸다. 다시 한 번 서구는 무슬림 땅과 무슬림들을 향해 군대를 내보내고 있었다. 다시 한 번 종교가 분리선이 되었다. 다시 한 번 명예, 복수, 존엄, 문화, 공동체의 관념이 중요하게 되었다.

부시의 적인 빈 라덴은 서구를 거부하고 있었다. 그는 서구가 부패했다고 보았다. 그는 무슬림 지도자들의 명예 상실에 대해서, 팔레스타인인들과 이라크인들의 곤경에 대해서, 그리고 미군 주둔으로 인한 그의 자국 국민인 사우디인들의 존엄성 상실에 대해서 말했다. 그에게 미국은 악이었고, 투쟁의 대상이었다. (초강대 세력인 서구에 도전했던 — 잠시 흔들리기도 했지만 — 또 다른 무슬림인 아잡 한Ajab Khan에 대해서는 제2장 2절 참조).

주역들은 투쟁 초기에 이 십자군이 영토를 정복하려는 게 아니라 정신을 변화시키려고 하는 것임을 인식했다. 그러나 아프간에서 미군의 폭격에 의해 결혼식 하객들이 살해되면서, 탈리반을 소탕함으로써 얻을 수 있었던 [아프간인들의] 선의도 기대하기 어렵게 되었다. 결국, 보통의 아프간인들에게는 부시의 폭격에 의해서 죽든, 빈 라덴의 폭격에 의해 살해되든 별 차이가 없었다.[1]

상호 이해 부족 때문에 문제는 더욱 악화되었다. 미국인들은 아프간의 산 속에 있는 빈 동굴, 하늘을 향한 발포 행위, 탄약과 무기의 저장을 테러 활동과 결부시켰다. 그러나 그 지역 사람들에게 동굴은 오랫동안 유목민 부족들이 여름에 더 시원한 지방으로 이동할 때 이용하던 통로였다. 하늘을 향해 총을 쏘는 것은 출산이나 결혼을 축하하기 위한 것이었다. 무기 창고는 부족의 경쟁자들에게 대항하기 위한 보험에 해당되는 것이었다.

지금까지 서구와 이슬람은 두 차례 십자군 원정을 통해 맞붙었다. 첫 번째 십자군은 유럽 전사들에 의해 11세기에 시작되어, 여러 차례 원정한 후, 13세기에 끝났다. 두 번째 십자군은, 유럽 식민지 형태로서, 19세기와 20세기 전반기 동안 이슬람 세계를 지배했다. 두 차례의 십자군 모두 서구의 승리와 무슬림 땅의 정복으로 시작되었지만, 결국에는 다 실패했다.

두 차례 모두 군사력의 충돌로 보였지만, 또한 문화적, 지적 관념의 경쟁이기도 하였다. 천 년 전에 서구는 명백하게 열등한 상황에 있었다. 왜냐하면 무슬림 문명은 이미 매우 뛰어난 문화와 정치적 힘을 구축하고 있었기 때문이었다. 당시는 살라딘Saladin과 같은 통치자의 시대였다. 살라딘은 십자군으로부터 예루살렘을 회복하자마자, 그들의 피비린내 나는 살육에 대한 복수를 맹세했음에도 불구하고, 아량을 베풀었다. 그때는 매우 뛰어난 학자들과 이슬람 신비주의자들의 시대였다. 몇 사람의 이름을 예로 들면, 이븐 아라비Muhyiddin Ibn Arabi,[2] 이븐 시나Abdullah Ibn Sina, 알-베루니Abu Raihan Al-Beruni, 알-가잘리Abu Hamid Al-Ghazzali, 알-루미Jalal al-Din

Al-Rumi 등이 있었다.[3] 그들의 산문과 시는 토라[유대교 성전], 성경, 코란, 그리고 모세, 예수, 무함마드와 그들의 평화 사상으로부터 영감을 받았다. 기록에 의하면, 루미가 사망했을 때, 한 기독교인은 '왜 그렇게 슬프게 우는가' 라는 질문을 받고서 다음과 같이 답했다. "우리는 그를 이 시대의 모세, 다윗, 예수로 존경한다. 우리 모두는 그의 추종자이며 제자이다"(Shah 1990: 149). 아퀴나스, 단테, 세르반테스 같은 근대 초기 유럽 지식인들이 이슬람의 견딜 수 없을 만큼 매혹적인 글로벌 문화의 영향을 받았다는 것은 놀랄 일이 아니다.

17세기 말경에 무슬림 통치자들은 관용을 옹호했다. 인도의 아크바르 대왕은 고위 관리들에게 여가 시간에 알-가잘리와 루미의 책을 읽으라고 지시했다. 대도시 파테흐푸르 시크리가 물 부족으로 사막화되자, 아크바르는 곧바로 그 도시 주요 입구에 다음과 같은 문장을 새겨 놓았다. "예수 — 그에게 평화가 있기를 — 는 다음과 같이 말했다: 이 세계는 하나의 다리다. 그곳을 건너 가라. 그러나 그곳에 살 곳을 짓지는 마라"(Jeremias 1964: 112; Jeremias는 111쪽의 "The World is a Bridge" 라는 제목이 붙은 부분에서 이 말의 기원과 이 말이 예수와 이슬람 예언자 모두에게 어떻게 영향을 미쳤는가를 논하고 있다).

아크바르 대왕의 손자인 다라시코Dara Shikoh는 요가 모임을 계속 유지하고 『우파니샤드』와 『바가바드 기타』를 페르시아어로 번역할 것을 장려하면서, 산스크리트어로 신을 뜻하는 "프라브후Prabhu"가 새겨진 반지를 낌으로써 관용의 전통을 유지했다. 다라시코는 이슬람을 폐기하지 않았고, 이슬람 예언자는 그의 이상이었다. 그러나 그의 관용은 그의 목숨을 대가로 치르게 하였다. 무슬림 세계는 이미 변화하고 있었다.

이슬람과 서구 사이의 이러한 상황은 2세기 후에 유럽이 천천히 그러나 냉혹하게 무슬림 땅을 제국주의 십자군의 식민지로 만들었을 때 역전되었다. 이번에는 유럽인들이 무슬림 문화와 사상을 경멸하면서 추방할 수 있었다. 1835년에 유명한 「교육 비망록Minute on Education」 — 이것은 남아시아의 지적, 문화적 방향에 영향을 미쳤는데 — 을 쓴 매콜리 경Lord Macaulay은 전체 아랍 문헌 자료들을 책꽂이 하나 분량 정도의 유럽 문학만도 못한 것으로 여기면서 폐기시켰다. 그는 산스크리트 문학도 버렸다. 테니슨 경Lord Alfred Tennyson 같은 매우 뛰어난 시인도 이와 비슷한 비교, 즉 "100년의 중국보다 50년의 유럽이 더 좋다"(1842년 「록슬리홀Locksley Hall」에서)라고 하면서 동양 문학을 폐기했다.

정복당하고 자존심 상하긴 했지만, 무슬림 문화는 여전히 관용의 빛을 발하였다. 그러나 그러한 선택들 — 그리고 뒤이은 딜레마들 — 은 무슬림들을 갈기갈기 찢어 놓았다. 우르드 문학에서 가장 위대한 시인인 갈립Mirza Ghalib은 19세기 중반에 다음과 같이 썼다. "비신자들의 행위가 나를 유혹할 때 나의 종교(이슬람)는 나를 억누른다. 카바(이슬람의 집)는 내 뒤에 있고, 교회(기독교인의 집)는 앞에 있다."

마지막 십자군

[이슬람 사회의] 타자에 대한 비합리적 증오, 복수에 대한 원초적 욕망, 여성의 과도한 굴종, 성전 선언 등은 앞에서 언급했던 두 차례의 십자군과 마찬가지로 우리에게 익숙한 것이었다. 그러나 현재의 십자군은 — 우리가 살고 있는 세계의 문화적 복합성과 우리 시대 무기들의 [대량 살상이라는] 묵시론적 특성 때문에 — 마지막 전쟁이 될지 모를 정도로 위협적이다. 그것은 이슬람을 정복하거나 굴복시키기 위하여 천 년 전에 시작된 끝없는 사업을 확실히 해결할 수 있을 것이다.

부시의 십자군 관념은 이미 미국과 성전을 벌이고 있는 빈 라덴의 관념과 정면으로 부딪쳤다. 현 세대의 무슬림 활동가들과 마찬가지로 빈 라덴은 1966년에 국가 반역죄로 복역한 이집트 성직자 사이드 쿠틉 같은 사람으로부터 영향을 받고 있다(제4장 1절 참조). 반유대주의, 이스라엘과 미국에 대한 증오, 이슬람에 대한 폭력적 해석 — 이러한 것들은 오늘날 많은 젊은 무슬림들에게서 볼 수 있는 이념적 지주이다 — 은 이미 반세기 전에 자리 잡고 있었던 것이다. 그러나 무슬림 사회는 오랜 기간 동안 루미의 관용적 형제애와 살라딘의 관대한 기사도를 본받아 왔다.

2001년 9월 이후, 저명한 몇몇 무슬림들 — 특히 서구에서 살고 있고 서구의 영향을 받은 무슬림들 — 은 오사마 빈 라덴을 비난하고, 그와 그의 정치는 "사망했다"고 선언했다(예를 들면, 파리에서 살고 있는 타헤리Amir Taheri는 2002년 7월 12일

『인터내셔널 헤럴드 트리뷴』에 "이슬람의 배교자: 빈 라덴과 그의 정치는 사망했다"는 제목으로 글을 썼다). 그러나 그들은 잘못 짚었다. 빈 라덴은 전 세계 무슬림들에게 그들의 일생을 바칠 수 있는 많은 것(서구에 맞서 싸우는 것도 포함해)의 상징이 되었다. 수천 명의 무슬림 부모들은 아들 이름을 [오사마 빈 라덴의 이름을 본떠] 오사마로 지었다. 가장 중요한 것은 빈 라덴이 현재의 십자군을 촉발시키는 데 일조했다는 것이다.

하나의 관념으로서, 현재의 십자군은 매우 심층적인 역사적, 문화적, 종교적 사건들을 기억나게 하기 때문에 특히 매우 강력한 것이다. 그것은 또한 그 적용에 있어서 심각한 문제와 한계가 있는 것이기도 하다. 부시가 선언했기 때문에, 이 십자군 철학 — "우리 편 아니면 적" — 은 혐오감을 주는 만큼이나 많은 호소력을 지녔다. 서구 자본으로부터 많은 이익을 보고 있는 매우 많은 무슬림 지도자들이 부시의 기수standard-bearers로서 부시에게 동참하기 위해 서로 경쟁하였다. 미국에 대하여 맹목적으로 복종한다 하여 그들 국민들은 그들을 싫어했다(파키스탄 국민들은 무샤라프[파키스탄의 대통령]를 경멸적으로 "부샤라프"라고 불렀다). 부시가 무제한의, 끝도 없고, 불확실한 지구적 갈등을 부추기고 있다고 보았기 때문에, 많은 서구의 언론들은 부시의 군사 행동을 비난했다.

문화적, 지적 관념의 중요성 때문에, 양 당사자는 영화를 포함한 미디어들을 현 십자군 전쟁의 주요 참여자로 보고 있다. 종교를 초월한 대화와 이해가 중요하다는 목소리는 계속 나오고 있지만, 그것을 실천하는 소리는 듣기 힘들다.

9.11 사건 이후, 이슬람 전문가들이 갑자기 언론의 전면에 나섰다. 그들이 말해야만 했던 많은 것들은 인종 차별과 종교적 편견으로 가득 차 있었다. 그것은 진지한 논평으로 포장된 적개심이었다. 심지어 학자들의 주장도 여러 가지로 나뉘었다. 이슬람에 대해 호의적으로 쓴 학자들은 불행히도 소수였다.[4] 일부 학자들은 본질적으로 평화의 종교로서의 이슬람을 이야기하고, 무슬림 시대의 스페인을 그 역사적 예로 들었다. 그들은 오늘날 이슬람과 서구 사이에 존재하는 커다란 오해에 대해 말했다. 그 밖의 학자들은 매우 공격적이었다. 그들은 이슬람을 테러리스트 종교이며, 문명 충돌 과정에서 서구의 주요 위협 세력이 될 것이라고 말했다.[5] 그러한 논쟁은 미국에서 중동 연구Middle East Studies(Kramer 2001)라고 부르는 것 속에 이미 존재하고 있던 [이슬람과 서구 간의] 분열을 더욱 조장했다.

미국에서는 공개적으로 아프가니스탄을 넘어서 무슬림 국가들을 침공하자고 주장하는 사람들도 있었다. 이라크, 시리아, 이란, 리비아 — 심지어 사우디아라비아까지 — 는 언론에서 잠재적 공격 목표로 논의되었다. 부시는 "악의 축"의 한 부분으로 이라크와 이란을 직접적으로 지명하여 공격 대상 국가에 포함시켰다. 제1호 공적인 빈 라덴은 지평선 너머로 사라지기 시작했고, 사담 후세인이 그를 대신했다. 부시는 또한 외교 정책에서 "선제 공격"과 "정권 교체"를 강조했다. 세계는 어디에서, 어떻게 이 모든 것이 끝날 것인가를 불안하게 지켜보고 있었다.

9.11 사건 1주년 전야에 만델라는 공개적으로 미국을 비난했다. 그는 미국이 "국제적 사건에서 국제적 혼돈"을 만들어 내고 있다고 말했다. 며칠 후, 독일 법무장관은 부시를 히틀러에 비유했다. 그것은 불합리하고 불공정한 것이었다. 그것은 격렬한 감정을 불러일으켰고, 그 격정은 9월 이후 세계의 복잡성을 노출시켰다.

미국이 주도한 전 지구적 범위의 테러와의 전쟁은 열두 번의 국지전을 통해 진행되었고, 그것은 다시 지역 갈등을 불러일으켰다. 전선은 희미해졌다. 혼란이 널리 퍼졌다. 세계가 홉스적 공포Hobbesian nightmare, 즉 만인의 만인에 대한 전쟁 상태로 빠져들 위험에 직면하게 되었다.

II. 무슬림이 포위당해 있다는 느낌

무슬림들이 그러한 규모와 방식으로 죽이고 죽임을 당했던 적은 이전의 역사에는 결코 없었다. 그것은 여러 요인들이 결합되었기 때문인 것 같다. 납치범들의 행위는 이슬람과 아무런 관계도 없는 것이었지만, 그 납치범들의 행위의 원인과 결과는 21세기에 이슬람이 어떻게 그리고 어디로 가고 있는가를 전적으로 웅변해 주고 있다.

21세기가 시작되던 날

이슬람은 9.11 사건의 중심에 있었다. 그 특별한 날, 미국 대통령은 자신의 임무를 수행하기 위해 그날 늦게 수도로 돌아올 때까지 대통령 전용기를 타고 F-16과 F-15의 호위를 받으면서 미국 여기저기를 허둥대며 다녔다. 증권거래소는 폐쇄되었고, 모든 항공기들의 운행은 일시 중지되었다. 여러 주에서 긴급조치가 선언되었고, 사람들에게는 그들 삶을 허둥대게 만든 허위 경보가 발령되었다. 텔레비전에서는 공포에 휩싸인 공황 상태가 할리우드 영화처럼 방영되었다.

그러나 미국은 예상하지 못했던 살육과 상해로부터 빠른 속도로 회복하기 시작했다. 미국은 자국민들의 낙관주의를 되살리기 위해 전력을 다했다. 성조기가 모든 곳에 등장했고, 종교 간 대화의 목소리가 전국에서 들려왔다. 대통령은 워싱턴에 있는 이슬람 센터Islamic Center를 방문했고 환영을 받았다.

우리의 삶은 취약하고 통제할 수 없다는, 세계 곳곳에 드리워져 있던 불확실성의 검은 휘장이 이제 극적으로, 부지불식간에 미국인들 위로 드리워졌다. 사람들은 뭔가가 근본적으로 변화했다는 것을 알아차렸다. 자연 재앙 이후에 하늘에서 사라져 버린 새들과 같이, 워싱턴 위를 날던 비행기들이 사라져 버렸다. 긴급 사항을 알리는 헬리콥터 소리를 제외하고 하늘은 섬뜩할 정도로 조용해졌고, 이것이 긴장을 더욱 고조시켰다. 항공기의 비행이 재개되었을 때, 운항이 정상화된 것을 보고 겉으로는 안심하긴 했지만, 사실은 그렇지가 않았다.

일주일쯤 지나자, 언론들은 공포감과, 심지어 히스테리 증상을 조장했다. 몇 차례의 탄저병 사건[백색 가루로 된 탄저균 우송 사건], 지하철 화재 사건, 심지어 캘리포니아에서 발생한 약간의 진동[지진] 등 이 모든 것들에 대해 본능적으로 "테러리스트들"이 저지른 사건이라고 비난했다. 이러한 파블로프의 조건 반사는 곧 미국인들의 정신 속에 각인되었을 것이다. 1년 후에 워싱턴 일대에서 13명의 사상자를 낸 무함마드Johan Allen Muhammad의 총격 사건이 일어났을 때 언론들은 주저 없이 그를 알-카에다와 연결시켰다. 그때 그는 체포되기 전이었음에도 불구하고, 이슬람으로 개종한 아프리카계 미국인으로 규정되었다.

"테러"와의 전쟁이 선언되었고, 2001년 10월 초에 아프가니스탄에 대한 폭격이 시작되었다. 당시 미국의 매우 고조된 비난 분위기 속에서, 19명의 비행기 납치범들 중 아프가니스탄 출신은 단 한 명도 없었다는 것을 지적하는 목소리는 전혀 나오지 않았다. 빈 라덴도 아프간인이 아니었다. 무작위로 선택된 누군가가 9.11 사건에 대한 복수의 희생양이 되어야 했다. 가까운 곳에서 선택할 수 있는 가장 편한 대상은 아프간인들이었다.

부정확한 목표를 대상으로 그리고 정해진 전쟁 수행 기간도 없이 전쟁이 시작되었다. 그 전쟁은 측정할 수 없고 예측할 수 없는 결과들을 예고했다. 서방 동맹국 지도자들은 지지자들에게는 담대하고 원칙을 지키는 듯했지만, 비판자들에게는 무모하고 성급한 듯했다.[6] 세계 곳곳에서 무슬림들은 항의했다.

전쟁은 대개 그 주역들 사이에 상호 의사소통이 붕괴되었을 때 일어나는 한 가지 결과이다. 이번 경우는 가능한 가장 심각한 방식으로 일어난, 전체적으로 비대칭적인 전쟁이었다. 서로 다른 두 개의 사회는 — 한쪽은 매우 산업화되고 세계적인 지배력을 가진 사회이고, 다른 한쪽은 아직도 전前 산업 사회이고, 곤궁하며, 부족 사회인데 — 서로 다른 언어를 말하고 서로 다른 문화 속에서 살았다. 유일하게 공통적인 것은 그들 상호 간의 몰이해였다.

정부와 언론은 잠재적인 공격 목표이자 다른 "테러리스트" 국가로 이라크, 시리아, 이란을 지명했다. 탈리반을 교육시키고 지원했던 파키스탄은 서둘러 탈리반을 포기하고 미국 편에 섬으로써 미국의 복수를 피했다. 이것 때문에 많은 미국인들은 파키스탄에 대해 배타적이거나 비판적인 시각을 갖지 않게 되었다.

미국 텔레비전을 통해 매우 뛰어난 비디오 홍보를 한 빈 라덴은[7] 이 전쟁이 이슬람과 서구 간의 전쟁이라고 주장했다. 그가 제시한 주요 불만들은 무슬림 세계의 모스크, 빈민가, 시장을 강타했다. 이슬람을 적으로 보는 시각은, 서구 지도자들이 사실이 아니라고 주장했음에도 불구하고, 서구에서 지지를 확보해 가고 있었다.

빈 라덴은 여러 번에 걸친 대량 살상 테러로 미국을 위협했기 때문에 미국인들은 처음부터 그를 공격의 주도자로 널리 믿고 있었다. 만약 페루나 일본의 이교도가 전면에 나서 그 공격을 조직했다고 주장한다면, 그것을 수용하기는 어려웠을 것이다. 대중들의 마음속에서 이슬람은 저주를 받았다. 무슬림들에 대한 괴롭힘과 모스크에 대한 공격 보도는 거의 동시에 시작되었다. 몇 번인가는 시크교도들[시크교는 힌두교에서 파생된 종교이다]이 살해되었다. 수염과 터번을 착용했다는 이유로 그들은 무슬림으로 오해받았다.

여러 해에 걸친 부정적인 신문 보도, 비행기 납치나 인질 또는 명예 살인 같은 뉴스들 — 〈트루 라이즈True Lies〉, 〈파이널 디씨전Executive Decision〉, 〈비상 계엄The Siege〉 같은 할리우드 대작 영화들이 이를 강화하기도 했다 — 은 대중들로 하여금 특정 문명을 최악의 "테러리스트," "원리주의자," "광신자"로 보게 만들었다. 미국의 가장 인기 있는 프로그램들 중의 하나인 〈심슨 가족The Simpsons〉도 무슬림 "테러리스트들"을 인기몰이에 이용하였는데, 거기서 번즈는 터번을 쓰고 수염, 아랍식 머리장식을 한 테러리스트들에게 플루토늄을 팔았다. 주류 문화 속에서 무슬림은 "테러리스트"와 동의어가 되었다. 1995년 오클라호마 시청사 폭파 사건이 발생했을 때 [이 사건으로 168명이 사망하고 500여 명이 부상당함] — 그 사건은 현재 백인 미국인인 맥베이Timothy McVeigh의 소행으로 모든 사람들이 알고 있지만 — 에도 그것은 무슬림들의 소행으로 비난받았다.

논평가들은 비행기 납치범들을, 우리가 볼 때 비행기 납치범들과는 거의 관련이 없는, "극단주의자," "원리주의자," "테러리스트"라는 용어로써 묘사했다. 또 다른 사람들은 그들을 1970년대에 가이아나[남미 동북부에 있는 영국 연방 소속의 독립국.

수도는 조지타운]에서 존스Jim Jones가 주도했던 사이비 종교 집단과 같은 우상 숭배 집단에 속한 것으로 묘사했다. 아마도 가이아나 사건은 진실에 더 가까웠다. 그러나 나는 맥베이 사건이 더 좋은 비교 대상이라고 생각한다. 존스 사건의 대의명분은 존스 자신이었다. 맥베이는 더 큰 대의를 위해 남을 살해하고 자신이 죽는다고 믿었다. 그는 기독교 신앙, 민족주의, 명예, 애국심에 대해 왜곡되게 이해하고 있었다. 냉정하고 계산적인 분노가 그를 그렇게 만들었던 것 같다.

맥베이와 마찬가지로, 9.11 사건을 저지른 비행기 납치범들도 폭력의 동기에 대한 기존의 진부한 생각들에 도전했다. 그들은 중산층 출신이었다. 그들은 서구식 교육을 받았고, 서구인들과 친밀했으며, 서구에서 살면서 획득했던 모든 것을 소유하고 있었다. 그들의 분노는 맥베이의 분노가 기독교와 관련이 있는 만큼 이슬람과 관련이 있었다: 다시 말해 관련이 거의 없었다.

무슬림들은 테러 공격 이후 벌어진 그들에 대한 소송에 아무런 도움도 주지 않았다. 많은 무슬림들은 19명의 납치범들이 무슬림이라는 것을 받아들이는 것조차 거부했기 때문에, 미국인들에게 무슬림 유죄Muslim guilt는 확정적인 것처럼 보였다. 무슬림들은 9.11 사건을 이슬람에 반대하는 유대인 또는 기독교인들의 음모에 의한 것이라고 비난했다. 일부 무슬림들은 사탕을 나누어 주면서 반미 구호를 외치기까지 했는데, 이처럼 무슬림 세계의 일부 사람들이 보여 주었던 [9.11 사건에 대한] 환호에 대해 미국인들은 의혹을 가지고 대응했다.

> 이집트의 개인 소유의 "독립 언론"도 테러리스트들의 미국 공격을 찬양했다. (독립 주간지인) 『알 마이단*Al-Maydan*』의 칼럼니스트 파루크 박사Dr. Nabil Farouq는 "전 세계에서 수백만 명이 즐겁게 외쳤다. 미국은 명중되었다"라고 썼다. "이러한 외침은 전 세계에 걸쳐 수백만 명의 감정을 표현했다. 그런데 당시 미국의 주인American master[부시 대통령]은 전제 군주처럼 오만하고 거만하고 교활하게, 그리고 밥맛 없다는 듯이 그들을 다루었다. 그들을 자기 분수도 모르는 똘마니 같은 사람들로 여기고 있었다"(Pearson and Clark 2002: 374).

선동적인 이러한 무슬림들의 반응은 미국인들의 상처에 소금을 뿌려 문지르는 것과 같았고, 일부 미국인들이 가지고 있던 보복에 대한 의구심을 제거해 주었다. 수십 년간 당해 온 감정적, 육체적 폭력으로 인해 무슬림 사회에 생겨난 수치심, 공포, 노이로제를 인식하는 사람은 거의 없었다; 아직도 소수의 사람들은 많은 무슬림들이 자신들의 [종교적] 맹세 때문에 미국을 비난한다고 이해하였다. 미국과의 충돌 과정에서 만들어진 이슬람에 대한 관념은 지구의 평화와 대화에 관한 다른 어떤 관념보다도 우선한다.

무슬림 세계는 영주권을 얻어서 미국인이 되기 위해 무슨 짓이든 하려는 사람들과 미국인들을 파괴하고 손상을 입히기 위해 무슨 짓이든 하려는 사람들로 나누어져 있는 것 같다. 양 집단에게 미국은 서구문명 내에서 좋은 모든 것과 나쁜 모든 것을 상징하는 가장 중요하고, 가장 눈에 잘 띄며, 가장 강력한 힘을 가진 표상이다.

이슬람 공포증의 증가 추세

이슬람 공포증의 증가 추세에 따라서 무슬림들에 반대하는 사건들이 자주 발생했다. 그리고 이러한 사건들은 이슬람 공포증을 더욱더 불러일으키는 자양분이 되었다. 그 증거로서 서구에서 발생한 충격적인 무슬림 살해 사건을 고찰할 필요가 있다. 서구에서 많은 무슬림들은 의심을 받았고, 또 다른 많은 무슬림들은 괴롭힘을 당하고 굴욕감을 느꼈다. 여러 무슬림 자선 단체들은 폐쇄되었고, 히잡을 쓰고 있는 여성들은 괴롭힘을 당했다. 폭스 TV 해설가인 오릴리Bill O'Reilly는 무슬림들의 성서인 코란을 히틀러의 『나의 투쟁*Mein Kampf*』과 동일시했다. 그 채널 자체의 표현으로는 "공정하고 균형 있는" 보도를 한다고 주장했다.

종교 단체들은 이슬람에 대한 두려움과 혐오감을 더욱더 자주 공개적으로 표현했다. 미국에서 가장 큰 개신교 종파인 남침례교단Southern Baptist Convention의 전 지도자인 제리 바인스Jerry Vines는 이슬람의 예언자를 "악마적 마음을 소유한 소아애자小兒愛者"[수차례 어린 여자들과 결혼한 무함마드를 비하하여 표현한 말. 무함마드는 12명의 여인과 결혼하였다]라고 비난했다. 프랭클린 폴웰Franklin Falwell은 예언자를 "테러리스트"라고 했다. 부시의 대통령 취임식에서 기도를 집전했던 프랭클린 그레이엄Franklin Graham 목사는 이슬람을 "매우 사악하고 악마적인 종교"라고 불렀다. 빌리 그레이엄Billy Graham의 아들인 그는 이슬람의 신은 기독교인의 신이 아니라고 선언했다. 로버트슨Pat Robertson도 이와 같은 말들을 많이 했다.

이슬람의 토대에 손상을 입히려는 소위 이슬람의 "새로운 역사가들"이라는 집단이 쓴, 별로 중요하지도 않고, 모호하며, 심지어 학문적으로도 그 진실성이 의심스러운 일단의 저서들은 그러한 공포를 더욱더 부추겼다. 그들은 이슬람의 예언자 무함마드가 역사적 실존 인물이 아니며, 그의 사망 추정 연도인 632년 이후에도 코란은 수세기에 걸쳐 수정되었다고 주장했다. 가장 논쟁이 되는 사안으로, 이 연구자들은 "그 종교를 랍비 종교인 유대교의 이단 분파로 보는 것이 가장 잘 이해하는 것이다"라고 주장했다("The Great Koran Contrick" by Martin Bright in *New Statesman*, December 10, 2001: 25 참조).

어떤 기독교 집단들은 "이슬람을 제거하기 위해" 함께 공격 태세에 착수했다("False Prophets: Inside the Evangelical Christian Movement That Aims to Eliminate Islam" by Barry Yeoman in *Mother Jones*, June 2002 참조). 『내셔널 리뷰』의 편집장인 로리Richard Lowry가 무슬림 문제에 대한 "최종" 해결책 — "핵무기로 메카를 공격"하고, 강제로라도 나머지 무슬림들을 기독교로 개종시키도록 하자 — 을 제안했을 때, 논쟁은 더욱 격화되었다(National Review Online, "The Corner," March 7, 2002 참조).

현대 통신 기술의 발달로 인해, 전 세계 정보국들은 그들이 테러리스트로 지명한 사람들을 추적하는 데 있어 효율적으로 공조할 수 있게 되었다. 테러리스트 목록에 올라 있는 일부 사람들은 합법적인 권리에 의거하여 항의했지만, 정부는 그들을 요주의 인물로 간주했다.[8]

9.11 사건 이후, 각국 정부들은 세계 어느 곳에서나 아무런 고지도 없이 젊은 무슬림 남성들을 체포할 수 있게 되었다. 이에 반하여, 전 세계 유일 권력인 미국은 테러리스트들이 사는 곳이라면 어디라도 그들을 공격할 태세인 것처럼 보였다. 무슬림들에게 온전한 권리를 부여하고 싶지 않았던 이들은 그들에게 "테러리스트"라는 꼬리표만 붙이면 정부에 협조뿐만 아니라 심지어 지원까지 요청할 수 있다는 것을 재빨리 간파했다. 인권 침해에 직면한 여러 지역의 무슬림 단체들이 워싱턴에 호소하는 정상적인 상황에 대비하기 위해 매우 많은 미군이 배치되었다. 러시아의 체첸인들도 하나의 예이다. 중국의 위구르족, 인도의 카슈미르인들, 이스라엘의 팔레스타인인들의 인권 문제는 9월 이후 잃어버린 하나의 대의가 되었다. 자국민이기도 한 이들에 대한 계속적인 억압은 대량 학살의 측면도 있었다. 어느 누구도 그러한 살육을 멈추게 할 수 없는 것 같았다. 아무도 진심으로 관심을 가지고 있는 것 같지 않았다.

결과적으로 전 세계에 걸쳐 매우 많은 무슬림 민간인들이 살해당하고 있고, 매우 많은 가옥들이 별다른 저항 없이 폭파되고 있다. 매우 많은 사람들이 납치되고, 굴욕을 당하고, 고문을 당하고 있다. 많은 사람들이 간단하게 사라지고 있다. 대부분의 무슬림들은 자신들에게 가해지고 있는 정의롭지 않은 행위들을 텔레비전을 통해서 또는 그들 사회 내에서 보면서 분노하고 있다.

무슬림들은 반세기 동안 팔레스타인인이나 카슈미르인들의 고통 완화를 목표로 한 UN 결의들이 어떻게 무시되는지를 보아 왔다. 그러나 역으로 UN은 이라크 같은 무슬림 국가들에 대해서는 위반 행위를 이유로 신속하게 제재했다.

제2차 세계대전 이후 탈식민지 시대를 지배했던, 좀 더 자유롭고, 심지어 세속적이기도 한 민족주의 운동의 조류가 저지되었던 원인은 [당시 이슬람 세계의 통치자들이] 무슬림 세계의 부정의를 바로잡는 데 실패했기 때문이다. 1세대 전만 해도, 무슬림 세계의 통치자들은 다른 측면의 근대성을 강조했던 것 같다. 그들은 댐과 고속도로 그리고 산업에 대해 얘기했다. 그들은 종교와 부족에 대해 얘기하는 것을 피했다. 그들의 실패는 독립 이후 시기의 희망과 열정의 소멸 그리고 퇴행적인 테마로의 회귀를 의미한다. 지난 십여 년 넘게, 특히 지난 몇 년 동안 매우 활발하게 일어난 그러한 변화로 무슬림들은 빈 라덴 같은 사람과 그들의 폭력론의 출현을 환영하고 지지했다.

무샤라프와 무바라크[이집트 대통령. 1981년부터 현재까지 대통령 역임 중]처럼 서구의 지지를 받고 있는, 소위 말해서 "온건" 지도자들은 9.11 이후 극단주의자들이 자국 정부에 반대하도록 무슬림 세계를 선동하여 불안을 조성했다고 계속 주장했다. 그러나 이렇게 말하면서, 그들의 경찰과 보안 기구는 국내에서 그들에게 동의하지 않는 사람들을 철통같이 감금하고 있었다. 이집트의 무슬림 형제단Muslim Brotherhood과 파키스탄의 자마아트-이-이슬라미Jamaat-i-Islami는 모두 주류 정당이고, 반세기 전에 정치 세계에 참여했을 정도로 극단주의도 아닌데, 그들은 입에 재갈이 물린 채 감옥에 수감되었다. 보통 사람들은 증대된 억압 때문에 미국을 비난했다.

2001년 10월 초, 미국이 아프가니스탄에서 "테러와의 전쟁"을 개시하면서 세계 곳곳에서 계속적으로 "무슬림 테러리스트" 사냥에 나서자, 무슬림들 사이에서 "테러와의 전쟁"은 사실 "이슬람과의 전쟁"(워싱턴에 살고 있는 미국 무슬림들이 쓴 Masud 2002의 제목임)이라는 인식이 증대하기 시작했다. 이러한 여러 주장들 속에서도 소수의 비무슬림 또는 무슬림들은 술-이-쿨 또는 "모두와의 평화를"이라는 이슬람의 불변의 신비주의적 메시지를 마음에 새기고 있었다.

새로운 안달루시아?

미국 이슬람사회연구협의회 회장인 손Tamara Sonn 교수는 2001년 9월 이전에 나와 여러 차례 토론을 가졌다. 그녀는 미국을 위대한 여러 종교들이 서로 조화를 이루며 살고 있고, 풍요롭고, 상호 이익이 되는 문화 형성에 도움이 되는 관대한 사회인 새로운 안달루시아라고 말했다[안달루시아는 지중해 남쪽 끝에서 대서양에 이르는 스페인 남부 지역으로, 그 면적은 87,280km²이다. 8세기 초에 아랍 군이 이 지역을 정복한 후 약 8세기 동안 이슬람 지배 지역이었으며, 이슬람 문화가 아직도 많이 남아 있다].[9] 그녀의 주장은 옳았지만, 세계에서 무슬림들에게 가장 자유롭고, 가장 환영받는 나라[미국]가 9월 이후 무슬림들의 믿음과 실천을 위협하고 의심하는 나라로 변했다.

9.11 이후, 미국은 민주적, 다원적, 개방적 사회라는 그 자체의 관념을 손상시켰다. 반대 목소리는 분명히 들을 수 없을 정도로 고립되었다(예를 들면, "The Troubling New Face of America" by Jimmy Carter in the *Washington Post*, September 5, 2002; Goldberg, Goldberg and Greenwald 2002; Cole, Dempsey and Goldberg 2002 참조). 억류되거나 사라지고 있던 무슬림들, 또는 미디어에서 말하는 "중동인 생김새"의 사람들에 대한 이야기들도 있었다. 일부는 심문 과정에서 사망한 것이 확실했다. 미국에서 인종 차별적 법 집행이 의미하는 것은, 무슬림들의 경우, 필요하다면 언론의 관심을 거의 또는 전혀 받지 못하고 심문, 조사, 추방될 수 있다는 것이다. 어쨌든, 여론 조사 결과는 미국인의 약 80%가 이것[무슬림들을 탄압하는 것]을 당연한 것으로 믿고 있다는 것을 보여 주었다. 미국이나 일부 무슬림 국가에서의 여론 조사 결과는 그들이 서로에 대해 혐오감을 가지고 있다는 것을 확인시켜 주었다.

9.11 사건 당시에는 무슬림에 대한 반감이 매우 컸다. 9.11 테러 용의자인 탈리반과 알-카에다의 포로들이 쿠바의 관타나모에 있는 미군 기지 — 캠프 엑스-레이로 알려진 장소임 — 에 수용되었을 때, 몇몇 조직에서 인권 문제를 주장했다. 이때 미국의 언론들은 "이 사람들은 전쟁 포로가 아니기 때문에 어떠한 권리도 가지고 있지 않다"고 주장했다. 유명한 법조

인들은 무슬림을 다룰 때에는 공식적으로 고문을 사용할 것을 주장했다(Dershowitz 2002). 손목, 발목, 허리를 묶은 수갑을 차고, 입에 마스크를 하고 얼굴에 두건을 쓴 채 질질 끌려가는 수감자들의 모습, 그리고 24시간 내내 군인들의 감시를 받으면서 가로 세로 6-8피트 정도 되는 야외 감방에서 잠을 자며 살아가고 있는 수감자들의 모습. 인권에 대해 그렇게도 많은 이야기를 해온 미국의 여러 사회 집단들은 이에 대해 일말의 동정심조차 표하지 않았다. 무슬림들의 수염이 강제로 잘렸다는 사실의 심각성에 대해서는 공적인 논쟁 자리에서 입도 뻥긋할 수 없었다. 수염은 바로 이슬람 정체성['무슬림 정체성' 이라고 해야 맞는 표현인데, 필자는 '이슬람' 과 '무슬림' 을 구분하지 않고 표현하고 있다]의 상징이고, 이슬람 예언자의 언명이고 실천이다. 그렇기 때문에 터키 공화국을 건국한 아타튀르크Mustafa Kemal Atatürk는 무슬림 정체성의 본질을 밝히고자 하였을 때, [그것이 수염이라고 보고] 수염 금지 조치를 내렸던 것이다. 그는 새로운 이슬람 정체성을 확립하려는 시도의 하나로 핵심적인 이슬람 정체성의 상징인 수염을 거부했다. 21세기 초에 미국인들은 이와 똑같은 일을 하고 있었다. 미국인들은 이슬람 정체성을 제거하려던 것이었고, 아타튀르크는 새로운 정체성을 확립하려던 것이었지만, 그 결과는 같은 것, 즉 그들 또한 지각하고 있던 이슬람에 대한 폭거였다.

아마도 가장 실망스러웠던 것은, 미국인들이 아프간 죄수들에 대한 미국인들의 처우는 아프간 죄수들에 대한 아프간인들의 처우와 비교해야 된다고 주장했을 때, 미국인들은 자신들의 사회에서 필수적인 어떤 것을 스스로 훼손하고 있다는 사실을 알아차리지 못하였다는 것이다. 부지 중에, 그들은 자기 자신들을 현대 세계에서 가장 야만적인 정권 중의 하나인, 종족적이고 후진적인 문맹 집단과 비교하고 있었다. 그들은 지난 300년 넘게 이룩해 온 투쟁 정신과 근대 진보 정치사상을 자신들의 역사로부터 폐기하고 있었다. 9.11 사건은 예상하지 못한 모든 방식으로 세상을 변화시키고 있었다.

부시의 "우리 편 아니면 적"이라고 하는 배타주의적 정책은 외국에서도 논란을 불러일으켰다. 부시는 매우 많은 상이한 정체성들 — 부족적, 종파적, 민족적, 종교적 정체성 — 이 얽히고 설켜 함께하고 있는 사회 내에서 엄격한 경계선을 요구했다. 하나의 정체성이 끝나는 곳과 또 다른 정체성이 시작되는 곳의 경계를 명확히 한다는 것은 어려운 일이었다. 미묘한 감정상의 차이를 고려하며 두리뭉실하게 살아가는 것이 확립된 삶의 한 방식이었던 곳에서, 부시가 요구한 방식으로 변화시킨다는 것은 사실상 불가능했다.

대부분의 미국인 마음속에서 부시는 하룻밤 사이에 변화되었다. 즉, 그의 인기도는 9월 이후 과도하게 높게 유지되었다. 이제 미국인들은 부시를 마을을 지키고 악당을 처벌하기로 작심한, 단순하지만 영웅적인 텍사스 보안관으로 보았다. 부시는 다음과 같이 말했다: 빈 라덴을 "죽은 채로든 산 채로든" 붙잡을 것이다; 빈 라덴은 "잡기 어려운 뱀이다." 그러나 이 말은 국민들의 노여움을 대변하는 것이었다. 동정심과 이해의 여지는 전혀 없었다. 대부분의 미국 국민과 마찬가지로,

부시는 절대 선과 절대 악이라는 이분법적 생각을 가지고 9.11 사건에 대응하고 있었다.

그러나 머지않아 부시는 글로벌 사회의 복잡성을 인식하게 되었다. 9.11 사건 1년 후인 2002년 11월 7일, 부시는 성 라마단 월[10] 기간에 각국 대사들을 포함한 일단의 무슬림들을 백악관에 초대하여 만찬을 베풀었다(11월 20일자 필자의 Religion News Service 칼럼인 "Sighting of the Crescent Moon at the White House" 참조). 간결한 환영사에서, 그는 이슬람이 아브라함으로부터 기원하였다는 것을 강조하면서, 그가 수행하고 있는 전쟁은 "급진적인 테러리스트 네트워크와의 전쟁"이지 [이슬람] 종교와 [이슬람] 문명과의 전쟁은 아니라고 강조했다. 이것은 부시 대통령이 필요로 했고 또 그렇게 만든 두 가지 중요한 점이다. 나는 그 만찬 테이블에 앉을 수 있는 특권을 누렸는데, 식사하는 동안 그는 확신을 가지고 이러한 점들을 강조했다. 그는 9.11 이전에는, 대부분의 미국인들이 그렇듯이, 이슬람에 대해 거의 알지 못했다는 것을 인정했다. 그는 동정심을 가지고 이슬람을 이해하기 위해 노력하겠다고 말했다. 예상했던 대로 미국을 비판하는 무슬림들은 부시의 언행을 비난했다. 영국에 기반을 둔 히즙-우트-타흐리르Hizb-ut-Tahrir — 주로 영국에서 활동하고 있고, 오사마 빈 라덴을 적극적으로 지지해 온 매우 유명하고 활동적인 무슬림 정치 조직 — 의 주요 매체 중의 하나인 『움마뉴스*Ummah News*』(2002년 11월 27일)는 "엉클 톰이 엉클 샘과 함께 저녁을 먹었다"고 주장했다(제4장, 5장 참조).

미국의 또 다른 얼굴

미국의 또 다른 얼굴이 있다. 불행하게도 무슬림 사회는 그것을 보지 못하고 있다. 나는 2002년 8월 산타페에서 그것을 보았다.

산타페는 인류학자들의 낙원이다. 그곳은 세 가지 주요 문화, 즉 라틴계 미국인Hispanic, 아메리카 인디언, 그리고 이곳 사람들이 "영국계 미국인Anglo"이라고 부르는 사람들이 만나는 곳이다. 오페라하우스 및 박물관과 미술관도 여러 곳 있기 때문에, 산타페는 미국의 주요 도시로부터 멀리 떨어져 살기를 원하는 사람들에게 양질의 문화를 제공해 준다. 산타페는 부유한 유명인(예를 들면, 영화배우인 해크먼Gene Hackman, 고故 가슨Greer Garson), 예술가, 학자, 정년 퇴임한 외교관들에게 인기가 있다. 록키 산맥 7,000피트 고지에 위치해 있기 때문에, 그 도시는 스키어들에게도 인기가 있다. "매혹의 땅"이라는 이름을 가질 만한 가치가 있는 곳이다.

그곳에 있는 동안, 나는 지아 드라이브Zia Drive를 보고는 깜짝 놀랐다. 왜 산타페는 파키스탄의 군사 독재자 지아-울-하크Zia-ul-Haq 장군의 명예를 드높여 주는가? 나의 질문에 대하여, 주의 상징 깃발에 그려진 도로와 태양의 디자인은 아메리카 인디언의 지아 상징물의 영향을 받은 것이지, 지아-울-하크 장군과는 아무 관계가 없다는 대답을 들었다.

산타페는 미국에서 가장 오래된 전도 교회가 있다는 것을 자랑스럽게 여기고 있다. 산타페는 또한 오래 전에 그곳이 뉴멕시코의 수도였다는 사실과 1610년에 뉴스페인의 동북 지역 수도였다는 것을 자랑으로 여기고 있다. 그러므로 산타페는 미국에서 가장 오래된 수도이다. 총독 관저는 미국에서 가장 오래된 공공건물이다. 아시시의 성 프란체스코에게 바쳐진 장엄한 대성당 — 그것은 산타페가 수도로 선포되었을 때 건설되었다 — 은 그 도시의 중심을 내려다보고 있다. 성 프란체스코는 동정과 관용을 상징하는 인물이기 때문에, 산타페에 어울리는 상징이다. 나는 그 대성당 입구에 유대인 상징물이 있다는 말을 듣고 그것을 찾아보기 위해서 그곳에 갔다. 그 입구에서 삼각형 조형물 하나를 발견했는데, 그 안에는 히브리어로 신을 의미하는 "야훼Yahweh"라는 단어가 새겨져 있었다.

리 베리Lee Berry는 산타페 국제관계협회를 대표하여 나를 산타페로 초대해 주었다. 이 협회는 미국의 많은 단체 중 하나에 불과하지만, 산타페의 인구가 적기 때문에 900명의 회원은 높은 수준의 참여율을 자랑하는 것이다.

이 협회는 3일간에 걸친 이슬람에 관한 특별 프로젝트를 기획했다. 이 프로젝트는 내가 산타페 대학의 그리어 가슨 극장에서 행한 공개 강의와 함께 시작되었다. 이 모임에는 약 300명이 참석했고, 이슬람에 관한 세 개의 세션이 있었다. 이슬람에 관해서, 그리고 이슬람과 서구의 관계에 관해서 날카롭고 지적인 질문들과 활발한 토론이 있었다. 예를 들면, 이슬람의 여성 문제, 이슬람에서 민주주의의 장래 문제, 전 지구적 차원에서 미국의 역할, 미국과 무슬림 세계와의 관계 등의 문제가 논의되었다. 참석자들은 테러리즘과의 전쟁이 어디로 가고 있으며, 어디에서 끝날 것인가에 관하여 총체적으로 고민했다.

나는 세세한 사항까지 알고 있는 참석자들의 세밀함과 그것을 나 자신의 세계[이슬람 세계]와 연관 짓는 것을 보면서 계속해서 놀라지 않을 수 없었다. 예를 들면, 리슬 드니스와 란트 드니스Lisl and Landt Dennis는 가볍게 읽을 수 있는 그들의 책 『모로코에서 살아가기*Living in Morocco: Design from Casablanca to Marrakesh*』(2001)를 나에게 주었고, 카라치 주재 미국 대사관의 영사를 역임했던 호이트Michael Hoyt는 나에게 그가 쓴 『콩고에 사로잡히다*Captive in the Congo: A Consul's Return to the Heart of Darkness*』(2000)를 주었다. 또 봄베이 영사를 역임했고, 당시 『타임』 특파원이던 스튜어트 William Stewart는 『산타페 뉴멕시칸*Santa Fe New Mexican*』에 기고한 칼럼을 나에게 주었다. 스튜어트는 리셉션 중에 갑자기 남아시아 언어인 우르드어/힌두어를 말함으로써 나를 놀라게 하기도 했다.

이러한 작가들의 온정과 환영 중에서도 나를 초대한 리 베리와 그의 아내 샌디로부터 받은 환대는 특히 각별한 것이었다. 성공한 석유 사업가로서 런던, 도쿄, 리비아, 인도네시아에서 중역을 역임했던 리 베리 씨는 내가 산타페에서 만났던 사람들의 정신세계, 즉 선의와 우정 어린 관용, 다른 지역과 사람들에 대한 호기심, 적극적으로 이해하려는 노력을 대변했다. 불행히도, 이것은 많은 사람들이 경험하지 못하는 미국의 얼굴이다.

리 베리 씨는 12살짜리 손자 카일을 나에게 소개해 주었다. 그는 알버커크에 있는 유명한 알버커크 아카데미에서 공부하고 있었다. 그는 『해리 포터』가 과대평가되고 있다고 생각했다. 그는 『반지의 제왕』을 더 좋아했다. 카일이 좋아하는 과목은 시이다. 나는 그에게 키플링Joseph Rudyard Kipling [1865-1936, 영국의 시인, 소설가]의 『이프*If*』를 읽어 봤는지 물었다. 그는 읽지 않았다고 했다. 나는 그것을 읽어 보라고 추천했다. 나는 카일이 『이프』를 통독하게 되면, 역시 키플링이 쓴 『킴*Kim*』(1960; 본래는 1901년에 출판됨)에서 훌륭한 모험담을 발견할 것이라고 확신했다. 키플링은 구시대적이고, 제국주의자, 성차별주의자, 인종주의자 — 때로는 불공평한 것이기도 하지만 — 로 간주되어 많은 사람들에게 거부되고 있지만, 나는 젊은 독자들이 상상력을 통하여 다른 사람들의 삶 속으로 들어가게 하는 데 그의 『킴』이 기여하는 바가 있을 것이라고 믿는다. 카일과 거의 같은 나이인 킴은 카일이 즉시 가깝고도 먼 하나의 세계를 발견하도록 도와줄 것이다. 먼 세계라고 하는 것은 그 세계가 아프가니스탄이나 인도-파키스탄같이 먼 곳에 위치해 있기 때문이고, 가까운 세계라고 하는 것은 키플링이 "위대한 게임Great Game"이라고 불렀던 것에 미국이 지금 깊숙이 개입하고 있기 때문이다. 우리들 사이의 차이에도 불구하고 우리 모두는 킴이 말한 '인류라는 동일한 강'의 일부분임을 음미할 수 있을 때, 그 발견은 젊은 미국인들에게 도움이 될 것이다.

2. 무엇이 잘못되고 있는가?

무슬림 공동체에서 무엇이 잘못되고 있는가?[1] 예언자는 '공동체 또는 움마ummah는 인간의 신체와 같다' 라고 말했다. 만약 신체 한 부분이 고통을 받으면 온몸이 고통을 받는다. 9.11 사건 이후, 무슬림이라는 신체의 많은 부분이 고통을 받았다. 그러나 무슬림 지도자들은 자신들의 지위를 유지하기 위해서 세계의 도전에 효율적으로 대응할 능력을 상실한 것처럼 보였고, 자존심, 존엄, 명예의 관념을 버렸다. 대부분의 비무슬림 국가 지도자들도 명예를 존중해 주지 않는 것으로 보였다. 더욱이 우리는 명예 없는 세계, 즉 탈명예의 세계에서 살고 있는 것 같았다.

I. 이슬람이 잘못인가, 세계화가 잘못인가?

많은 학자들은 이슬람이 서구와 충돌 중에 있으며, 우리가 살고 있는 현시대에 대해 본래부터 적대적이라고 믿고 있다(Armesto 1995; Fukuyama 1998; Huntington 1993, 1996; Kepel 2002; Lewis 2002). 나는 이슬람 사회가 — 전통 종교의 영향을 받는 다른 세계 문화와 마찬가지로 — 현재 일어나고 있는 지구적 변화에 대응하고 있다고 생각한다. 그 대응은 노여움, 몰이해, 폭력적 증오가 혼합된 형태로 나타나고 있다. 물론 서구의 근대성에도 매혹적인 요소는 있고, 따라서 하나의 유혹이다. 이슬람과 근대성 간의 관계는 단순한 문명 충돌론보다 훨씬 더 복잡하다.

문명 충돌이라는 개념은 — 문명 충돌론에서는 무슬림들을 서구의 주요 반대자로 보고 있다 — 이슬람을 서구를 위협하는 약탈 문명으로 보는 낡은 관념의 연장선상에 있다.[2] 이와 반대되는 관념은 문명의 대화이다. 문명 간의 대화라는 관념은 이란의 무함마드 하타미Muhammad Khatami 대통령이 유엔에서 소개했고,[3] [당시] 유엔 사무총장[이던] 코피 아난이 지지했다. 이 관념이 완전히 새로운 것은 아니었지만, 서구인들의 마음속에 이란은 "테러리즘," "극단주의"와 관계 있는 것으로 인식되고 있었기 때문에, 하타미의 성명은 매우 큰 영향을 미쳤다.[4]

9.11 사건은 [문명 간의 대화를 주장하며] 중요한 촉매 역할

을 했던 유명 인사들의 개인적인 입장에도 영향을 미쳤다. 캔터베리 대주교였던 조지 캐리George Carey 박사는 그들의 대화 주장을 열정적으로 다시 제기했다.[5] 이란을 "악의 축"의 하나라고 언급한 부시 대통령으로부터 퇴짜를 맞으면서 매우 실망한 하타미 같은 사람들은 대화를 거부한 것 같았고, 매우 불쾌한 반서구적 수사를 사용했다. 포위당해 있다고 느끼는 무슬림들은 확신을 가지고 대화한다는 것이 어렵다는 것을 알게 되었다.

세계화

무슬림들 가운데 팽배해 있는, 포위당해 있다는 느낌은 9.11 이후 갑자기 생긴 것은 아니다. 또한 무슬림들에게만 한정된 것도 아니다. 지난 십여 년 넘게, 서구로부터 밀려들어 온 정치적, 문화적, 기술적 변화의 속도와 범위는 전통 사회에서 살고 있는 사람들을 불안하게 만들어 왔다. 그들 사이에서는 너무 많은 변화가 너무 빠른 속도로 발생하고 있다는 느낌이 광범위하게 퍼져 있다.

우리가 살고 있는 시대를 묘사하기 위해서 비평가들은 세계화,[6] 탈근대주의,[7] 탈감정주의(Mestrovic 1996), 탈인간post-human(Fukuyama 2002), 자본주의의 승리 시대(Fukuyama 1998), 서구화,[8] 또는 간단하게 미국화Americanism[9]라는 개념을 사용한다. 그 개념들은 정의 과정에서 논쟁이 되기도 하고, 때로는 상호 호환되어 사용되기도 한다.

우리 시대의 세계화는 정의, 개념, 성격상 어떤 상호 관련성을 가진 특성들, 즉 글로벌 커뮤니케이션, 미디어, 다국적 기업의 효율성, 여행, 관광, 그리고 법과 질서를 전제로 하는 상품과 자본의 자유로운 흐름에 대한 일반화되고 공유된 인식에 기반하고 있다. 또한 정의, 평등, 복지의 시대로 발전해 가고 있다는 느낌에 기반하고 있다. 일부 세계화 주창자들에게 세계화는 자원을 얻기 위해 지구를 파괴하고, 자본주의의 총체적 승리를 주장하는 것을 의미한다. 또 다른 사람들에게 세계화는 경제적 번영을 확장시키기 위한 기회를 의미한다. 하지만 대부분의 사람들에게 세계화는 혼란과 절망을 의미한다. 그러므로 세계화는 부분적으로는 미래에 대한 약속이고, 부분적으로는 현실이며, 부분적으로는 환상이다.

세계화의 기저에 있는 원칙은 이러한 특성들 각각은 다른 특성들과 상호 관계를 가지고 있다는 것이다. 즉, 하나의 붕괴는 다른 모두에게 영향을 미칠 수 있다는 것이다. 9.11 공격 이후, 커뮤니케이션과 미디어는 변화없이 유지되고 있는 동안에도, 다른 모든 것은 역으로 영향을 받았다. 세계화는 세계무역센터와 펜타곤의 파괴로 인해 상처를 입었다. 이것이 치명적인 상처가 될 것인지 여부는 세계 지도자들이 앞으로 그것에 어떻게 대응하는가에 달려 있다. 즉, 그들의 비전과 전략이 세계화의 미래를 결정할 것이다.

세계화에 대한 재고와 재구조화를 필요로 하는 곳에는 노여움이나 혼란이 만연했다. 장기 계획이 요구되는 곳에는 당장 눈앞의 정치적 압력에 영향을 받은 단기적 전략만이 만연했다. 대화와 이해를 고무시키기 위해 현인의 지혜를 필요로 하는 곳에는 거의 모두 남성으로 구성된 지도자들이 날카롭고, 화난, 어린아이 같은 목소리로 토론을 좌지우지했다.

이미 일부 비평가들은 산업화되고 민주적이며 풍족한 사회와 개발도상국 사회 사이에 증대되고 있는 분열을 비관적으로 언급했다. 실제로 장 보드리야르Jean Baudrillard 같은 포스트모더니즘의 권위자는 상호 자기 파괴적이고 공생 관계에 있는 아프리카, (무슬림 인구의 대다수가 살고 있는) 아시아, 라틴아메리카의 "고통과 파국distress and catastrophe"에 맞서고 있는 부유한 서구를 예견하였다(1994: 69). 비록 세계화가 중국, 인도 같은 나라의 일부 지역에 많은 이익을 가져다주었지만, 개발도상국의 대부분의 사람들에게 세계화는 아마겟돈과 비슷한 어떤 것이다. 말레이시아의 수상이며, 지도력 있는 유명한 무슬림 지식인인 마하티르 모하마드Mahathir Mohamad 박사는 세계화의 영향을 다음과 같이 묘사하고 있다. "무슬림과 무슬림 국가들은 거대하고 두려운 도전에 직면해 있다. 현재 벌어지고 있는 형태의 세계화는 우리와 우리의 종교에 반대하는 하나의 위협이다"(Mohamad 2001: 24).

세계화는 혼란과 절망을 만들어 냈다. 마하티르 박사는 다음과 같이 고백한다. "나는 제3의 밀레니엄이 시작된 21세기에 무슬림들에 대하여 낙관적인 생각을 가지려고 매우 노력했다. 그러나 내가 그렇게 되기는 매우 어렵다는 것을 인정해야만 할 것 같다. 나는 아주 소수의 무슬림들만 현실을 이해하고 있다는 것을 안다. 그들은 약함이 강함으로 간주되고, 실패가 성공으로 간주되는 세계에서 살고 있다"(같은 책: 44).

아프리카와 아시아에서 살고 있는 사람들만이 세계화에 대해 절망적으로 대응하고 있는 것은 아니다. 세계적인 외교관으로서 뉴욕에서 살고 있는 코피 아난은 최근에 다음과 같이 썼다. "그러나 전 세계 수백만 명의 사람들은 세계화를 진보의 담지자agent of progress로서가 아니라, 삶과 직업과 전통을 파괴하는 능력에 있어서 거의 허리케인과도 같은 분열적 힘으로 경험하고 있다"("Problem without Passports," Kofi Annan, *Foreign Policy*, September/October 2002:30). 서로 다른 방식으로 그리고 때로는 예기치 않았던 방식으로 이미 사회를 혼란하게 만들고 있던 세계화 과정은 뉴욕과 워싱턴 공격 이후 더욱더 긴장과 왜곡을 초래했다.

세계화로 무슬림들이 곤란해진 것같이 보이지만, 세계화의 이상과 실천은 무슬림 역사 속에 이미 존재했기 때문에 사실은 친숙한 것이다. 이슬람의 세계관은 개념적으로 전 지구적이다. 신에게는 동과 서가 따로 없다(2장 115절). 장구한 이슬람 역사 속에는 오늘날 우리가 세계화라고 부르는 요소들이 있었다. 서로 다른 인종적, 지리적, 정치적 경계 내에서 살고 있지만, 같은 언어를 말하는 사회들은 공통적인 문화적 감각을 향유하고 있고, 세계관에서 동일한 정신적 사조를 인식하고 있다는 것을 철저하게 이해했다(과거 한때 이슬람 문명이 얼마나 많이 세계화되었는지에 대해서는 저명한 "이슬람" 역사가 Albert Hourani(1991)와 Marshall Hodgson(1974) 참조할 것). 누구나 유럽의 그라나다[스페인 안달루시아 지역의 중심 도시. 알함브라 궁이 있음]로부터 북아프리카의 마그렙[마그렙 지역은 Arab Maghreb Union에 가입한 튀니지, 알제리, 모로코, 리비아 지역을 말함], 카이로를 거쳐 아라비아 반도까지, 그리고 아라비아 반도로부터 바그다드까지 세 대륙을 거쳐 여행할 수 있는데, 이들 지역은 아직도 비슷한 하나의 문화 속에 있다는 것을 알 수 있을 것이다. 14세기의 이븐 할둔은 이렇게 상이한 장소에서 살면서도 친숙한 문화적 환경 속에 있는 자신을 발견할 수 있었던 몇 사람 중의 한 사람이다.

과거의 또 다른 측면은 세계화 시대에 문명 간의 대화의 예를 [역사에서] 찾고 있는 우리들에게 영감을 제공해 줄 수 있다. 15세기 말까지 스페인에서 살았던 유대인, 기독교인, 무슬림들은 풍부한 종합 문화를 창조했다. 이들의 각 문화는 타 문화를 풍부하게 했고, 그것은 질 높은 문학, 예술, 건축을 만들어 냈다(Menocal 2000, 2002). 코르도바[스페인 안달루시아 지역에 있는 주요 도시]에 있는 도서관은 유럽에 있는 모든 도서관의 장서를 합친 것보다도 더 많은 서적을 보유하고 있었다. 토마스 아퀴나스 같은 주요 인물들은 이슬람 사상의 영향을 받았다. 그리스 사상은 무슬림 스페인을 경유해, 아랍 문화의 필터를 거쳐서 유럽에 소개되었다. 오랜 기간 동안 종교적, 문화적 조화가 있었다. 무슬림의 사상, 문화, 건축이 유럽에 미친 영향은 광범위하고 심오했다. 그래서 무슬림 사회는 곧바로 세계화를 상징했다.

세계화에 대한 공격

뉴욕과 워싱턴에 있는 외견상 매우 견고하고 손댈 수 없을 것 같은 세계화의 기둥[세계무역센터와 펜타곤]에 대한 공격은 세계화에 대한 최초의 중요한 일격이었다. 항공사들은 파산 직전의 상태에서 흔들렸고, 일부 항공사들은 무너졌다. 엔론Enron, 월드컴World Com, 제록스Xerox 등 거대 다국적 기업들은 부패와 경영 부진으로 난제에 직면한 것처럼 보였다. 이 거대 다국적 기업들의 붕괴가 9.11과 직접적으로 관련된 것은 아니었지만, 9.11은 위기감을 심화시키는 자양분이 되었다. 자신들과 관련된 기업이 있는 부시와 체니는, 그들을 지원하는 정부 내 고위 공직자들과 마찬가지로, 약점이 있는 것처럼 보였다; 기업에 좋은 것이 미국에 좋은 것은 아니었다. 서구 자본주의에 비판적인 사람들은 기꺼운 마음으로 세계화로 발생한 문제들을 드러내는 신호들을 간파했다. 그들은 다국적 기업을 경영하는 사람들의 탐욕과 허위를 비난했다.

세계화는 대부분의 개인들을 둘러싸고 있는 가장 기본적인 형태의 정체성, 즉 가족, 부족, 국가, 종교에 도전하는 것처럼 보인다. 가족 — 개인들이 직장을 찾거나 또는 정치적·문화적 상황에 대응하는 과정에서 가정을 떠나거나, 때로는 가정으로 돌아오지 못할 때, 가족은 해체된다. 부족 — 이미 팽창할 대로 팽창한 도시 지역으로 이주하는 여러 부족의 일부,[10] 그리고 혈통이라는 중심적인 계보 원칙이 약화되면서, 부족은 자신들의 정체성을 상실하는 과정에 진입하고 있다.

국가 — 정치적, 경제적 변화는 특히 확정된 국경 개념을 가지고 있는 국가들의 모든 측면에 영향을 미치고, 그러한 영향은 또다시 사회 변화를 초래한다. 종교 — 세계화의 물질주의와 소비주의는 종교의 정신적 핵심에 도전하고 있다. 이러한 여러 정체성이 세계화로 인해 약화될 때, 신의 명령을 대변하는 불명료하지만 영속적인 도덕성과 정의의 개념들은 개인에게는 매우 중요한 것으로 간주된다. 그 때문에 종교는 정의 — 보통 명예와 복수로 해석되는데 — 를 해석하기 위한 도구뿐 아니라 정체성의 원천source of identity이 되는 것이다.

세계화에 대하여 폭넓게 수용되고 있는, 진실의 일부를 포함한 인식들이 몇 가지 있다. 즉, 세계화는 미국의 정치, 경제에 봉사하기 위해 만들어지고 지속되고 있다는 것, 세계화는 그 중심에서 오직 물질적 확대만을 추구하기 때문에 도덕적으로 파산 상태라는 것, 텔레비전의 광고, 드라마, 그리고 부자와 유명인에 대한 다큐멘터리가 보여 주는 소비주의가 정상적이고 평균적인 일상생활을 대표한다는 것, 매체들이 만들어 낸 이러한 서구적 이미지가 지역 문화를 파괴시키고 분노와 좌절을 초래하면서 전 세계 가정에 침투하고 있다는 것, 북아메리카에 부를 집중시키고 소비하려는 약탈적 욕구로 인해 방자하고 제멋대로인 미국인들은 세계의 자원을 고갈시킬 것이며, 지구상의 대다수 사람들로 하여금 궁핍한 삶을 살게 만든다는 것 등이 그것이다. 세계화를 연구하는 석학 중의 한 사람인 로버트슨은 다음과 같이 말하면서 안타까워하고 있다. "세계화는, 최소한 경험적으로 '세계의 진보' 라고 하는 어떤 징후를 보여 줌에도 불구하고, 그 자체 내에 그리고 그 자체로 '좋은 것' 은 아니다"(Robertson 1992: 6).

미국에 대한 고정된 인식이 매우 광범위하게 퍼져 있다. 그래서 더 나은 세상을 만들겠다는 소박하지만 영적인 바람에 이끌리는 젊은 미국 세대들의 물결(아메리카 대학을 졸업한 나의 미국인 학생들은 무언가 다른 것을 추구하기 위해 팔레스타인과 중국으로 갔다)은 중요한 게 아니다; 미국에도 자신들의 권리를 위해 투쟁하는 공동체가 있다는 사실은 중요한 게 아니다; 대부분의 미국인들이 갖고 있는 더 나은 내일에 대한 믿음과 민주적이고 관용적인 열린 사회에 대한 비전을 공유하고자 하는 바람은 중요한 게 아니다.

브라질, 인도네시아, 또는 나이지리아의 빈민가에서 살고 있는 사람들에게 〈달라스〉나 〈다이내스티〉의 이미지는 미국의 실제 삶을 재생산한 것이다. 상이한 여러 생산물들을 광고하는 텔레비전에서 보여 주는 최근의 영상물들은 육체적이고 천박한 강박 관념을 확인해 준다. 즉, 남자들은 성기의 크기를 확대하고 발기시켜야 한다는 강박 관념을 가지고 있고, 여성들은 가슴과 엉덩이를 탄력 있게 만들어야 한다는 강박 관념을 가지고 있으며, 모든 사람들은 술, 패스트푸드, 의상, 그리고 자동차에 대한 강박 관념을 가지고 있다. 이것들은 유혹하기도 하고 매혹시키기도 하며, 반란을 일으키기도 하고 분노를 불러일으키기도 하며, 혐오감을 주기도 하고 우울하게 만들기도 하는 소비주의의 이미지들이다.

세계 다른 지역에서의 미국에 대한 반응은 이끌림(나는 미국의 일부가 되고 싶다)과 혐오감(나는 미국을 부패한 것으로 그리고 부패하고 있는 것으로 보고 저주하며, 거기에 속할 의사도 없다)을 동시에 느낀다는 것이다. 이 혐오감은 쉽게 도덕적 용어로 표현된다. 이것이 바로 미국이 분노의 핵심 대상이 되는 이유이다. 만약 세계가 지구촌이 된다면, 그때 미국은 [세계라는] 마을의 작지만 부유한 지배 엘리트가 될 것이다.

타락한 미국의 CEO들이 어떻게 사는가에 관한 이야기들을 포함하여 엘리트들의 소모적인 삶에 관한 이야기들은 세상에서 노여움과 비웃음을 만들어 내고 있다. 2000년 전 로마 엘리트들, 1000년 전 바그다드의 아랍 통치자들, 300년 전 파리의 귀족들은 훨씬 더 사치스럽고 소비적인 삶을 살았는지도 모른다. 그러나 엘리트들의 삶과 외부의 인민들을 가르는 높은 벽이 있어서 그들의 삶은 단지 추측만 할 수 있을 뿐이었다. 그런데 텔레비전은 그 모든 것을 변화시켰다.

세계화와 매우 광범위하게 연결되어 있고, 그리고 저항할 수 없는 미국 문화의 상징과 캐리커처로 가장 널리 쓰이는 것 중의 하나가 바로 맥도날드이다. 맥도날드는 신화, 상징, 의식ritual을 의미한다(Kottak 2000: 466-8; Barber 1995 참조). 미국에서는 골든 아치[맥도날드 사의 로고]를 외면하고 살기가 쉽지 않다. 내가 가르치고 있는 워싱턴의 아메리카 대학에는 캠퍼스 안으로 들어가는 주요 차도에 맥도날드가 들어 서 있다. 이 대학은 빅맥의 권력을 인정하고 있는 것이다. 외국에서도 맥도날드는 그 나라의 심장부에서 그 문화에 도전하고 있다. 카사블랑카[모로코의 대서양 연안 도시]에 있는 한 맥도날드 매장은 고故 하산

왕이 지은, 그리고 그의 이름 때문에 잘 알려진 매우 화려하고 장대한 모스크[하산 II세 모스크]를 바라보고 있다. 모스크바에서는 푸시킨 동상 앞에 맥도날드 매장이 있다. 로마에서 맥도날드는 〈애천愛泉〉에 의해 불후의 명성을 얻은 장엄한 트레비 분수를 바라보고 있다[트레비 분수는 영화 〈로마의 휴일〉의 배경이기도 하다]. 런던에서 맥도날드는 빅벤Big Ben을 응시하고 있다. 케임브리지의 심장부에서는 맥도날드 가게가 뉴턴, 베이컨Francis Bacon, 테니슨, 이크발Muhammad Iqbal, 네루가 공부했던 트리니티 칼리지로부터 얼마 떨어지지 않은 거리에 위치해 있다.

즉각적으로 그리고 전 지구적으로 인식되는 미국의 상징으로 그 지위를 인정이나 받은 것처럼, 맥도날드는 9월 이후 치명적인 폭력의 목표물이 되었다. 특히 인도네시아와 인도에서 가장 현저하게 나타나고 있는 현상이다. 그러나 만약 이곳 어린이들에게 전통 토착 음식과 빅맥 중 어느 것을 더 좋아하는지 물어 본다면, 대답은 항상 후자를 좋아한다고 할 것이다. 맥도날드의 예와 같이, 세계화는 벗어날 수 없는 증기 롤러[도망갈 수 없는 폐쇄된 공간]처럼 보인다.

그러나 세계화는 그 자체로 돌고 돌 수 있다. 1970년대의 호메이니와 그로부터 20년 후의 빈 라덴은 모두 미디어, 서구의 기술, 국제 용병, 자금의 이동, 가장 상위의 적으로서 미국에 초점을 맞추는 것 등과 같이 세계화 과정을 능숙하게 이용했다.

세계화의 부정적 측면과 미국 사이의 연관 관계는 9월 이후 중동의 언론인들에게는 분명한 것 같았다.

> 칼럼니스트 알리 알-사예드Ali Al-Sayyed는 주간지 『알-아흐람 알-아라비*Al-Ahram Al-Aarabi*』에 다음과 같이 썼다. "매우 오랜 기간 동안 미국은 세계의 많은 사람들을 울렸다. 그러한 행위를 수행한 것은 항상 미국이었다. 이제 미국에 반대하는 행위가 수행되고 있다. 독약을 섞은 요리사도 언젠가 그 독약을 맛보아야 한다. 상황이 참을 수 없게 되었을 때, 세계는 억압받는 자들의 힘이 위대하다는 것을 발견했다. 경제적, 정치적, 군사적 상징성을 지닌 세계화의 도시는 붕괴되었고, 세계화 이론은 거짓 연합false coalition의 설립과 함께 묻히게 될 것이다"(Pearson and Clark 2002: 373).

그러나 빈 라덴의 행위로 말미암아 무슬림에게는 세계화 과정이 역전되어 버렸다. 무슬림들은 모든 국경에서 제약을 받아야 하는 문제에 직면하게 되었다. 그들은 공항에서 반복적으로 체크 당했다. 그들의 사업과 금융상의 관심사들은 반복적으로 조사를 받았다. 그들의 종교와 관습은 의심의 눈초리를 받게 되었고, 가끔 조롱거리가 되었다. 그리고 그들은 세계 문화 공동체에서 환영받지 못한다는 것을 느꼈다.

"위험 사회"

학자들은 우리가 살고 있는 이 시대를 "온건한 묵시gentle

apocalypse의 순간"(Barthes 1989: xxii), "정체를 알 수 없고 시끄러운enigmatic and troubling 탈근대"(Foucault 1984: 39)로 묘사하고 있다. 뉴욕과 워싱턴 공격 이후, 우리는 지역 공동체에 영향을 미치는 전 지구적 변화가 "온건하지도" 않고 "시끄럽지도" 않다는 것을 인식하고 있다.

지난 10년 또는 20년 동안 지구적인 것과 지역적인 것, 높은 것과 낮은 것, 과거와 현재, 성스러운 것과 세속적인 것, 진지함과 경솔함은 어떻게 해서 그렇게 당황스러울 정도로 병존해 왔는지, 그리고 개인을 자극하고, 혼란스럽게 하고, 화나게 하는 데 부단히 이용될 수 있는지 우리는 보아 왔다. 폭력은 대체로 피할 수 없는 것이고, 인종적 차원의 희생은 곧잘 가까운 곳에서 발생한다. 전 지구적으로, 미몽에서 깨어난 근대의 아이들과 상속자들은 불확실성 속에서 살고 있고, 전 지구적 변화를 인식하고 있다.

어느 누구도, 어느 가옥도 안전하지 않은 것 같았다. 버킹엄 궁전의 여왕조차도, 세인트 제임스 궁에 살고 있는 찰스 왕세자도 안전하지 않았다. 이 두 사람은 그들의 궁전 내에서 강도를 당했다. 부자, 기득권자, 노인들에 대한 존경심은 사라졌다. 바로 그러한 이유 때문에 사회학자들은 우리가 "위험 사회"(Beck 1992의 제목; 또한 Ahmed 1992a; Ahmed and Donnan 1994; Ahmed and Shore 1995; Giddens 1990; Turner 1994 참조), "위험 문화"(Giddens 1991; 3) 또는 "공황panic" 문화(Kroker and Cook 1988) 속에서 살고 있다고 말하는 것이다. 우리가 사는 현대 세계는 "질주하는 세계runaway world"(Giddens 2000의 제목)이다.

아프리카와 아시아의 전통 사회들이 단지 세계화의 속도와 힘에 대해 불안해한다고 생각하는 것은 잘못이다. 2000년에 미국의 한 무선 전화 서비스의 텔레비전 광고가 이러한 불확실성의 요소를 설명했다. [그 텔레비전 광고에서] 젊고, 성공한 중역이 무선 전화로 통화하고 있는데, 작업복을 입은 두 명의 근육질 남성이 그에게 다가가서는 그의 옷을 벗긴다. 그리고 그가 앉아 있는 등받이 의자와 함께 그를 들어 올린 다음 맨 꼭대기 층에 있는 그의 사무실 창문 밖으로 내던져 버린다. 다음 장면에서, 마분지 상자를 뒤집어 쓴 그 남자는 햄버거를 사기 위해 줄을 서 있다. 그 젊은이의 궁상맞은 모습은 현 사회의 현실과 분위기를 요약한 것이다. 우리는 불안정과 불확실성의 상태에서 살고 있다. 잘못된 전화 서비스를 선택하는 것만으로도 눈 깜짝할 사이에 우리는 지위, 신분, 부, 우리 자신의 감각까지 발가벗겨진 채로 노출된다.

II. 탈명예의 세계인가?

세계화 과정은 명예 관념과 직접적인 관련성을 가지고 있다. 전통적인 구조와 가치가 변하고, 새로운 구조와 가치가 어떤 영구적 방식으로 형성 중에 있기 때문에, 세계화로 인해 개인들은 불확실하고 방어적이며, 더욱 취약한 존재가 된다. 개인은 뒤르켕이 "아노미"라고 했던 것과 같은 상태에서 살게 된다. 그러한 사람들은 집단 충성 — 또는 초-아싸비야 — 을 과도하게 강조하는 쪽으로 반응하고, 탈명예 사회로 가는 조건들을 만들어 낸다는 것을 나는 이미 앞에서 언급했다.

그러나 위협을 느끼는 것은 개인만이 아니다. 가족, 집단, 국가, 심지어 종교의 명예조차도 여러 장소에서, 기대하지 않았던 방식으로 위협을 받는 것 같다. 모든 사람들은 — 초강대국 미국에서 살고 있는 사람부터 아직 탄생하지 않은 국가인 팔레스타인에서 살고 있는 사람까지 — 스스로 취약한 존재라고 느끼고 있다. 사람들은 서로 명예를 중시하지 않는다며, 불명예스러운 인간이 되고 있다며 다른 사람들을 비난한다.

매스미디어는 혼란스럽고 위협적인 새로운 이미지들을 전 세계 가정의 가장 사적인 공간에까지 침투시키고 있다. 뉴스 자체는 끊임없이 재방영되고, 노여움과 복수심을 고조시키는데, 그것은 퇴행적인 편견을 만들어 낸다. 사람들은 자신들이 속한 집단, 문화, 또는 종교의 명예를 방어하는 방식으로 대응한다. 어떤 경우에는 복수와 순교가 하나의 대응 방식이다. 너무나 많은 사람들이 자신들은 명예로운 사람이고 타인들은 그렇지 않다고 믿고 있다. 그들은 타인의 불명예 행위를 지적하거나, 자신들의 의견을 지지하기 위해 역사적 사건들을 들먹인다. 심지어 곡해된 논리를 통하여 명예 개념은 폭력 행위에 적용되고, 죄 없는 시민들은 가끔 폭력의 희생양이 된다. 명예라는 이름으로 여성들에게 굴욕감을 주고, 강간하기도 한다(제4장 2절, "베일에 가려진 진실: 이슬람 여성" 참조). 그래서 우리는 이상주의적이고 인본주의적인 목표로서의 명예와 타자에 대한 폭력을 통하여 규정되는 과장된 집단 충성의 표현으로서의 명예를 구분할 수 있다.

명예의 문제

사회는 전통적인 명예 관념과 아무 관련성이 없거나 그것을 거부하는 미국과 같은 고도 산업 사회 — 여기서 탈명예 사회가 유래한다 — 에서부터 아프가니스탄처럼 명예를 아직도 중요하게 생각하고 맹렬하게 방어해야 한다고 생각하는 부족 사회에 이르기까지 다양하게 분포되어 있다. 인도 같은 나라는 그 중간에 있다고 할 수 있다. 이 나라에는 근대화를 열망하는 집단과 전통과 명예를 강조하는 집단이 섞여 있다.

명예 — 또는 그것에 대한 이해 — 는 보편적으로 추구하는 것이기도 하고 과거와 연계되어 있는 것이기도 하다. 몇 가지 예를 들어 보자. 유대교-기독교-이슬람 전통의 영향을 받는 사회에서 십계명은 명예의 기반을 제공해 준다. 십계명 — 신의 명예, 부족의 명예, 가족의 명예 — 을 지키려고 시도하는 것은 고결한 행동을 하게 되는 동기도 되고, 야만적 행위를 하게 되는 동기도 된다. 『포 페더스*The Four Feathers*』 같은 인기 있는 소설(영화로도 제작되었다)은 대영 제국에서 명예를 어떻게 인식했는가를 전해 주고 있다. 명예는 미군 엘리트 장교를 양성하는 미 육군사관학교 생도들의 핵심 모토이다. 벚나무를 베어 버린 미국의 국부 조지 워싱턴의 신화는 어린 소년 워싱턴이 명예를 매우 존중했다는 것을 보여 준다. 아브라함 전통의 영향을 받지 않은 사회도 명예 관념의 영향을 받았다. 셰익스피어는 『줄리어스 시저』에서 로마 민중의 폭동을 경제나 정치 문제보다는 명예 문제에서 기인한 것으로 묘사했다. 시저[카이사르]를 살해하고 행한 마르쿠스 안토니우스의 연설에는 명예라는 단어가 여러 차례 나온다. 무사도武士道라는 일본 사무라이들의 코드 역시 명예에 기대고 있다.

유럽에서 최초로 명예를 묘사한 것 중 하나는 (1386년 또는 1387년에 씌어진) 초서Geoffrey Chaucer의 『캔터베리 이야기*The Canterbury Tales*』이다. 초서의 문화적, 정치적 배경은 14세기이지만, 그가 묘사한 기사의 이상적인 덕목 — "진리, 명예, 관대함, 친절"(1977: 4) — 은 근대까지도 명예를 추구하는 사람을 대표하는 것으로 인식되었다. 많은 사람들은 이러한 덕목이 오늘날에는 거의 존재하지 않는다고 주장할지 모른다. 더 나쁜 것은 복수와 폭력이 사회적, 정치적 생활을 지배하는 것처럼 보인다. 인간 행동의 한 측면은 사라졌고, 다른 한 측면은 지나치게 강조되고 있다.

오늘날 수세적인 위치에 있는 명예 개념은 정치적 수사에서, 그리고 무슬림 세계의 많은 사람들의 행동에서 중요한 하나의 담론이 되고 있다. 그것은 브래드포드로부터 봄베이에 이르는 지역의 무슬림들을 『악마의 시*The Satanic Verses*』 논쟁으로 끌어들였다. 무슬림들은 이슬람의 예언자[무함마드]와 그의 아내[하디자]가 불명예를 당했다고 느꼈다. 마하티르 모하마드 박사의 주저의 첫 장 제목은 "공격당하고 있는 무슬림의 명예와 존엄성"이다(Mohamad 2001: 9). 명예의 상실감은 새로운 현상은 아니다. 새로운 것은 종말론적 붕괴에 대한 관념이다. 이러한 종말론적 붕괴 관념 때문에 개인들은 명예를 재해석하고, 그것의 가장 단순한 표현으로 복수를 계속 강조하게 된다. 이 지점에서 마하티르 박사에 대한 논의로부터 빈 라덴에 대한 논의로 이동한다.

빈 라덴은 이슬람 세계를 혁명할 의도로 명예를 끌어들였다. 그는 서구의 지지를 받는 부패한 무슬림 통치자들을 비난했다. 특히 그는 무슬림들에게서 명예와 존엄성을 빼앗아 간 미국을 비난했다. 그는 이에 대한 해결책이 민간인을 포함한 목표물들을 폭력적으로 타격하는 것이라고 믿었다. 빈 라덴의 첫 번째 가정 — 즉, 모든 지역의 무슬림들이 명예와 존엄성을 빼앗겼다고 느끼는 것 — 은 옳았다. 그의 두 번째 가정 — 즉, 무슬림들의 궁핍 상태에 대해 책임지고 비난받아야 할 근시안적이고 부패한 통치자들이 있다는 것 — 도 부분적으로 옳았다. 그러나 빈 라덴의 세 번째 가정 — 목표물들을 폭력적으로 타격하는 것 — 은 전적으로 잘못된 것이었다. 코란에 따르면, 이슬람은 단 하나의 무고한 생명도 빼앗는 것을 정당화시킬 수 없다.

미국인 살해 — 그리고 유대인 살해 — 가 이슬람에서 정당화된다는 생각은 부분적으로 왜곡된 논리였다. 빈 라덴은 이러한 왜곡된 논리를 가지고 이슬람을 재해석했다. 스스로 말한 것과 같이, "그들은 우리에게서 우리의 부, 우리의 자원, 우리의 석유를 빼앗아 가고 있다. 우리의 종교가 공격받고 있다. 그들은 우리의 형제들을 살해하고 있다. 그들은 우리의 명예와 우리의 존엄성을 손상시키고 있고, 우리는 이러한 부정의에 대하여 감히 저항이라는 단 하나의 말을 사용한다. [그런데도] 우리는 테러리스트로 불리고 있다"(Esposito 2002: 24). "반세기 넘게, 팔레스타인 무슬림들은 도살당했고, 폭행을 당했으며, 그들의 명예와 재산을 빼앗겼다"라고 말했다(같은 책: 23).

이슬람이 동정심과 자비에 관한 것뿐만 아니라 정의를 위해서 그리고 팔레스타인, 카슈미르, 코소보, 또는 체첸에서 벌어지는 학정에 반대하여 봉기하는 것은 정당한 것이라는 사실을 빈 라덴 같은 사람들이 확인시켜 준 것이라고 무슬림들은 지적한다. 동정심, 자비만을 강조하는 무슬림들은 간증인에 불과하다. 그들은 종교의 중요한 결점을 감추고 있다. 그들은 명예를 중시하지 않는 사람들이다. 빈 라덴의 말과 행위가 무슬림 세계의 보통 사람들에게 공감을 불러일으키는 이유는 바로 이런 점 때문이다. 이것이 무슬림 세계의 소요의 원인이자 동력이라는 것을 서구에서는 제대로 이해하지 못하고 있다.

9.11 사건 이전에도 빈 라덴은 아프가니스탄에 있는 그의 동굴에서 장차 미국을 공격할 의도가 있음을 세계에 경고하였다. 그는 여러 진술 속에서 폭력을 정당화하기 위해 "명예"라는 단어를 사용했다. 미국이 빈 라덴을 인도하라고 탈리반에게 압력을 넣었을 때, 탈리반은 부족의 명예가 그것을 허용하지 않기 때문에 그렇게 할 수 없다고 응답했다.

미국이 공격받은 직후의 고강도 비난 연설에서, 부시 또한 명예와 그리고 복수를 통해 그것을 되찾아야 하는 필요성을 분명하게 연결하였다. 부시는 미국의 외교 정책을 통해 명예를 되찾겠다는 비전 이행 계획을 세움으로써 명예를 추구하는 사람man of honor임을 더욱 구체화시켰다. 그리고 미국인 대다수는 그렇게 될 것으로 보았다. 경제적, 지정학적, 인본주의적 논쟁들은 복수의 원시적 관념들을 무시하였다. 아프가니스탄 같은 부족 사회도, 미국 같은 고도 산업 사회도 명예와 복수의 개념을 사용할 때는 똑같았다.

파키스탄의 무샤라프는 미국에 협력함으로써 국가의 명예, 즉 가이라트ghairat를 살렸다고 주장했다. 그러나 그의 비판자들은 그를 명예를 중시하지 않는 사람, 즉 비가이라트beghairat라고 불렀다. 그들은 무샤라프가 미국에 "팔려 나갔다"라고 말했다. 모스크와 공공장소는 비가이라트의 외침으로 가득했다. 파키스탄 국민들이 볼 때, 무샤라프는 부시의 복제판, 즉 "부샤라프"였다. 파키스탄 대중들이 그와 미국을 비난한 종교 정당들을 지지함으로써 무샤라프는 2002년 말 선거에서 냉엄한 심판을 받았다. 아이러니하게도 미국은 외교 교섭을 할 때 그들의 특징이라고 할 수 있는 단기적 관심과 본래 가지고 있는 성급함으로 인해 곧 무샤라프에게 싫증을 냈다. 몇 달도 가지 않아 그는 언론에서 웃음거리가 되었다. 미국의 뉴스 해설가 크리스 매튜스Chris Matthews는 자신이 진행하는 텔레비전 쇼 〈하드볼Hardball〉에서 여러분은 어떻게 무샤라프를 신뢰할 수 있는가, 그의 충성이 "주머니 속의 달러와 엉덩이 걷어차기에 기초하고 있는데"라고 주장함으로써 무샤라프에 대한 분위기를 요약해서 표현했다.

이스라엘의 팔레스타인 젊은이들은 — 무엇보다도 인티

파다에 참여한 10대 소녀들을 포함하여 — 일련의 자살 폭탄을 통해 혼란을 야기했다. 죄 없는 여성과 어린이들이 평범한 일상의 자리, 즉 카페나 결혼 피로연장에서 살해되었다. 세계 곳곳에서 사람들은 격분했고, 유대인들은 어떠한 대가를 치르더라도 이스라엘 유대인들의 안전을 지키겠다며 결집했다. 안보뿐 아니라 정체성과 명예 개념이 작동했다.

이스라엘 군이 2002년 봄에 요르단 강 서안과 가자 지구에 침범해 야수처럼 무자비하게 건물과 민간인들을 날려 버리며 대응하는 과정에서, 수백 명의 팔레스타인 젊은이들은 옷이 벗겨지고 눈이 가려진 채 묶여 있었다. 그러한 불명예는 참을 수 없는 것이었다. 라말라의 파괴된 집무실에 연금되어 인기가 극도로 떨어진 상태에 있던 아라파트는 이 사건을 계기로 하룻밤 사이에 아랍 명예의 상징이 되었다. 전통적으로 서로 적대적이었던 사우디 왕세자와 이라크 지도자들은 베이루트에서 개최된 주요 회의에서 서로를 포옹하면서 그들이 느낀 굴욕과 분노를 표현했다. 아라파트, 부시, 사담, 빈 라덴, 탈리반, 팔레스타인인, 이스라엘인, 사우디인들은 — 모든 사례에서 — 각자의 명예 개념에 따라 행동했다.

아랍인들에 의해 포위당해 있다고 인식하는 이스라엘 군의 대응은 마사다Masada 사건보다 더한 상징성을 가지고 있다. 무슬림들을 살해하고, 불태우고, 강간한 구자라트의 인도인 폭도들은 굴욕과 정복의 천 년을 진정시키기를 원하는 사람들의 격분을 반영했다. 세르비아인들은 오스만 투르크인들에게 복수하기 위해, 그리고 코소보에서의 승리를 위해 강간과 죽음의 캠프를 세웠다. 무슬림 사회도 역사를 개조하고 변화시켜야 하는 비슷한 압력을 받고 있고, 그렇게 해야 할 필요에 직면해 있다. 오늘날의 자폭 행위는 코란에 기초하고 있는 이슬람의 신념을 분명하게 재해석하고 있는 것이다. 자폭의 힘은 그들이 의도하는 대로 곧바로 영향을 미치고 있다. 그들의 자폭 행위는 저속한 작품에 불과하지만, 언론과 그들 공동체의 재정 지원이 그들에게 그러한 행위를 하도록 산소를 제공해 준다.

아랍의 명예

아랍인과 미국인, 저널리스트와 외교관, 선진 세계의 사람들과 개도국 세계의 사람들은 2001년 9월 이후 모든 분야에서 명예의 개념에 대해서 논쟁했다. 때때로 사람들은 자신들이 무엇을 논쟁하고 있는지를 인식하지 못하고 있는 것 같았다. 예를 들면, 런던 주재 사우디 대사인 알-고사이비Ghazi Al-Gosaibi 박사는 2002년 4월 『알-하야트*Al-Hayat*』에 이스라엘인을 살해하기 위해 자폭 행위를 한 18세의 팔레스타인 소녀를 추도하는 시를 게재했다. 이에 대해서 토머스 프리드먼Thomas Friedman은 4월 24일 『뉴욕타임즈』에 게재한 칼럼을 통해 그를 조롱했다. 프리드먼은 순교에 대한 알-고사이비 박사의 찬가, 즉 "그대는 신의 말씀을 명예롭게 하기 위해 죽었다"라는 칭송을 이해할 수 없었다.

핵심은 그 어린 소녀가 비디오에 녹화해 놓은 진술에 있었다. 그녀는 부끄러움, 존엄성, 명예를 말하면서 아랍어를 사용했다. 그녀는 서안에서 팔레스타인인들이 살해되고 있음에도 아랍 지도자들이 아무런 대응 없이 "잠자고 있는 것"에 대해 부끄러워해야 한다고 주장했다. 큰 힘을 가진 [아랍 국가들의] 왕과 장성들은 [아랍] 인민들이 살해되고 재산이 파괴되고 있는 것을 막을 힘이 없었다. 그 소녀는 적의 심장에 테러를 감행함으로써 자신의 국민들이 느꼈을 공포를 이스라엘인들도 느끼기를 원했다.

알-고사이비 박사는 그 소녀의 고통을 이해했다. 그는 시인이다. 프리드먼은 그녀가 한 행위의 결과에 반감을 느끼고 분개한 나머지 그 행위의 동기에 대해서는 인식하지 못했기 때문에 그녀를 이해하지 못했다. 이것은 일종의 문화 교류의 실패인 셈이다. 두 사람의 해석은 그보다 더할 수 없을 정도로 심한 차이가 났다. 한 사람의 입장에서 보면, 그녀의 행위는 궁극적인 목표를 위한 희생이었고 명예의 상징이었다. 다른 한 사람의 입장에서 보면, 그것은 살인 행위를 한 것이고 불명예였다.

자폭 이후, 전 무슬림 세계에서 발생한 대규모 시위는 무슬림 여론이 격노하고 있다는 것을 의미했다. 그 행위는 비싼 대가를 치른 것이었지만 목적을 달성한 것으로 보였다.

아프가니스탄과 파키스탄에서의 명예

"우리의 명예가 땅에 떨어졌다." 파키스탄 남부의 편잡 지역에 있는 메왈라 마을의 원로들은 복수를 요구했다. 사회적 지위가 낮은 부족 출신의 11세 소년 압둘 샤쿠르가 메왈라 부족 출신의 한 소녀와 함께 걸어가는 것이 목격되었다. 그래서 그들은 그들의 명예가 손상되었다고 느꼈다. 그들 부족원들은 샤쿠르를 납치하여 노역을 시켰다.

이에 만족하지 않고, 2002년 6월 폭염이 맹위를 떨치던 한낮에 네 명의 부족원들은 그 소년의 누나인 28세의 무크타란 비비를 윤간했다. 그녀는 울부짖으며 간청했다. 그녀는 그들에게 자신이 아이들에게 성서인 코란을 가르치고 있다는 것을 상기시켰다. 그러나 비비가 속한 부족 공동체는 강간이 자행되고 있는 그녀의 오두막집 주위에 빙 둘러선 채 오히려 그러한 윤간 행위를 격려했다. 비비는 발가벗겨진 채 마을 여기저기로 끌려 다녔다. 그녀를 보호해 줄 사람은 아무도 없었다. 그러한 범죄를 막아야 하는 마을 공동체 지도자들은 오히려 그러한 행위를 명령하고 거기에 동참했다. 그리고 이 시기에 군부 통치 하에서 정권을 잡은 장군이 자신의 집권을 정당화하기 위해 유일하게 약속한 것이 바로 법과 질서의 수호였다.

수간, 강간, 폭력. 무슬림이 무슬림을 능욕하고 있다. 이것은 이슬람도 아니고 전통적인 부족의 관습도 아니다. 이것은 사회적 붕괴 이상의 것이다. 이것은 또한 도덕의 붕괴이다.

이러한 사례의 도덕적 붕괴는 다른 부족민들이 그리 오래되지 않은 시기에 행한 행위와 대조해 볼 때 특히 눈에 띈다. 아잡 한Ajab Khan 이야기는 파키스탄-아프가니스탄 국경 지역에서 살고 있는 푸흐툰 부족Pukhtuns(일부 부족은 'kh'를

'sh'로 부드럽게 발음하기 때문에 '푸쉬툰Pushtun'이라고도 부른다)에게는 명예를 뜻한다.

아잡 한 이야기는 "명예, 신, 국가를 위한 투쟁Battles for Honour, God and Country"(Heston and Nasir, 시기 미상)이란 제목으로 씌어졌다. 그는 "북서 국경 지역을 배경으로 한 이야기들에 나오는 영웅들 중 가장 잘 알려진 영웅"이다(같은 책: 265). 아잡 한은 1920년대 영국의 식민 지배 아래서 구속감을 느끼고 있었다. 그는 다음과 같이 말한 바 있다. "푸흐툰 부족이 영국을 존경한다면, 그것은 까마귀에 복종하는 매와 같다. 그것이 나를 비통하게 만든다. 왜냐하면 사자들이 재칼에게 고분고분 순종하고 있기 때문이다"(같은 책).

1923년 4월, 지금은 파키스탄의 일부인 국경 지역의 부족 거주지에 살고 있던 그의 가족이 모욕당한 것에 분노하여, 아잡 한은 코하트에 주둔하고 있던 영국군 병영에 잠입하여 엘리스 소령의 부인을 살해하고 그의 딸을 납치했다. 그 소식은 국제적인 톱뉴스가 되었다. 1923년 4월 16일 런던의 『타임즈』는 "국경에서의 또 하나의 폭력: 부인 한 명 살해, 한 명 납치"라는 헤드라인을 달았다(같은 책: 265). 4월 18일 『뉴욕타임즈』는 더욱 자극적인 제목을 달았다. "포로가 된 영국 소녀는 야만인과 함께 있는 것으로 보임"(같은 책: 265).

영국인들은 격분했다. 때는 여전히 제국의 전성기였다. 부족민에 의해 납치된 여성이라는 생각 — 영국 식민지 시대의 인도에서는 여자를 정숙하고 순결한 존재로 떠받드는 것을 포함한, 여성에 대한 빅토리아 시대의 태도가 여전히 지배하고 있었다 — 은 [영국인들로서는] 차마 상상조차 할 수 없는 끔찍한 것이었다. 연대 단위의 군대가 국경 지역에 파견되었고, 정치 협상가들도 어떠한 대가를 치르더라도 그 소녀를 구할 것이라며 부족 거주지로 들어갔다. 결국 그들은 성공했다.

영국은 지르가jirga(원로위원회)를 그 지방 종교 지도자인 아훈드 사힙자다Akhund Sahibzada에게 보내서 푸흐툰 생활양식에 기초하여 호소했다. (나는 아버지에 이어서 종교 지도자가 된 아훈드의 아들로부터 그 이야기를 들었다. 그는 내가 1970년대에 오라크자이 지역의 주재관으로 있을 때 내 친구가 되었던 사람이다.) 나나와티nanawati 또는 폐해를 제거하기 위해 노력하는 사람을 존중하는 생활양식이 있는 사회에서, 그러한 호소는 주목을 받을 수밖에 없었다. 게다가 대규모 방문단에게 성찬을 대접해야 했기 때문에 큰 비용이 들어갔다. 결국 아훈드는 모두의 명예를 지키는 선에서 합의를 이끌어 냈다. 아잡한은 국경 너머 아프가니스탄 쪽으로 추방되었고, 그곳에서 일생을 보냈다. 그의 행위는 푸흐툰 부족 사회에서는 명예를 드높인 것으로 상징화되어 있다. 그 소녀를 구한 영국과 그 과정에서 영국을 도왔던 부족원들은 모두 자신들의 명예를 지켰다고 느꼈다.

명예, 복수, 군인다운 용맹성이라는 관념들은 그 지역에서 매우 중요하다. 가장 잘 알려진 푸흐툰 시인 중의 한 사람인 후샬 한 하탁Khushal Khan Khattak은 명예에 대한 생각을 다음과 같이 노래했다.

> 인생에서 명예를 따르지 않는 사람을 나는 경멸하네! "명예"라는 말만 들어도 나는 열광하네(Spain 1963: 63).

19세기 중반에 영국 제국주의의 간담을 서늘하게 만든 세력 중 하나도 아프가니스탄에서 살고 있는 푸흐툰 족 사람들이었다. 정복자로 아프가니스탄에 들어갔던 인더스 대군의 1/10이 사망했다. 생존자 중 한 사람인 브리던Brydon 박사는 1842년 1월의 어느 추운 날 아침에 잘랄라바드 요새 앞에 나타났다(Ahmed 1980: 92). 그는 거의 미쳐 있었고, 아사 직전의 말을 타고 있었다. 1672년에 푸흐툰 부족원들은 히버파스에서 무굴 군을 전멸시켰다. 10,000명의 무굴 병사들이 살해되었고, 2,000명이 감옥에 갇혔다. 무굴 제국의 통치자 아민 한Amin Khan은 다른 네 명과 함께 가까스로 살아남았다.

의미심장하게도, 키플링은 그의 서로 만나지 않는 "동"과 "서" 개념의 예외로 푸후툰 족을 들고 있다.

> 오, 동은 동이고, 서는 서이네, 그리고 둘은 결코 만나지 못하네,
> 땅과 하늘이 목하 신의 위대한 최후 심판석에 설 때까지 ;
> 그러나 동도 없고 서도 없고, 국경도 없고, 종족도 없고, 출생도 없네,
> 힘센 두 사람이 얼굴을 맞대고 서 있을 때, 그들이 비록 땅의 양 끝에서 왔을지라도!
>
> ("The Ballad of East and West," 1892)

명예에 대한 이러한 강박 관념은, 푸흐툰 족이 잘 알고 있는 것과 같이, 파괴적인 요소를 가지고 있다. 데이비드 에드워즈David Edwards는 오직 명예만을 좇는 어떤 사람이 그 과정에서 자신에게 해를 입힌 것을 보여 주는 아프가니스탄에서의 흥미 있는 사례 연구 하나를 제공하고 있다(1996: 또한 Ahmed 1976, 1980, 1991 참조). 푸흐툰 족은 자신들의 행동 규칙을 자유롭게 실천하고 있는 산간 지역에서 명예를 지키는 데 얼마나 많은 비용이 드는가를 잘 알려져 있는 다음 속담에서 지적하고 있다. "명예는 산을 집어 삼키고, 세금은 평원을 집어 삼킨다"(Ahmed 1976: 71).

탈명예의 대통령인가?

모니카 르윈스키, 빌 클린턴, 빈 라덴의 행위는 9.11 무대를 구성하고 있다. 클린턴에 대한 무슬림들의 해석은 9월 사건을 계획하는 데 많은 영향을 미쳤다. 만약 미국 대통령이 명예를 중시하지 않는 사람이라면, 그 국민들도 다르지 않을 것이다. 내가 볼 때, 빈 라덴은 클린턴의 행태에 기초해서 부시를 잘못 해석했다. 그가 볼 때, 모든 미국 대통령들은 무능하고 명예롭지 못한 방식으로 행동했다. 그것은 비싼 대가를 치러야 하는 대실책이 되었다. 부시는 명예를 중시하는 사람으로서 자국에 대한 공격에 철저한 복수로 대응했다.

클린턴이 워싱턴 대법정에서 르윈스키와 맺은 부적절한 관계를 인정하고, 동아프리카의 미국 대사관을 공격한 데 대한 보복으로 1998년에 수단의 하르툼과 아프가니스탄의 코스트를 폭격하였을 때, 그는 미국 사회에 관해 풍자 만화에서까지 폭넓게 믿고 있던 것을 확인해 주었다. 즉, 미국 사회는 섹스와 폭력 이외에는 세상에 제공해 줄 수 있는 것이 거의 없다는 것이다. 무슬림 세계의 그에 대한 공격의 대부분이 다음과 같은 생각에 사로잡혀 있다는 사실은 매우 중요하다. 즉, "클린턴은 명예를 중시하지 않는 사람이고, 그래서 그는 국민에게, 특히 가족과 아내에게 거짓말을 한다. 명예를 중시하지 않는 사람은 가치 없고, 신뢰할 수 없는 사람이다."

아프가니스탄의 탈리반 수장인 우마르Mullah Umar의 반응은 다음과 같이 요약할 수 있다. 샤리아[이슬람법]에 따르면, 간부姦夫인 클린턴은 돌에 맞아 죽는 벌을 받아야 마땅하다. 만약 이슬람 율법학자가 이러한 결과에 대해 파트와fatwa [이슬람 지도자가 샤리아에 대해 견해를 밝히는 것]를 한다면, 호메이니가 『악마의 시』를 쓴 루시디에게 파트와를 했을 때 발생했던 결과와 마찬가지로, 국제적인 통신망을 통해서 매우 복잡한 상황이 벌어지는 것을 목격했을 것이다.

사적 도덕과 공적 업무

더욱이 여론 조사에서, 억지 거짓말과 기만에도 불구하고, 미국인 대다수는 클린턴을 지지했다. 미국인들에게는 경제적 번영이 명예나 도덕보다 중요하다는 사실을 무슬림 세계에 확인시켜 주었다. 여론 조사 결과는 [사람들이] 클린턴의 공적 업무와 사적 도덕을 분리시켜 보고 있다는 것을 의미했다. 명예가 중요한 사회는 이러한 분리를 받아들일 수 없다. 르윈스키와 클린턴이 오벌 오피스에서 서로 애무하고 있는 동안, 아라파트는 긴급한 만남을 위해 밖에서 기다리고 있었다고 많은 사람들은 믿고 있다. 그러한 이야기들은 미국 대통령이 중동 평화보다 당장의 성적 만족을 훨씬 더 우선시하는 것 같다는 느낌을 주었다.

그러나 많은 미국인들은 클린턴의 불명예스런 행동을 비난했고, 그의 탄핵과 해임을 요구했다. 클린턴 사건의 특별 검사인 스타Kenneth Starr는, 미국인들이 미국 최고위 공직자의 품위와 존엄성을 염려하고 있다는 점을 감안하여, 클린턴에게 수백만 달러의 벌금형을 구형하였을 뿐이다. 10년 전에 민주당 상원 의원인 하트Gary Hart는 몽키 비즈니스라는 이름의 보트에서 부인이 아닌 다른 여성을 무릎 위에 앉혀 둔 사진 때문에 대통령 후보 경쟁에서 탈락했다.

클린턴이 수단과 아프가니스탄을 공격했을 때, 비판자들은 그가 개인적 문제들을 미국의 문제로 바꾸고 있다고 말했다. 그들은 비슷한 줄거리를 가진 영화 〈왝 더 독Wag the Dog〉에 빗대어, 인생은 예술을 모방하고 있다고 말했다. 클린턴은 자신의 역할을 곤경에 처해 있는 미국 대통령에서 테러리스트의 위협으로부터 국민을 방어하고 미 대사관 폭파 사건에 대해 보복하는 최고 사령관으로 바꾸었다. 예측했던 것처럼 세계 언론은 펠라티오[클린턴과 르윈스키의 부적절한 구강 성교]와 원리주의에 대한 두려움을 재빨리 연계시켰다.

그러나 서구의 시사 평론가들은 이러한 연계를 파헤치지 않았다. 무슬림 세계도 빈 라덴을 1면에 게재하는 동안, 르윈스키를 대통령의 몰락에 책임이 있는 팜므 파탈로 부각시켰다. 무슬림 언론은 그녀의 증언 속에서 유대인 음모론을 보았다. 음모론에 따르면, 클린턴보다 더 친이스라엘적인 것으로 알려져 있는 앨 고어Al Gore로 대통령을 교체시키기 위해서 유대인들이 처음에는 유대인인 르윈스키를 함정에 빠뜨렸고, 그러고 나서 클린턴[과의 일]을 폭로하도록 했다는 것이다.

미국이 쏜 미사일들은 — 희박한 증거, 정당한 이유 없는 공격과 무차별적인 살해에 대해 무슬림들은 이견을 가질 수 없었기 때문에 — 무슬림들을 통합시켰을 뿐 아니라 빈 라덴이라는 사람을 하루 아침에 새로운 영웅으로 만들어 냈다. 그는 그 사건 이전에는 거의 알려진 게 없었지만, 그 이후부터 언론의 1면에 그의 얼굴이 게재되었다. 그것은 서구와의 대결을 요구하는, 그리고 폭력 사용을 준비하고 있던 무슬림 집단들에게 새롭고 강력한 명분을 주었다. 그것은 마치 클린턴이 그러한 집단들을 어떻게 부각시킬 것인가를 계산한 것 같았다. 빈 라덴의 치솟는 인기로 미국의 전통적 동맹국들 — 예를 들면, 이집트와 파키스탄의 지도자들 — 은 수세적인 입장에 처하게 되었다.

이중 기준

무슬림 시사 평론가들은 클린턴이 수단과 아프가니스탄을 미사일 공격한 것은 서구의 이중 잣대의 예를 보여 준 것이라고 지적했다. 그들의 분석에 따르면, 살인 · 강간 캠프와 관련 있는 보스니아의 라도반 카라지치Radovan Karadzic와 라트코 믈라디치Ratko Mladic 장군이 자유롭게 돌아다님에도 불구하고 미국은 그들이 있는 지역에 미사일을 퍼붓지는 않았다. 하지만 무슬림들이 개입되었을 때에는 테러 위협으로 인식하고 곧바로 보복했다는 것이다.

1998년 8월 북아일랜드 오마에서 폭탄이 터지고, 리얼 IRA (Real IRA)로 알려진 집단이 자신들의 행동이라고 주장했을 때, 언론이 그들의 종교를 비난하지 않았다는 것을 무슬림들은 잘 알고 있다. 그러나 같은 달에 일어난 미 대사관 폭파 사건에 대해서 언론들은 "이슬람" 테러리스트의 공격이라고 주장하면서 특정 행동을 한 종교와 동일시했다. 더욱이 이슬람 문명을 테러와 동일시했다. 테러 직후 두 대륙에 있는 무슬림 국가 두 곳을 공격할 때의 클린턴 대통령의 반응은 이러한 태도와 편견을 그대로 요약한 것 같았다.

다음과 같은 질문을 할 수 있다: 클린턴이 무슬림 국가들을 공격하기로 결정하였을 때 누가 자문했는가? 클린턴에게 자문해 줄 이슬람 전문가가 있었는가? 그는 이슬람에 관해 어떤 책을 읽었는가? 또는 최소한 부분적으로나마 텔레비전과 영화로부터 [이슬람에 관한] 정보를 입수했는가? 그해 8월 20일에 발사된 크루즈 미사일은 "이슬람을 목표로 한 것이 아니다"라고 주장했음에도 불구하고, 그는 무슬림들을 테러리스트나 광신자로만 본 것은 아닌가? 이슬람에 대한 그의 이미지는 자기-실현적 예언이었는가? 클린턴과 부시 두 사람을 지원하기 위해 그렇게 서둘렀던 블레어 총리에게도 이와 비슷한 질문을 제기할 수 있다.

과거를 이용한 명예 창출

평론가, 학자, 정치가들은 인종적, 종교적 명예를 창출하거나 보강하기 위해서, 그리고 그보다 더 중요한 것으로서 인종적 정체성ethnic identity을 개선하거나 재구성하기 위해서 역사를 도입한다(Ahmed 1993b, 1993c, 1993d). 따라서 발칸의 코소보, 중동의 예루살렘, 인도의 아요디야는 역사적으로 중립 지대는 아니다. 이곳들은 또한 심층의 감정과 정서에 호소하는 정체성의 상징들이다. 그 상징들은 공동체가 곤경에 처했던 먼 기억들을 되살림으로써 배반하는 적에 대한 가시적 증거를 제공해 주기 때문에 공동체를 다시 회복시켜 준다. 대중 매체에서 그러한 역사는 감상주의와 상업성으로 전환된다. 그러한 주제 또한 인기를 끌게 되고, 그래서 접근하기 쉬워진다. 공산주의 같은 거대 서사의 붕괴로 발생한 공백 속에서 토착 역사를 회고하는 것은 매우 적절하고 당연한 것이다. 명예, 정체성, 언론, 과거와 미래, 원리주의 또는 부흥주의라고 부르는 것의 부상 등은 모두 역사적 준거점들과 관련 있다.

역사적-종교적 신화는 (블라디미르 지리노프스키Vladimir Zhirinovsky 같은) 러시아인들과 (아르칸으로 널리 알려진 젤리코 라즈나토비치Zeljko Raznatovic 같은) 세르비아인들의 인종적 열정에 자양분을 제공하고 있다. 그리고 그들은 십자군에 대해, 중동의 유대인과 무슬림들에 대해, 남아시아의 힌두교도와 무슬림들에 대해 토론한다. 유대인과 무슬림, 힌두교도와 무슬림들은 성전holy war 중에 서로를 적으로 보고 있다. 무조건적인 확신과 함께 "신은 우리와 함께 있다"라고 선언한다.

종교적 증오는 상호 모방하는 특징을 가지고 있다. 서로 반대하는 집단들은 상대방의 증오, 레토릭, 두려움을 반영한다. 그것은 모두를 아웃사이더로 만든다. 즉, 그것은 모두를 공격 목표로 만든다. 워커 코너Walker Connor는 인종주의와 민족주의를 결합하여 "인종 민족주의ethnonationalism"라는 용어를 사용함으로써 토론에 불을 붙였다(Connor 1993). 인종 민족주의가 근본적으로 비합리적이고 감정적이라는 것과 집단행동에 영향을 미치는 그것의 능력을 그가 강조한 것은 옳다. 피터 로이조스Peter Loizos는 키프러스의 그리스 난민촌에 대해 인류학적 설명을 하고 있는 『비통함을 키운 마음*The Heart Grown Bitter*』에서 인종 문제로 재산을 빼앗긴 비통함을 잘 묘사하고 있다(Loizos 1981).

보스니아 사람들로 하여금 죄 없는 무슬림들의 몸에 십자가 표시를 하고 불태운다든가, 그들을 십자가에 못 박게 만든 것은 바로 이러한 열정이었다(Goytisolo 1993; Yusuf 1993). 가끔, 그러한 경우에 첫 번째 공격 목표는 작은 마을의 모스크이다. 이러한 건물들을 파괴하는 것은 건축학적인 측면 — 그중 많은 것들이 수세기나 된 건물들인데 — 에서 뿐 아니라, 종교적인 측면에서 비난받아 마땅하다. 이것은 분명히 예수의 가르침에는 없는 것이다. 차라리 그것은 살인과 폭력에 대한 노골적인 인종적 정당화이다.

종교적 갈등 중 가장 비참한 것은 아마도 현대 사회의 기둥으로 간주되는 사람들, 즉 의사, 법률가, 엔지니어, 작가들이 개입하는 것이다. 1994년 2월 헤브론에서 무릎 꿇고 기도하고 있던 무슬림 약 50명을 살해하고 200명을 부상 입힌 유대인 살인자는 내과 의사였다.[11] 그러나 우리는 여기에서 주의할 필요가 있다. 종교적 충성은 그 앞에 있는 모든 것을 쓸어가는 조류와 같은 경향이 있을지라도, 우리는 그 부류 속에서도 자신의 공동체에 저항하고, 악을 행하는 자를 폭로하는 용기 있는 많은 사람들을 예증할 수 있다. 예를 들면, 발칸의 스테판 메스트로비치(Mestrovic 1994); 이스라엘에서 아랍 죄수들이 처한 상황에 관한 보고서(*Women for Women Political Prisoners*, 1989)를 저술한 유대인 여성 활동가들; 이라크의 카난 마키야(Makiya 1993); 인도의 딜렙 파드가온카르(Padgaonkar 1993)가 있다. 봄베이에 사는 파드가온카르의 힌두교도 동료는 『인도 타임즈*The Times of India*』의 편집인인 파드가온카르를 "파키스탄 타임즈"의 편집인이라고 조롱하는 글을 썼다. 파드가온카르는 그때 아요디야 사건 이후 발생한 폭동들을 균형 있게 보도하였고, [그것을 바탕으로] 『봄베이가 불타던 날*When Bombay Burned*』(1993)을 출판하였다. 불행하게도 이러한 예외들은 종교적 갈등 — 종교적 갈등에서 타 집단의 구성원은 자신들의 가치와는 무관한 국외자 또는 적으로 간주되는데 — 이 인종 문제 때문이라는 것을 입증하지 못하고 있다.

내가 종교적 충돌의 광범위한 특징과 강도에 대해 지적하고 있지만, 그것이 우리 시대의 특징이라고 또는 우리 시대에만 배타적으로 존재하는 것이라고 말하는 것은 아니다. (증오하는 약한) 다른 집단을 보스니아에서처럼 제거하거나 이스라엘 점령지에서처럼 격리시키는 행위는 과거에도 있었다. 스페인의 국토 회복 운동Reconquista[711-1492년까지 780년 동안 스페인의 기독교도가 이슬람교도에게 잃은 땅을 찾으려 한 전쟁 등의 활동]과 종교 재판, 나치의 홀로코스트로 절정에 이른 독일의 종교전쟁Glaubenskrieg은 전자[제거]의 예이고, 남아프리카의 아파르트헤이트와 미국의 인디언 보호 구역 지정은 후자[격리]의 예이다.

비록 명예라는 것이 추상적으로는 — 정숙한 숙녀들을 구하기 위해 용을 죽이거나, 길을 건너는 노인을 돕는 것과 같이 — 의기를 드높이고 고상한 것이지만, 실제로는 죽음이나 폭력과 별반 다를 것이 없다. 여러 사회들은 과거로 되돌아가서 사건들을 재해석한다. 유대인들은 마사다를, 세르비아인들은 코소보를, 힌두교도들은 아요디야를 공동체의 비극과 상실로 상징화하고 있다. 바로 그러한 명칭들은 깊은 열정을 일깨우고 명예와 복수에 대한 생각을 불러일으킨다. 그것들은 우리 시대의 도덕적 논쟁이 되고 있다. 집단 충성이 지나치게 강조되고, 집단적 배타성이 교조화되고 있다. 그래서 수세기 전의 명예 상실은 가상의 적들로부터 추정한 후손들에 대한 복수를 통해 청산되어야 한다. 이것은 흔들리는 불안정한 역사이자 불안정한 이론이다.

탈명예의 세계에서는 서로 다른 규범들이 충돌하기 때문에 고도의 [종교적, 인종적] 열정은 남게 될 것이다. 그러므로 서로에 대한 이해가 이전 그 어느 때보다도 더 중요하다. 미국의 경제적, 정치적, 문화적 힘 때문에 세계 나머지 국가들은, 원거리에 광범위하게 산재해 있어도, 10년이나 20년 전까지만 해도 상상할 수 없었던 방식으로 이제는 워싱턴과 직접 연계되어 있다. 우리 주위에서 형성 중인 탈명예의 세계에서 미국인들이 자신들의 책임에 대해 생각하기 시작하고, 그리고 그것을 창조해 내기 위해 일조하고 있다는 것은 매우 중요한 사실이다.

3. 이븐 할둔과 사회적 결속

I. 할둔주의자들의 몰락

우리가 정말로 탈명예의 세계에 살고 있다면, 어떻게 이러한 상황이 발생하게 된 것일까? 새로운 사고방식과 행동방식이 나타나도록 하기 위해서는 어떤 요인들이 사회에서 변화를 일으켜야 하는가? 우리는 이븐 할둔의 연구, 특히 그의 아싸비야 asabiyya 개념, 즉 집단 충성, 사회적 결속, 또는 사회적 연대 개념 속에서 그 해답을 찾을 수 있다. 이 장에서는 원인과 결과에 초점을 맞추어 논할 것이다. 나는 아싸비야의 붕괴와 그것의 초-아싸비야hyper-asabiyya로의 재조직화를 탈명예 사회의 도래와 연계시켜서 설명할 것이다.

사회학의 아버지

빈 라덴은 서구에도 잘 알려진 이름이다. 불행하게도 서구에는 주요 무슬림 학자들의 이름이 잘 알려져 있지 않다. 내가 할둔에 대해서 이야기하면, 미국인들은 대개 이렇게 질문한다. 그는 누군가요? 석유 부족장인가요? 아랍인 장관인가요? 또 다른 "테러리스트"인가요? 빈 라덴과 관련이 있는 인물인가요? 할둔에 대하여 들어본 적이 있는 학자들조차도 이런 식으로 질문하기도 한다. 그는 21세기에 당면한 문제들과 어떻게 관련되어 있나요?

이러한 질문들에 대해 나는 대답해야 한다. 저명한 역사가 아놀드 토인비는 할둔의 연구 범위와 규모를 높이 평가하면서, "여지껏 어느 시대, 어느 장소에서, 어떤 정신에 의해 창조된 그러한 종류의 업적 중에서도 의심할 여지없이 가장 훌륭한 업적"이라고 말했다(Ibn Khaldun 1969: xiv). 할둔은 "근대 문화사와 사회과학의 아버지 또는 아버지들 중의 한 사람"으로서(Mahdi 1968: 56) 우리 시대에까지 이러한 학문들에 영향을 주고 그것을 형성시켰을 뿐만 아니라, 그의 연구는 제대로 평가하면, 다른 세계의 학자들과 연결되는 지적인 지점을 제공한다.[1]

할둔의 관념들은 우리 시대의 그것들을 예시한다. 나는 10여 년 전에 무슬림의 역사와 사회의 관계를 찾으려고 시도하면서, 두려운 마음을 가지고서 다음과 같이 쓴 적이 있다. "현대의 주요 이론들의 일부에는 할둔의 이론이 반영되어 있다.

집단들 간의 갈등의 변증법을 위한 동학을 제공해 주는 마르크스의 인류 역사 발전 단계론; 베버Max Weber의 리더십 유형론; 파레토Vilfredo Pareto의 엘리트 순환론; 그리고 겔너Ernest Gellner의 "형식적이고 엄밀한 전통을 가진 도시로부터 무형식의 신비스러운 전통을 가진 시골로 진동하는" 이슬람 진자 운동론(Ahmed 2002a: 101)에는 할둔의 이론이 반영되어 있다.

게다가 뒤르켕의 "기계적" [연대]와 "유기적 연대" 개념에는 할둔의 아싸비야 개념이 반영되어 있다. 할둔주의자들이 사회를 이해하는 핵심은 아싸비야 개념이고, 우리는 아싸비야 개념으로 돌아가야 할 것이다. 현대 사회과학의 토대를 세운 아버지 중의 한 사람인 뒤르켕은 연대감의 붕괴가 어떻게 비정상적인 행동을 이끄는지를 우리에게 보여 준다. 그는 이것을 "아노미"라고 불렀다. 나는 아래에서 일종의 전 지구적 아노미는 아싸비야 붕괴의 결과로서 무슬림 사회가 겪고 있는 것이라는 사실을 논의할 것이다.

할둔의 사상에 대해 말하자면, 한 무슬림 학자가 원인과 결과의 관점에서, 즉 관찰할 수 있는 현상에 기초해 도출한 보편적 결론의 관점에서 쓰고, 그리고 신의 의지에서 직접 도출한 것이 아닌 사회 동학의 관점에서 사회의 운동을 논할 수 있었다는 것을 19세기와 20세기 초의 유럽 사람들은 상상도 할 수 없는 것이었다. 매콜리 경이 1835년에 발표한 유명한 「교육 초고」에서 아랍어와 산스크리트어로 된 학문 자료 전부를 경멸감 때문에 폐기했다는 것을 상기해 볼 필요가 있다. 무슬림 학문을 하기에는 좋은 시기가 아니었다.

우리는 과거의 무슬림 학자들을 지키기 위해 오랫동안 개인적으로 연구했던 학자들에게 감사해야 한다. 예를 들면, 로젠달Franz Rosenthal은 20세기 중후반에 할둔의 저서들을 번역하여 매우 많은 서양 독자들에게 소개했다(Ibn Khaldun 1969). 불행하게도, 사이드의 논문(1978)으로 촉발된 "오리엔탈리즘" 개념에 대한 열띤 논쟁 때문에 동양을 연구하는 유럽의 저자들은 아시아의 지적이고 예술적인 창조성에 감사를 표하는 대신에, 오히려 왜곡되고 악의적인 의제를 가지게 되었다.

한 가지 점에서 사이드는 옳았다. 오리엔탈리스트들은 몇 가지 방식으로 이슬람 문명을 설명하면서도, 다른 몇 가지 방식으로 그것을 이해하지 못하게 방해했다. 그들은 이슬람을 하나의 통합된 단일 블록으로 보았다. 그들은 이슬람 대 기독교, 무슬림 문명 대 서구 문명으로 대비했다. 이슬람 문명 내에서의 사회적 동학, 즉 부족과 국가 간, 도시와 농촌 간, 세력을 넓히기 위해 줄다리기하는 파벌 간, 지도자들과 추종자들 간의 다양한 관계와 상호 작용에 대해서는 설명하지 않았다. 그것이 극찬을 받았던 저서 『이슬람과 서구*Islam and the West: The Making of an Image*』(1960)에서 오리엔탈리스트들의 전통에 대해 썼던 다니엘Norman Daniel이 이븐 할둔을 단지 논객으로 평가절하하면서 각주에서 가볍게 참고만 했던 이유이다. 이와는 대조적으로, 유명한 철학자이자 인류학자인 겔너는 이슬람을 분석하면서(1981) 이븐 할둔을 중요하게 다루었다. 더욱이 그는 자신의 논문의 질을 높이기 위해 이븐 할둔을 인용했다. 겔너는 무슬림 사회의 심장을 통찰할 수 있었다. 그러므로 사회와 변화를 관찰하는 겔너 같은 인류학자가 텍스트와 경전만을 관찰하는 오리엔탈리스트보다 이슬람을 연구하는데 더 잘 무장되어 있다.

그러나 현대의 서구 사회학자들과 이븐 할둔 사이에는 근본적인 차이점이 있다. 그의 "과학적" 객관성에도 불구하고 — 많은 무슬림들에게 과학적 객관성을 요구한다는 것은 과도한 것인데 — 할둔은 여전히 신자로서 글을 쓴다. 사회의 조직원리로서 아싸비야에 대한 그의 해석 속에는 도덕적 명령 moral imperative이 내재되어 있다. 무슬림들은 인간 존재가 자신들의 행위와 사회 조직을 통해 지상에서 신의 비전을 이행하기 위해 창조된 것으로 보고 있다. 즉, 인간은 결국 신의 "대리인" 또는 "부관"이다(Surah 2: Verse 30). 따라서 조직 원리로서의 아싸비야는 "가치중립적인 것"이 아니다.

이븐 할둔은 다음과 같이 썼다. "사회 조직은 인류에게 필요한 것이다. 그것이 없다면, 인간 존재는 불완전할 것이다. 인간을 세상에 정착시키고, 신의 대리인으로 지상에 남겨 두려는 신의 소망은 실현되지 못할 것이다. 이것이 논란이 되고 있는 문명화의 의미이고, 과학의 대상이다"(1969: 46). 그러므로 사회 질서는 도덕적 질서를 반영한다. 즉, 사회 질서는 도덕적 위기가 나타나면 붕괴 상태에 처하게 된다.

이븐 할둔의 방법론적 접근은 그의 지적 자신감을 대변해준다. 비록 사회학에 기본을 두고 있다 하더라도, 이븐 할둔은 그의 분석에서 사회에 미친 그리스 철학의 영향(같은 책: 737-

5), 꿈의 해석(같은 책: 70-87), 기후와 음식의 영향(같은 책: 58-69), 그리고 여러 왕조들의 흥망성쇠에 지도자의 성품이 미치는 영향(같은 책: 238-61)에 대해 논의했다. 문화 간 비교 방법을 사용하여, 그는 아랍, 베르베르, 투르크, 몽골 집단들을 이론 구축의 자료로 이용하고 있다. 게다가, 고립된 학자로서 글을 쓰는 것이 아니라 자신이 살고 있는 당대 역사 속의 정치적 행위자라는 우월한 입장에서 글을 썼다. 그가 수집했던 풍부한 자료들은 그의 일름 알-움란Ilm al-umran, 즉 "문화과학 또는 사회과학"의 기초였다.

나는 다음과 같이 썼다.

> 이븐 할둔이 살았던 시기는 우리가 조사하고 있는 무슬림 역사의 특정 국면들 사이의 교량기, 이행기를 구성한다. 그가 살았던 시대에 — 우마야드 왕조의 스페인처럼 — 말기적 증상을 보인 아랍 왕조들, 그리고 그가 사망한 세기말에 발전하던 위대한 무슬림 제국들의 사이[이븐 할둔은 1332년에 튀니지에서 태어나 1406년에 이집트 카이로에서 사망함. 그의 『역사서설』은 토인비와 현대의 유명한 역사가들이 자주 인용할 정도로 걸작이었던 것으로 알려져 있다]. 그의 삶 또한 우리에게 많은 것들을 시사해 주고 있으며, 현대의 우리에게 그것들을 확신시켜 주고 있다. 다시 말해서 그의 삶은 우리에게 정치의 불확실성, 통치자들의 변덕, 갑작스러운 운명의 변화, 즉 하루는 감방에 갇히고, 그 다음은 명예를 얻는 것; 그리고 마침내 불굴의, 중단 없는 일름ilm, 즉 지식의 추구 안에서 도달하는 이상의 최고 단계,

> 그러므로 인간 의지의 궁극적인 승리와 모든 불평등에 반대하는 지성, 이러한 것들을 시사해 주고 있다. (Ahmed 2002a: 106)

21세기를 사는 우리 모두는 이븐 할둔이 우리에게 "인간 의지와 지성"의 교훈을 상기시켜 준 것에 대해 고마워해야 할 필요가 있다.[2]

사회적 결속의 붕괴

가장 널리 알려진 이븐 할둔의 이론은 사회 조직(그것의 아랍적 기반은 집단 충성 및 결속과 관계있다)의 핵심인 아싸비야 이론이다. 아싸비야는 공동의 언어, 문화, 그리고 행위 양식을 통해 여러 집단들을 함께 묶는다. 가족, 씨족, 부족, 그리고 왕국 또는 국가와 같은 서로 다른 수준에서 행동을 이상에 의식적으로 접근시킬 때, 사회는 정상적으로 기능하고, [통합된] 전체적인 것이 된다. 아싸비야와 함께, 사회는 사회의 가치와 이상을 본래대로 다음 세대에 전달한다는 사회의 최우선 목적을 수행한다. 아싸비야는 전통적인 사회가 가지고 있는 특징이지만, 시대가 흐르면서 도시화된 사회에서 무너지게 된다. 물론 이븐 할둔은 발전된 사회 조직, 예술, 그리고 기술을 가진 도시에 기초한 문명화된 특정 사회는 붕괴되는 데 오랜 시간이 걸릴 수 있다고 지적했다.

이븐 할둔의 이론에는 부정적인 측면도 있다. 배타주의적 원칙으로서 아싸비야는 그 집단의 다수를 위해서 봉사하기도

하지만, 변화하는 조건들과 함께 소수를 위한 전제 정치로 퇴보할 수도 있다. 더욱이 새로운 질서의 부상이 희망으로 충만해 있을지 모르지만, 그것의 궁극적인 소멸로 인해 낙담하게 될 수도 있다. 이븐 할둔이 지적한 것과 같은 역사의 주기적 반복의 불가피성은 그것이 가지고 있는 본래의 비관주의를 더욱더 확인시켜 준다.

이븐 할둔의 이론에 따르면, 지방민들과 부족민들은 산으로부터 도시 지역으로 내려와서 도시민들을 지배한다. 그리고 4세대 동안 계속 도시 생활의 예절과 가치를 수용하면서, 그들은 그들 고유의 사회적 결속력을 상실하고 쇠약해지며, 그러므로 산악 유목민의 새로운 침략에 취약해진다(1969: 123-42). 지나치게 단순화시킨 것이긴 하지만, 이 순환하는 흥망성쇠 유형은 유럽의 식민주의가 도래하기 전까지 수세기에 걸쳐 일어났다.[3] 19세기와 20세기의 유럽 제국주의의 파괴적인 힘도 그 순환을 완전히 끝내지 못했다.

역설적이게도, 이븐 할둔의 순환론적 시각이 심각하게 도전을 받기 시작한 것은 무슬림 사회가 더욱 강력해지고 더욱 결속되어야 할 때인 20세기 중반, 즉 유럽 제국주의 권력으로부터 독립한 이후였다. 이븐 할둔의 순환론은 이제 원천적으로 고갈되고 있다. 부족 집단과 지방 집단들은 더 이상 아싸비야를 제공하지 못한다. 즉, 어떠한 경우든 도시 지역들은 아싸비야에 적대적이다. 그 결과는 활력과 결속력의 상실이다. 무슬림들은 어느 곳에서나 사회 붕괴에 대한 경고의 소리를 높이고 있다. 그들은 뭔가가 근본적으로 잘못되고 있지만 그 이유는 확실하지 않다는 것을 알고 있다.

물려받은 식민지적 행정 · 정치 · 교육 구조는 허물어지고, 그것들을 대체하거나 통합하려는 새로운 구조들 그리고 도전받고 있는 낡은 정체성으로 인해 무슬림 사회는 끊임없는 변화 속에 놓여 있다(무슬림 세계 곳곳의 부족들의 아싸비야에 대해서는 Ahmed and Hart 1984 참고). 아싸비야는 이런 사회에서 가장 취약한 상태에 있다. 중앙아시아와 남아시아 국가들은 이에 대한 좋은 사례들을 제공해 준다.

역설적이게도, 무슬림 세계 중 비교적 안정적인 곳은 아라비아 반도 국가들처럼 문화적 전통, 왕조의 통치, 또는 언어 같은 통일적 요소를 갖고 있는 곳이다. 역설적이게도, 이러한 국가들은 진정한 민주주의를 원하는 무슬림들에게는 반동적인 것으로 보이고, 초기 평등주의적 이슬람 질서의 순박한 원리에 기초한 이슬람 국가를 원하는 사람들에게는 정체된 것으로 보인다. 그럼에도 불구하고 전통, 왕조, 그리고 언어를 통합시키는 요소들은 때때로 전 지구적 변화의 시기에 연속성과 안정성을 보장하는 아싸비야를 유지해 준다. 이러한 통찰은 사회가 아싸비야를 유지하기 위해서는 석유 왕국[사우디아라비아와 같이 석유 지대를 추구하는 국가]이 될 필요가 있다는 잘못된 결론으로 이끌 수 있다. 이것은 옳지 않다. 반대로, 내가 초기 저서에서 지적했듯이, 갑작스러운 풍요는 부족 사회의 통합에 심각한 도전이 될 것이다(2002a).

아싸비야 붕괴의 결과와 초-아싸비야의 위험성

9.11 이후 미국인들은 "왜 그들은 우리를 증오하는가?"라고 묻고, 그에 대한 답을 "선망," "증오" 그리고 "질투" 때문이라고 생각했다. 우리는 어딘가 다른 곳에서 답을 찾을 것이다. 우리는 왜 아싸비야가 붕괴되고 있는지, 그리고 미국에게 미치는 결과도 포함하여, 그 붕괴의 결과를 탐구할 것이다.

세상의 문제를 비난하기 위해 무언가를 찾을 때, 세계화가 쉬운 타깃이 된다. 그러나 아싸비야는 20세기 중반 이후부터 계속해서 정치 발전의 직접적인 결과로서 손상을 당했다. 파키스탄과 이스라엘의 건국, 이란에서의 혁명, 그리고 알제리, 아프가니스탄, 중앙아시아 일부 지역의 내전으로 수백만 명이 추방되었고 죽임을 당했으며, 공동체는 분열되었고, 가족들은 뿔뿔이 흩어지게 되었다. 우리 시대에 소외된 세계 난민 중 무슬림 지역 난민이 차지하는 비율은 타지역에 비해 월등히 높다. 난민촌은 분노와 절망의 악명 높은 온상이다. 젊은이들은 빼앗긴 고향에 대한 기억과 그로 인한 분노로 더욱 야위어 갔다. 그들은 자신의 삶에서 불의와 냉대 말고는 거의 아무것도 보지 못했다.

무슬림 세계에서 아싸비야는 무너지고 있고, 새롭지만 때로는 위험한 형태로 변모하고 있다. 이와 비슷한 과정이 전통적인 비무슬림 사회 내에서도 일어날 수 있다. 그러나 나는 다음과 같은 이유로 아싸비야가 무너지고 있는 무슬림 사회에 초점을 맞추어 이야기할 것이다. 그것은 대규모의 도시화, 급격한 인구 통계학상의 변화, 인구 폭발, 서구로의 대규모 이주, (불길하다고 할 정도로 벌어지고 있는) 빈부 격차, 만연된 통치자들의 부패와 잘못된 국가 경영, 교육에 대한 투자에 비해 낮은 보상과 이에 비교되는 과도한 물질주의, 정체성의 위기, 그리고 아마도 가장 심각한 것으로서, 새롭지만 가끔은 이질적이고, 동시에 유혹적이고 혐오감을 주며, 끊임없이 서구로부터 감염되는, 전통적 가치와 관습에 도전하는 사상과 이미지들이다. 무슬림 세계의 인구 중에서 젊은이의 비율이 높고,[4] 이들 젊은이들이 위험스러울 정도로 문맹이며, 대개 직업이 없어 급진적인 변화에 쉽게 동원될 때에 아싸비야의 붕괴 과정이 발생한다.[5] 결론적으로 말해서, 여기서 정의, 지식, 동정심에 기초한 사회를 창조하는 것은 어렵다. 대부분의 무슬림들은 이 난제를 그들 사회의 명예와 존엄을 부정하는 것으로 해석하고 있다. 위에서 나열한 조건들은 아싸비야에 대한 전통적인 이해를 왜곡하고 그것에 도전하며, 변화되고 과장된 그리고 종종 위험한 새로운 아싸비야의 해석본, 또는 내가 초-아싸비야라고 불렀던 것을 만들어 낸다.

아싸비야의 붕괴는 또한 정의adl와 동정심 · 균형ihsan의 붕괴를 의미한다. 이슬람에서 사용하는 주요 개념들은 아싸비야를 적소에 붙들어 매는 시멘트와 같은 역할을 한다. 정의와 동정심 · 균형이 더 이상 사회의 주요 특성으로 인식되지 않을 정도로 사회가 변모하기 시작할 때, 통치자(무슬림들은 통치자의 의무를 정의와 동정심 · 균형을 강제하기 위해 신이 부여한 헌장으로 본다)의 각성마저 없다면 전 사회가 환멸에 빠질 것이다. 정의와 동정심 · 균형과 아싸비야 간의 관계는 매우 밀접하기 때문에 강조될 필요가 있다.

아싸비야의 붕괴는 많은 사회적 결과들을 초래한다. 그것은 사회에서 갈등과 폭력을 발생시킨다. 그것으로 인해 한 개인은 다른 개인에게, 한 집단은 다른 집단에게 적대적으로 된다. 사회학적 결과 외에도 도덕적 측면이 있다. 사회 내부의 갈등은 신이 경고하고 있는 사회의 두 가지 모습, 즉 간단하게 혼돈과 갈등으로 해석되는 피트나fitna와 샤르shar를 초래한다.

피트나와 샤르를 표상하는 빈 라덴 같은 사람들은 사회에 대한 신의 비전을 무시하면서 그렇게 한다. 빈 라덴은 피트나와 샤르를 만들어 내기 위한 강한 사회학적, 심리학적 이유는 가지고 있을지 모르나 신학적 이유는 가지고 있지 않다. 무고한 민간인들을 살해했기 때문에 자선Beneficent과 자비Merciful를 가진 신의 영성은 없는 것이다.

그들의 독창적이고 자연스런 사회학적 활동 범위 내에서 탈리반은 아싸비야의 한 형태, 즉 사회적 결속력을 지닌 부족 사회를 대표했다. 그러나 그들은 일찍이 부족 사회 밖으로 이주하여 카불에서 정치적 권력을 획득했지만, 훈련과 지식의 부족으로 인해 한 국가의 통치자로서의 실패는 예정된 것이었다. 그들의 힘이 되었던 배타주의 이념은 이제 그들의 약점이 되었다. 배타주의 이념은 또한 그들의 아싸비야를 손상시켰고, 그들은 초-아싸비야를 실행했다. 여성과 소수자들을 별개의 범주 안에 위치시키는 그들의 과도한 기질은 엄청나게 순수성을 상실했다. 그들은 잔인한 방식으로 일을 처리했고, 분열을 초래하면서까지 아싸비야의 우선적인 원칙들을 위배했다.

탈리반이 초-아싸비야의 유일한 예는 아니다. 다른 집단들도 다른 방식을 통해 초-아싸비야를 반영한다. 이란의 무슬림 성직자들, 요르단 강 서안 지역의 유대인 정착민들, 발칸반도의 세르비아 군인들, 인도의 힌두교 집단들도 이 집단에 포함된다(만약 신의 이름으로 자행되는 분노와 폭력에 대한 나의 분석이 억지 같아 보인다면, 매우 학문적이고 놀라울 정도로 훌륭한 *Why the Nations Rage: Killing in the name of God*, Catherwood 2002와 *When Religion Becomes Evil*, Kimball 2002를 참조 바람).

요약하면 다음과 같다. 비록 이슬람이 정의를 주장하고 정의를 위해 싸워야 할 필요성을 주장하지만, 그 궁극적인 목표는 동정심 · 균형에 기초한 사회, 그리고 피트나와 샤르가 없는 사회를 창조하는 것이다. 아싸비야가 붕괴되고 초-아싸비야가 만들어짐으로써 사회에 피트나와 샤르 현상만 만연하게 되는 한 정의도 동정심 · 균형도 달성하기가 쉽지 않다.

비무슬림 지역에서 아싸비야를 유지하는 것의 어려움

학자들은 약 1억 4,500만의 인구를 가진 파키스탄보다 인도에 더 많은 무슬림들이 있을 것으로 추정하고 있다. 그들은 무슬림의 인구 통계가 폭발적인 정치 쟁점이 되기 때문에 인구수를 추정한다. 우리는 세계 무슬림의 약 1/3이 소수 민족으로 살아가고 있다는 것을 알고 있다. 인도의 사례에서 볼 수 있는 것처럼, 그들은 21세기에 아싸비야를 유지하는 것이 어렵다는 사실을 알아가고 있다.

마하트마 간디의 공동체 간 평화와 조화에 대한 비전은 2002년 초에 그의 고향인 구자라트 주에서 그 의미를 상실해 버렸다(인도의 유명 작가 중 한 명이 쓴 놀랍고, 우울하고, 비통한 논평에 대해서는 『아웃룩 인디아*Outlook India*』 2002년 6월호에 게재된 아룬다티 로이의 논문 「민주주의: 여자가 가정에 있을때 그녀는 누구인가Democracy: Who's She When She's at Home?」 참조). 힌두교 국가주의를 지향하는 바라티야 자나타당Bharatiya Janata Party, 즉 BJP가 매우 번창하고 있는 구자라트 주를 지배하게 된 것이다. 여러 문제점들로 인해 2002년 2월 말에 잔혹한 폭동이 일어났고, 이는 수개월간 계속되었다. 폭동은 10년 전에 발생하여 수천 명의 생명을 앗아간 사건, 즉 아요디아에 있는 파괴된 이슬람 사원 터에 힌두교도들이 로드 람Lord Ram에게 바치는 사원을 짓기로 결정한 사건과 관련이 있었다. 이때 발생한 폭력은 특히 전염성이 강한 특징을 가지고 있었다.

아흐산 자프리 씨의 사례를 보자. 인도 국민회의당Congress Party의 충성스런 당원인 그는 인도의 세속화를 강화하기 위해 의회 의원으로서 열심히 일했다. 그러나 그는 무슬림이었다. 대낮에 1만 명의 힌두교 폭도들이 자프리의 집으로 쳐들어가서는 그를 인사불성이 될 정도로 때렸다. 그리고 집에 등유를 붓고 불을 지르고 난 후, 그를 거리로 끌고 나왔다. 폭도들이 자프리를 참수한 뒤 파라핀을 부어 태우고 있을 때, 아무도 그가 살아 있는지 어떤지에 대해 확인하지 않았다. 그러고 나서 폭도들은 자프리 집으로 되돌아가서, 어린 두 아들을 포함한 가족들을 끌고 나와 그들까지 태워 죽였다.

다른 힌두교 집단은 벽돌로 지은 그 마을의 작은 이슬람 사원을 파괴하고, 그곳에 힌두교의 원숭이 신인 하누만을 위한 사당을 지었다. 또 다른 폭도들은 무슬림 소유인 모티 마할 호텔을 불태웠다. 다른 사람들은 또 다른 이슬람 상징물들을 찾아 나섰다. 심지어 묘지조차도 남아 있지 않았다. 초석에 새겨진 코란 구절도 훼손되었다.

그 야만성은 한 마을로 끝나지 않았다. 2,000명 이상이 살해된 것으로 추측되는데, 그러한 폭력에 대한 수치는 항상 추정치이다. 경찰의 행동은 거의 비슷했다. 즉, 사태 수습에는 늦게 착수하고, 피해자 수는 줄여서 처리했다.

로이는 그 처참한 사건에 대해 다음과 같이 묘사하고 있다.

> 고드라Godhra 폭동이 일어나고 몇 시간 이내에 세계힌두회의(Vishwa Hindu Parishad: VHP)와 바즈랑 달Bajrang Dal은 무슬림 공동체에 대하여 치밀하게 계획해 놓은 것을 실행했다. 공식적으로 사망자는 800명이다. 독립적으로 조사한 다른 기록에 의하면 사망자는 2,000명을 훨씬 웃돌고 있다. 고향에서 내몰린 15만 명 이상의 사람들이 난민촌에서 살고 있다. 여자들은 옷이 벗겨진 채 강간당했고, 부모들은 그들의 자식들 앞에서 살해되었다. 240개의 이슬람 성인 묘와 180개의 사원이 파괴되었다. 예컨대, 아흐메다바드에서는 현대 우르두어 시의

창시자인 왈리 구자라티Wali Gujarati의 무덤이 훼손되었고, 밤 사이에 무덤이 있던 자리는 포장되어 버렸다. 음악가 우스타드 파이야즈 알리 한Ustad Faiyaz Ali Khan의 무덤은 불타는 타이어들과 함께 연기 속으로 사라졌다. 방화자들은 불을 지르고 가게, 집, 호텔, 섬유 공장, 버스와 자가용을 약탈했다. 수십만 명의 사람들이 직장을 잃었다 … 구자라트를 가로질러 수천 명의 사람들이 폭도가 되어 행군했다. 그들은 화염병, 총, 칼, 검, 그리고 삼지창으로 무장했다. 세계힌두회의와 바즈랑달의 부랑자들과는 달리 달리트Dalits[피억압자들. 문자 그대로는 '억눌린 채 괴로움을 당하는 사람들이라는 의미. 과거에 '불가촉천민untouchable' 이라고 불렀던 사람들을 완화해 부르는 용어이다]과 아디바시Adivasis[인도 아대륙의 원주민] 사람들은 흥청망청 방탕함에 빠졌다. 중간 계층들은 약탈하는 일에 전념했다. (기억할 만한 사례로, 한 가족은 미츠비시 랜서를 타고 왔다.) 폭도를 이끈 사람들은 무슬림들의 가정, 가게, 사업장, 심지어 그들의 동업자까지 기록한, 컴퓨터로 작성된 목록으로 갖추고 있었다. 그들은 행동을 지시하기 위해 휴대 전화를 가지고 있었다. 그들은 수천 개의 가스통이 적재된 트럭을 보유하고 있었는데, 그것들은 무슬림들의 상업 시설물을 폭파하기 위해 몇 주 전에 미리 비축해 놓은 것이었다. 경찰은 그들을 보호하고 묵인해 주었을 뿐 아니라 불 지르는 것을 엄호하기도 했다 (위의 글).

죄를 범한 자들은 어떠한 양심의 가책도 느끼지 않았다.

방송 인터뷰에서 일부 힌두교도들은 "무슬림들이 먼저 문제를 만들었다," "그들은 모두 인도를 떠나 파키스탄에서 살아야 한다"라고 주장했다. 더욱 극성스러운 힌두교도들은 "무슬림은 카바리스탄(묘지) 아니면 파키스탄으로"라는 극단주의적인 종교적 슬로건을 내걸었다.

난폭한 침략자들은 그들의 비인도적 행위가 현대적, 세속적 자유주의 국가로서의 인도의 이상과 힌두이즘 모두에 대한 심각한 도전이 된다는 것을 스스로 보지 못했다. 온정적이고 관용적이라는 힌두이즘은 스스로 무너지고 있었다. 힌두교 숭배자들이 로드 람을 찬송하며 아요디야로부터 돌아올 때, 한 무슬림 폭도가 그들의 기차에 불을 지르면서 폭동은 시작되었다.

힌두교 신화집 속에 나오는 로드 람은 용기, 관용, 자비의 미덕을 구현하는 영웅적이고 위대한 인물이다. 그는 악의 상징인 라바나Ravana를 극복했다. 람 라즈Ram Raj 또는 람의 통치는 정의와 번영의 시대를 의미했다. 람 라즈의 이상은 간디의 정치적 비전의 중심이었다. 람의 황금시대에 대한 신학적 이상은 간디가 힌두교 사상을 문화에서 정치로, 사적인 신념에서 공공 정책으로 전환하도록 도와주었다. 영국으로부터의 독립은 간디에게 "스와라즈swaraj"를 의미했다. 스와라즈는 베다어로 람 라즈 시대로의 복귀를 의미한다.

현대 정치에서 간디가 했던 것처럼 람을 환기시키는 것을 모든 인도 지도자들이 지지한 것은 아니었다. 인도의 초대 수상인 네루는 람 사상에 대해 불편해했기 때문에 세속주의 사상을 지지했고, 간디의 람 라즈 이념 전파를 비난했다.

네루는 그의 자서전에서 다음과 같이 불평했다. "나는 때때로 우리 정치 분야에서 힌두교와 무슬림 양쪽의 종교적 요소가 증대되는 문제로 난처해지곤 했다. … 간디의 어떤 표현들은 가끔 나에게조차도 귀에 거슬렸다. 그는 그가 부활시키고자 했던, 황금시대로서의 람 라즈에 대해 자주 언급했다" (Nehru 1941: 72).

결국 간디는 자신이 용기를 주었던 세력에 의해 살해되었다. 간디는 자신이 "히틀러의 나치"로 비유했던 극단주의적 힌두교 집단인 RSS의 멤버인 고드세Nathuram Godse의 총에 맞아 살해되었다. 고드세는 간디가 무슬림들에게 동정적이라고 믿었기 때문에 그를 살해했다. 저격당했을 때, 간디의 마지막 말은 "람, 람, 람"이었다. 고드세는 람의 이름으로 간디를 죽였다. 간디는 죽어 가면서도 고귀함, 자비, 박애의 이상을 외치기 위해 람을 호소했다.

바로 그 땅에서, 간디가 이슬람, 기독교, 힌두교의 모든 성서들을 읽고 기도회를 시작했다는 것을 회고해 보는 것은 매우 진지한 접근이다. 각 종교 공동체 간 충돌을 막기 위해 그는 단식했다. 사람들이 그를 마하트마, 즉 위대한 영혼을 지닌 사람이라고 부르는 이유는 그 때문이다. 그 시대에 간디의 거룩함은 전 지역에 알려졌으나 그에 대한 비난 또한 거세어졌다. 어떤 사람은 1995년에 TV 인터뷰에서 간디를 "가짜 소매상bastard bania"이라고 불렀다. 간디는 BJP의 한 분파로부터 해임당한 상태에 있었다. 간디는 반세기 만에 "위대한 마하트

마"에서 "가짜 소매상"으로 불리게 되었다.[6]

힌두교 극단주의자들은 인도 방방곡곡에서 무슬림들에게 인종 청소의 기준을 제시하고 있었다. 즉, 로드 람을 받아들임으로써 "힌두 모함메단Hindu Mohammedans"이 되어 힌두교로 흡수되든가, 아니면 파키스탄이나 사우디아라비아 혹은 다른 곳으로 떠나가든가 또는 생명과 재산의 파멸을 준비하든가를 선택하라는 것이었다. 스페인의 국토 회복 운동에서부터 팔레스타인의 점령까지, 정복당한 소수 민족들은 이러한 딜레마에 직면하게 되었다.

독실하고 사려 깊은 추종자들에게 철학적이고 인간적이며 보편적인 종교 전통을 인종적 반감과 정치적 갈등의 매개체로 보도록 변화시키는 것은 많은 힌두교도들을 슬프게 한다. 1992년 12월, 아요디야에 있는 이슬람 사원이 파괴되었다. 나중에는 인도 전역에서 준군사 조직과 방위군이 개입된 죽음의 회오리바람이 꼬리를 물고 일어났다. 세계는 아요디야에서 격노한 폭도들이 살인, 방화를 저지를 때, 수수방관하며 옆에서 있던 그들[준군사 조직과 방위군]을 TV로 보았다. 봄베이에서 폭도들은 남자들을 세워 놓고 바지를 벗게 했다. 그리고 할례를 한 사람들은 무슬림으로 간주되어 살해되었다. 우리는 대중매체와 정치 사이에 관련이 있고, 어느 한 집단의 종교-문화적 정체성 주장과 다른 집단에 대한 종교적 박해 사이에 관련이 있음에 주목한다.

1980년대 후반과 1990년대 초반에 인도의 수백만 힌두교도들이 아요디야에 있는 이슬람 사원을 파괴하고 그 자리에 사원을 건설하는 운동을 조직하였을 때, 그들은 16세기 초에 인도를 침입했던 최초의 무굴 제국 황제 바바르의 시기를 언급하였다. 실제로 그 이슬람 사원의 이름도 바바르를 딴 것이었다. 1992년에 그 사원이 폭파되었을 때, 수백만 힌두교도들은 그것을 경축했다. 그들은 10세기에 인도에 들어와 그곳에서 계속 살아온 무슬림 정복자들로 인해 야기된 불명예에 대해 복수했다. 명예와 복수를 위해서라는 것을 인식시키기 위해, 인도 전역에 살고 있는 무슬림들은 괴롭힘과 굴욕을 당했으며, 그 과정에서 수많은 사망자가 발생했다. 아마도 9월 11일 뉴욕과 워싱턴에서 사망한 사람들보다 더 많은 사람들이 희생되었을 것이다. 여성들은 집단적으로 성폭행 당했고, 그 성폭행 장면은 비디오로 촬영되어 중동 시장으로 팔려나갔다.

섹스, 거짓말 그리고 비디오테이프, 이것은 우리 시대에 명예를 어떻게 되찾아야 할 것인가를 말해 준다. 무기력한 소수 집단에 속한 여성들을 계획적으로 집단 성폭행하는 것은 살인이나 다를 바 없는 것으로서, 힌두교 사회의 명예 개념과는 거리가 먼 것이었다. 힌두교 사회에서 강간 같은 행위는 모든 범죄 중에서 가장 불명예스러운 것을 의미한다. 수세기 전에 무슬림들이 자신들의 영토에 침입했을 때, 라즈푸트Rajput[인도의 무사 계급], 인도 북서부 지방의 특권 지주 계급들, 그리고 귀족 부인들은 고귀한 도덕 기반을 지키기 위해 사티sati[남편을 따라 같이 죽는 것], 즉 자살을 감행했다. 무슬림 전사들은 결혼을 통한 해결책 이외에는 이러한 상황에 어떻게 대응해야 하는 지를 알지 못했다. 결국, 일부 무굴 제국 황제들은 힌두교도 여성을 왕비로 맞아들였다. 문화의 통합은 사회의 핵심인 가족 안에서 일어나게 되었다.

아요디야에 있는 이슬람 사원이 파괴된 이후, 힌두교도들의 폭동에 대한 즉각적이고 엄중한 국제적 보복 행위가 있었다. 파키스탄과 방글라데시의 성난 군중들은 인도에 대한 보복으로 "성전"을 요구하였고, 세계 각지에서 살고 있는 힌두교인들은 공격을 받았고, 힌두교 사원들은 파괴되었다. 영국에서는 힌두교 공동체와 무슬림 공동체 사이에 긴장이 고조되었고, 힌두교 사원들이 피해를 입었다. 인종적 폭력을 이해하기 위해서는 우리들 앞에 놓여 있는 폭력의 세계적 맥락을 이해할 필요가 있다.

시사 평론가들은 BJP를 인종 폭력의 주요 배후 세력으로 단정지었지만, 이것은 정답이 아니다. 사실상 인도 국민회의당은 세속적 입장에 근거하여 오랫동안 타협해 왔다. 관료, 언론인, 학자와 같은 영향력 있는 여론 주도층들도 공동체 문제에 대해 가졌던 초기의 세속적 중립성을 변형하거나 포기했다. 이러한 추세에 실망한 사람들은 힘없는 방관자로 전락했다. 하지만 복잡한 현상을 단순화시킴으로써 BJP에 대해 잘못된 비판을 하지 않도록 해야 한다. 최근의 연구에 의하면, 인도에서는 상이한 지수들이 지역 사회에서 발생하는 폭동에 영향을 미치고 있다(사회 지수를 강조하는 혁신적인 연구에 대해서는 Varshney 2002 참조; 지정학적 분석 및 그것의 영향력에 대해서는 Cohen 2001 참조).

모든 인종 청소 사례에는 역사와 문화가 겹겹이 쌓여 있다. 무슬림 국가 건설을 위한 분리 운동, 파키스탄의 건국(종교적 관점에서 많은 힌두교도들은 파키스탄의 건국을 신성 모독으로 보기도 하고, 모국 인도를 분할한 것으로 본다), 인도-파키스탄 전쟁, (파키스탄과 방글라데시, 그리고 이란과 같은 이웃나라들에서 일어난) 위협적인 이슬람 부흥주의에 대한 인식, 인도의 새로운 현실 문제들을 조정하는 데 있어 지속적으로 발생하는 무슬림 소수자 문제들은 인종 문제를 곪을 대로 곪게 만든 요소들이다(인도의 무슬림들에 관한 가장 통찰력 있고 참고할 만한 책으로는 Dalrymple 1994 참조).

실제로 1930년대 초반에 가장 영향력 있는 힌두 이론가 중의 한 사람인 골왈카르Madhav Sadashiv Golwalkar는 소수자를 다루는 방식에 관한 한 히틀러가 가장 적합한 모델이라고 주장했다. 즉, 히틀러가 독일에서 유대인에 대한 최종 해결책을 제시할 수 있다면, 힌두교도들도 인도에서 무슬림에 대해 동일한 것을 할 수 있다는 것이다(1938). 히틀러의 유대인 대량 학살을 보고 골왈카르는 더 커다란 종교적 증오심을 갖게 되었다(1966). 힌두교 극단론자들은 오늘날까지도 나치의 비도덕적 언어를 그대로 사용하고 있다. 무슬림에 대해 악의적 선전을 하면서, 학문적 조사가 있었던 것처럼 위장했다(Elst 1992; Oak 1990). 이러한 연구서에서는 무슬림들이 힌두 여성들에게 불명예를 주고 힌두 사원을 때려부수는 술 취한 광대로 묘사된다. 이러한 진부한 내용들은 대중 매체에 공급되어 힌두교도들에게 쇼비니즘을 주입시킨다. 그리고 이것은 힌두교가 투표에서 승리할 수 있도록 미리 계산된 것이다.

람을 위한 투쟁은 현대 인도인의 영혼soul을 위한 투쟁이다. 뜨거운 논쟁이 일어나고 있는 이유는 그 때문이다. 불행하게도 그 전투는 소수자들과 빈민층에 대한 박해로 변질되고 있다. 간디는 이 소수자들을 위해 싸웠고, 이들은 간디에게 영감을 주었다. 많은 사람들은 구자라트 사건이 21세기에 무슬림 소수자들에게 닥치게 될 전조라고 보고, 그것을 두려워하고 있다.

II. 철창에 갇힌 인간

할둔주의자들의 논리에 따르면, 아싸비야의 붕괴와 함께 사회는 더 이상 인간 문명을 위한 신의 비전을 이행할 수 없다. 그러한 사회적 위기는 균형 잡힌 충고와 안내를 해줄 수 있는 이슬람 학자들이 혼란에 빠졌을 때 조성된다. 무슬림들은 신이 지구상의 인간들에게 바라는 것들을 일름ilm 또는 지식을 가진 사람들이 가장 잘 설명할 수 있다고 믿고 있다. "학자의 죽음은 지식의 죽음"이라고 한 예언자의 말씀(하디스hadith)은 학문의 중요성을 강조하고 있다.[7] 불행하게도, 현대 무슬림 세계에서 학자들은 침묵을 강요당했고, 굴욕을 당했으며, 추방당했다.

학자의 사망이 사회에 미친 파급 효과는 매우 컸다. 당대의 통치자들에게 충고하고 안내하고 비판하는 학자의 자리에 아첨꾼과 음흉한 협력자만이 모여들고 있다. 지혜, 동정심, 그리고 이전의 위험을 배우는 것 대신에 차후에 닥칠 과대망상과 신경증이 그 자리를 대체하고 있다. 그렇다면, 학자들은 어디로 피신했을까? 미국과 유럽으로 갔다.

학자들이 쫓겨나고 침묵을 강요받는 상황에서, 무슬림 세계의 교육적 성취가 세계에서 최하위 수준에 머물러 있는 것은 어찌 보면 당연하다. 문자 해득률은 만족과는 거리가 멀고, 특히 여성의 경우는 매우 놀라울 정도이다. 결국 무슬림 세계의 여성들은 그들의 유산과 권리를 박탈당하고, 집안에서 남자들은 여성들에게 이것이 이슬람이라고 말하고 있다.

이슬람 전통 내에서 객관성 있는 의견을 제시할 수 있는 학자들이 침묵을 강요당했고, 그리고 변화의 시기에 또다시 침묵을 강요당하는 상황에서, 다른 전통 속에서 행동하는 탈리반 같은 종교학자들은 이슬람을 편협하게 해석하고 있다. 그들에게 이슬람은 억압의 도구가 되고 있다. 여성과 소수 민족은 공격 대상이 된다. 학자들이 충고하고 비판하지 못하기 때문에 전제 정치가 견제를 받지 않고 성장한다.

미국에 본부를 두고 있는 국제이슬람사상연구소의 회장인 압둘하미드 아부술레이만AbdulHamid AbuSulayman 교수는 나에게 그 위기에 대해 다음과 같이 요약해서 말해 주었다: "무슬림 학자는 그를 지옥으로 보내겠다고 위협하는 무지한 이슬람 율법학자들, 또는 그를 감옥에 가두겠다고 위협하는 타락한 통치자들에 둘러싸여 그들의 포로가 되어 있다" (AbuSulayman 1993a, 1993b). 지옥이냐 감옥이냐를 선택해야 하는 것은 아싸비야 붕괴의 직접적인 결과였다.

지옥이냐 감옥이냐: 무슬림 학자의 숙명

『뉴욕타임즈 매거진』(2001년 6월 17일)의 표지에 게재된 유명한 이집트 학자이자 카이로 이븐 할둔 센터의 이사인 사드 에딘 이브라힘Saad Eddin Ibrahim 교수가 법정 뒤 철창 속에 갇혀 있는 사진은 오늘날과 같은 세계에서 무슬림 학자에 대한 강력한 메타포이다. 말레이시아의 안와르 이브라힘Anwar Ibrahim과 마찬가지로 사드 에딘 이브라힘 교수는 착복과 서구를 위한 간첩죄 — 두 대륙을 가로질러 공통적으로 적용되는 표준적인 죄목임 — 로 구금되었다. 안와르 이브라힘은 또한 동성애자로 기소되었다. 이 두 사람 모두 그들 사회에 적극적으로 개입했던 비판적 사상가이다.

그들만 박해받은 것이 아니다. 알제리와 아프가니스탄 같은 국가에서는 학자들이 전 세대에 걸쳐 계속 제거되어 왔다(박해받은 학자들에 대한 구체적인 분석에 대해서는 Abdelkader 2000년 참조). 자취를 감춘 또 다른 범주의 학자들이 있다. 살만 루시디와 할리드 두란Khalid Duran 같은 작가들(Duran 2001 참조)은 자신들에게 가해진 신변 위협 때문에 숨어서 지내고 있는데, 그들은 무슬림 배경을 가지고 있기 때문에 별개의 범주를 형성한다. 대부분의 무슬림들은 그들에게 명백하고도 극단적인 적대감을 보이고 있다.

그렇다면 이슬람을 다시 생각해 보도록 할 수 있는 지리적 중심지는 어디인가? 대부분의 무슬림 국가들은 스스로 불모지라는 것을 증명해 왔다. 무슬림 세계에는 학술 연구와 조사를 전개해 나갈 만한 역량을 지닌 새로운 연구소가 몇 군데 있다. 카이로, 암만, 이슬라마바드 그리고 쿠알라룸푸르에 있는 연구소들이 언급할 만한 가치가 있는 곳이다. 그중 몇몇 연구소는 훌륭한 물적 시설을 갖추고 있다. 어떤 연구소는 지역 수준에서는 학자들이 읽을 만한 충분한 잡지와 책들을 생산하고 있다. 하지만 그들은 주요한 국제적 연구 또는 학자들이나 지식인들의 [NGO나 문화 운동 같은] 운동을 만들어 내지는 못했다. 이러한 관점에서, 그들이 운용할 수 있는 자원을 가지고 있음에도 불구하고 실패했다는 것은 놀라운 일이다. 그것은 그들이 살아가고 있는 사회의 실패, 일반적인 절망감, 환멸, 낙담으로 설명할 수 있을 뿐이다.

파키스탄은 비교적 온건한 무슬림 국가이다. 코란 번역자인 압둘라 유수프 알리Abdullah Yusuf Ali, 파키스탄이란 국호를 지은 라흐마트 알리Rahmat Ali, 저명한 이슬람 학자인 파즐루르 라흐만Fazlur Rahman, 그리고 파키스탄의 유일한 노벨 평화상 수상자인 압두스 살람Abdus Salam[8] 같은 학자들은 편협하고 무지한 자들에 의해 떠날 것을 강요당했다. 파키스탄으로 돌아가서 공헌하기를 원했던 마흐붑-울-하크Mahbub-ul-Haq와 에크발 아흐메드Eqbal Ahmed 같은 사람들은 좌절감을 안고 마음에 상처를 입은 채로 세상을 떠났다. 한 무슬림 학자는 그러한 경우를 다음과 같이 강력하게 지적한다: "무슬림 세계나 서구에서 자신의 생명을 위태롭게 하지 않으면서 이러한 비판 작업을 수행한다는 것은 양심적인 무슬림 지식인들에게는 쉬운 일이 아니다"(Sachedina 2001: 149, n. 38; 또한 Ahmed and Rosen 2001 참조). 압둘라 유수프 알리의 사례는 좀 더 조사해 볼 가치가 있다.

코란을 번역한 사람

"영국에서 1953년 겨울은 매서운 것이었다"라고 압둘라 유수프 알리의 전기 작가는 썼다(Sherif 1994: vii).

> 12월 9일 수요일, 정신을 잃은 한 남자가 문밖에서 발견되었다. 그는 웨스트민스터의 한 가정집 계단에 앉아 있었다. 경찰은 그 남자를 웨스트민스터 병원으로 후송했다. 그 다음 날 그는 첼시의 도브하우스 스트리트에 있는, 런던 주의회에서 관리하는 노인 수용 시설로 이송되었다. 12월 10일 심장 발작이 일어나자 그는 풀럼에 있는 세인트 스티븐 병원으로 급히 후송되었다. 입원 3시간 후에 그는 죽었다. … 이 수수께끼 같은 상황 속에서 압둘라 유수프 알리는 장엄한 그의 생을 마감했다. 그의 나이 여든한 살이었다(같은 책).

알리가 죽기 전, 런던 주재 파키스탄 고위 행정관은 파키스탄의 수상에게 다음과 같은 글을 써 보냈다:

> 친애하는 모함메드 알리 경께: 저는 제가 잘 알고 있고, 일생

> 동안 이슬람을 위해 헌신했고, 코란을 영어로 번역했기 때문에 저희 시대의 무슬림 젊은이들뿐만 아니라 전 세계의 무슬림들로부터 존경을 받은 한 사람과 그의 위대한 봉사와 관련하여 당신에게 편지를 씁니다. 그의 이름은 압둘라 유수프 알리이며, 81년 전에 태어났습니다. 1953년 판 『후즈 후*Who's Who*』의 36쪽에 보면, 그의 자격과 활동 그리고 업적들이 하나의 단段 전체에 잘 나타나 있습니다. 저는 이 존경할 만한 노인이 재정적 궁핍 상태에 처해 있다는 사실을 방금 전에 알았습니다. 그가 트라팔가 광장에 앉아 있는 것을 발견하였을 때, 호주머니에는 돈 한 푼 없었고, 옷가방에는 몇 벌의 누더기 옷이 전부였습니다. 그는 런던 주의회가 운영하는 수용 시설로 보내졌고, 우리는 그의 상태에 대해 전달받았습니다(같은 책: 139-40).

파키스탄 정부는 그 어떤 것도 하지 않기로 결정했다. 유수프 알리는 번역을 하며 살았다. 성 코란 번역본 초판은 30쇄까지 찍었고, 1934년과 1937년 사이에 라호레에서 출판되었다. 두 번째 판은 3권으로 통합되었다. 유수프 알리는 세계적인 무슬림 학자가 별로 없던 시기에 세계 여러 지역에서 강의 초대를 받은 인기 있는 강사였다. 1938년 캐나다 여행 중에, 그는 에드먼턴에 공식적으로 이슬람 사원을 설립하였는데, 그것이 캐나다 최초의 이슬람 사원이라고 한다. 그러나 그의 아내가 간통을 저지르고 다른 남자의 아이까지 임신하게 되었는데, 그 사건이 공개되면서 그는 엄청난 고통을 받았다. 그 고통은 코란 번역에 대한 그의 주석서에 반영되어 있다.

비록 무슬림 세계가 유수프 알리의 번역을 감상하고, 계속해서 그의 번역본을 읽고 있지만, 일생 동안 그는 무슬림들의 질시에 직면했고, 그것으로 인해 상처를 받았다(당대의 무슬림의 악의에 대해서는 제5장, 1절 참조). 그는 다음과 같이 썼다: "세속적인 이익이나 독단적인 권위를 조금도 추구하지 않은 사람에게 그렇게 극심한 인간적 시기, 오해, 고통스러운 허위 진술이 따라올 거라고는 나는 상상도 하지 못했다"(같은 책: 109). 유수프 알리는 오늘날의 무슬림들과 매우 밀접한 관계가 있는 무슬림의 분열에 대해 실망했다. 소수자로서의 무슬림에 대해 논평하면서, 그는 다음과 같이 썼다: "무슬림들은 소수자로서 자신들이 어떻게 처신해야 하는지에 대해 배울 수 있는 많은 교훈들을 가지고 있다: 프랑스계 캐나다인들은 '교회와 주state 내에서' 잘 조직되어 있는 반면, 우리 무슬림들은 조직화되지 않고 개인화되어 있다"(같은 책: 129).

유수프 알리의 지난 세월과 그의 사망 모습은 무슬림들이 그들의 위대한 학자들을 어떻게 — 무관심과 무지로써 — 대우하는지에 대한 슬픈 단면을 보여 주고 있다. 알라마 이크발Allama Iqbal과 미르자 갈립Mirza Ghalib 같은 가장 잘 알려진 무슬림 학자나 시인들조차도 일생 동안 가난과 매우 근접해 있었음을 우리는 알고 있다. 그들이 나와브nawabs[인도 · 파키스탄의 이슬람 귀족 · 명사에 대한 존칭]와 봉건 영주에게 생존을 위해 돈을 구걸하며 보낸 편지들을 우리는 가지고 있다. 그래서 유수프 알리의 죽음은 그것이 외국 땅에서 일어났기 때문에 특히 비극적이라는 것 이외에는 그리 놀라운 일이 아니다.

외국의 무슬림 학자들

아마도 가장 잘 알려진 무슬림 학자들이 무슬림 땅을 떠나 서양으로 도피하는 데 성공했다는 것은 주목할 만한 사실이다: 파키스탄의 파즐루르 라흐만은 시카고 대학으로 갔고, 레바논의 무함마드 아유브Muhammad Ayoob와 팔레스타인의 이즈마일 알-파루키Ismail al-Faruqi는 펜실베이니아의 템플 대학으로 갔으며, 알제리의 무함마드 아르콘Muhammad Arkoun은 파리의 소르본 대학으로 갔다. 무슬림 땅에 뿌리를 둔 많은 학자들은 서구에서 그들의 창조적인 업적을 쌓았다: 파키스탄의 후르쉬드 아흐마드Khurshid Ahmad는 영국 레스터에 있는 이슬람 재단에서, 방글라데시의 알리 아쉬라프Ali Ashraf는 영국 케임브리지의 이슬람 아카데미에서 활동했다. 또한 가장 잘 알려진 이슬람 학술지가 서양에서 출판된다는 것도 주목할 만한 사실이다. 예를 들면, 미국의 『미국 이슬람 사회과학 저널*American Journal of Islamic Social Sciences*』, 영국의 『무슬림 월드 북 리뷰*The Muslim World Book Review*』와 『무슬림 에듀케이셔널 쿼털리 앤드 임팩트*The Muslim Educational Quarterly and Impact*』 등이 있다.

무슬림 학자들과 관련된 문제점들은 더 많이 존재할 것이다. 2001년 1월, 프린스턴 대학의 기계·항공 우주 공학과의 뛰어난 파키스탄 출신 과학자인 소하일 자이디Sohail Zaidi 박사는 그의 고국에서 오랫동안 지속되고 있는 교육 현실에 대하여 나와 함께 이야기를 나누었다. 그것은 그의 어린 시절의 기억이었으며, 그의 마음속에서 말라비틀어질 정도로 오랜 시간 동안 간지해 온 한탄이었다. 그는 파키스탄의 변방에서 살았으며, 그가 다니는 학교는 먼 거리에 있었다고 회고했다. 그는 매일같이 집에서부터 학교까지 기차로 통학했다. 기차는 항상 사람들로 붐볐으며, 객차 안으로 들어가기 위해 싸워야 했다. 시험 직전의 어느 날, 그는 겨드랑이에 책과 공책을 끼고서 달리는 기차 위로 뛰어 올랐던 일을 회고했다. 그는 한 손으로 그의 지식의 보물들을 움켜잡고, 다른 한 손으로 기차 난간에 매달렸다. 놀랍게도, 객차 안에 있던 사람들은 그가 곤경에 빠져 있는 것을 보았지만, 문을 열어 그를 안으로 끌어당기지 않았다. 그는 사람들에게 간청했다. 그러나 그들은 그를 무시했다. 기차는 점점 더 속도를 내기 시작했다. 그는 책과 노트를 버려야 할지 아니면 자신의 목숨을 구해야 할지를 결정해야만 했다. 그는 목숨을 구했다. 그해 이후로, 그는 자신의 사회가 학문이나 책에 대한 존경심이 없다고 비판하면서 그 비통했던 얘기를 자세히 열거했다.

자이디 박사는 자신이 파키스탄의 엘리트 가계 출신이 아니기 때문에 좀 더 나은 학교로 진학할 수 없다는 것을 깨달았다. 그는 또한 인도에서 피난 온 난민이었는데, 그와 같은 사람들에게 배타적인 파키스탄의 행정적 · 정치적 구조에서 일자리를 구하는 것도 어려운 일이라는 것을 깨달았다. 그럼에도 불구하고 그의 마음속에서 불타올랐던 것은 지식을 쌓아야 한다는 강박 관념이었다. 그는 서구의 대학에서 자신의 지식을 축적해 나갔다.

서구의 대학들은 그에게 매우 좋은 기회였다. 그는 미국으로 이주했다. 파키스탄의 손실은 서구의 이익이었고, 또 무슬림 세계의 입장에서는 한 명의 학자를 잃은 것이었다. 그의 이야기는 무슬림 사회의 특징인 일름 또는 지식에 대한 무관심을 반영하고 있다. 일름은 이슬람 세계 자체에서 매우 고귀한 보물이기에, 이것은 더욱 슬픈 일이다.

일 년 후에 나는 또 다른 무슬림 학자의 사례를 목격했다. 이 사람은 파키스탄에 머물렀는데, 그는 나에게 편지를 한 통 보내 왔다.

죽음의 감방으로부터 온 편지

내가 파키스탄의 라왈핀디에 있는 중앙 교도소의 죽음의 감방으로부터 매일 편지를 받은 것은 아니었다. 여느 다른 파키스탄인과 마찬가지로, 나도 그곳을 파키스탄의 가장 인기 있는 수상이었던 줄피카르 알리 부토Julfiqar Ali Bhutto가 1979년에 교수형에 처해진 곳으로 알고 있었다. 두들겨 패고, 잠을 재우지 않고, 치료가 거부되는 등 부토의 마지막 날들은 비참했다. 그의 사형 집행은 파키스탄인들의 마음속에 지울 수 없는 강렬한 인상을 남겼다. 또한 그 사건으로 인해 파키스탄 사회는 분열되었고, 그것은 아직도 완전히 회복되지 않고 있다.

그 편지는 2002년 4월 15일에 쓴 것이었다. 그것은 대학교의 파키스탄인 동료와 나에게 보낸 것인데, 깔끔하고 정돈된 문체로 쓰여 있었다. 편지를 쓴 사람은 모함메드 유나스 셰이크Mohammed Younas Sheikh 박사였다.

보자마자 그 이름을 알 수 있었다. 몇 개월 전에 나는 프린스턴 대학의 로렌스 로젠 교수와 함께 『고등교육연보』(November 2, 2001)에 「이슬람, 아카데미, 그리고 정신의 자유Islam, Academe, and Freedom of the Mind」라는 제목으로 논문을 발표했다. 우리는 무슬림 세계가 너무나 많은 학자들을 욕보이고, 괴롭히고, 그들에게 침묵을 강요하고 있다고 주장했다. 많은 학자들이 외국으로 도피했다. 그 결과 무슬림 사회는 황폐해졌다. 정보를 조작하는 비밀 조직으로 가득 채워진 사회 내에 공백이 생겼다. 게다가, 사회는 아량 없는 편협한 곳으로 치닫고 있었다.

『고등교육연보』에 게재한 논문에서 우리는 셰이크 박사에 대해서 다음과 같이 언급했다. "이슬라마바드에 있는 의과대학의 한 교수는 올해 신에 대한 불경죄가 발각되어 사형 선고를 받았는데, 그것은 학생들이 지역의 종교 지도자에게 불만을 터뜨린 직후에 일어났다." 우리들 중에 누구도 셰이크 박사를 만나 본 적은 없지만, 무슬림 세계의 위험스런 경향을 설명하기 위해 그의 사례를 예로 들었다.

> 특히 인문 교양 과목을 전공한 교수들은 가르치거나 글을 쓸 때 가끔 학생들로부터 침묵을 강요당한다. 광신적인 몇몇 포스트모더니스트들처럼, 문학을 전공하는 학생들은 소설을 작가들의 정치적 표현으로만 보고, 한편으로 과학 전공 학생들은 원리에 대한 탐구보다는 종교적 목적이나 정치적 목적에

기술을 적용하는 것에만 관심을 가진다. 그 결과 지식인들은 공개적으로 논쟁하는 훌륭한 전통을 유지 · 발전시킬 수 없고, 주변으로부터의 신변 위협에 직면해 있다(같은 글).

죽음의 감방에 있던 누군가가 셰이크 박사의 편지를 완벽하게 수집했다. 그 편지에는 자기 연민이나 히스테리는 없었다. 셰이크 박사는 파키스탄의 불경죄 법Blasphemy Law에 대해 다음과 같이 불만을 터뜨렸다. "사악한 이슬람 신학자들은 정치, 억압, 징벌을 목적으로 불경죄 법을 광범위하게 남용하고 있다 … 불경죄 법의 남용은 중세 신권 정치의 암흑기를 의미할 뿐 아니라, 무지, 무례, 비관용의 공세를 의미한다."

셰이크 박사는 자신의 재판이 감옥 안에서 비공개로 열렸다는 사실에 주목했다. "학식 있는 판사들로 구성된 법정은 위협에 굴복하였고, 비공개 변론에 의구심을 표한 후에도 확실한 증거도 없이 불경죄 법 295/C PPC 조항을 들어 나에게 사형선고를 내렸다 … 심지어 나의 변호인들조차도 파트와(법해석)를 하는 과정에서 변절해야 하는 것에 대해 괴로워했다. 그들은 자녀들의 생명을 위협 받았다."

우리는 그 편지를 통해 알게 된 소송 사건을 대통령인 페르베즈 무샤라프 장군에게 알렸고, 그로 하여금 "그 악명 높고 파시스트적인 불경죄 법을 폐지할 것"을 요구했다.

무샤라프는 1999년 말에 군사 쿠데타를 통해 정권을 잡았다. 그의 쿠데타 명분은 파키스탄을 근대화하는 것이었다. 그는 2000년 초에 불경죄 법을 약간 개정했다. 그러나 강력한 반대에 부딪혀 그 법은 몇 주 만에 원점으로 돌아갔고, 파키스탄은 다시 폐쇄된 공간으로 돌아갔다.

한편에서는 불경죄 법에 관한 논쟁이 매우 격렬하게 진행되기도 하였다. 그 법을 근거로 이슬람 예언자에 대한 불경스런 말과 행동은 파키스탄에서 금지되었다. 결국 인구의 95%가 무슬림인 나라에서 정신병자만이 예언자에 관해 불경스런 말을 할 수 있었다. 한편, 그 법은 정치적 이유로, 심지어 경제적 이유로 자주 이용되고 있다. 무슬림과 이웃의 기독교인 사이에서 벌어지는 재산권을 둘러싼 논쟁은 무슬림이 기독교인을 예언자에 대한 불경죄로 기소하면 쉽게 끝이 날 수 있다. 일단 법원이 결정하면, 기소를 거의 피할 수 없다. 대중 매체는 그러한 사건들을 모두 뉴스로 다루며, 어느 정도의 히스테리 증상을 틀림없이 이끌어 낸다. 이 모든 것들은 행정부에 압력으로 작용한다.

대부분의 파키스탄인들은 변함없이 행정부 편을 들 것이다. 만약 그들 문화가 공격을 받는다고 생각하면, 그들은 사회적 신분에 관계없이 그것을 방어하려 할 것이다. 도시 출신의 문명화된 몇몇 파키스탄인들을 제외하고, 그 법을 폐지하자는 항의가 거의 없는 이유는 바로 그것 때문이다.

그러나 무샤라프는 셰이크 박사의 소송 사건에 대해 분명한 태도를 취할 수밖에 없을 것이다. 무샤라프는 파키스탄을 근대화하기 위해 존재하든가, 그렇지 않든가 둘 중 하나이다. 그리고 만약 전자라면 그는 개입해야 한다. 셰이크 박사가 처한 상황은 무샤라프가 그런 파키스탄을 원하는지 시험하는 사례가 될 것이다. 이슬람 교리를 들이대며 무샤라프에게 이의를 제기할 사람들에게, 나는 동정과 자비를 통치자의 가장 위대한 자질로 강조하는 코란 구절을 읽어 보라고 말하고 싶다. (셰이크 박사의 곤경을 세상에 알리길 기대하면서, 나는 『워싱턴 포스트』 2002년 5월 19일자에 "Pakistan's Blasphemy Law: Words Fail Me"라는 글을 썼다.)

사회가 더 많은 관용을 가지고 있던 1950년대의 내가 교육 받던 시기로부터 파키스탄은 너무 멀리 가버렸다.

파키스탄의 가톨릭 학교: 성직자의 죄

나는 한 가지 고백할 것이 있다. 나는 소년들을 위해 설립된 가톨릭 기숙학교에서 교육을 받았다. 무슬림인 내가 가톨릭 성직자에 대해서 호의적으로 쓰는 것은 역설처럼 들릴 것이다. 내가 다닌 가톨릭 학교가 존재하는 것은 모순이었다. 왜냐하면 이 가톨릭 학교는 거의 대부분의 사람들이 무슬림인 파키스탄 북부 지역에 있었기 때문이다. 그 학교는 아보타바드의 제일 꼭대기에 위치해 있었다.

나는 무슬림 국가에서 일하는 가톨릭 성직자들을 광신적인 전제 군주쯤으로 생각하는 사람들을 깨우쳐 주고 싶다. 반세기 전인 1950년대로 돌아가면, 내게 가장 먼저 떠오르는 기억은 이해심 많고 따뜻한 마음을 가진 가톨릭 성직자 선생님들이다. 소년이었음에도 나는 이 성직자들의 무한한 희생에 경탄했었다. 그들은 가족도 없었고, 여가도 즐길 수 없었으며,

어떠한 개인적 즐거움도 없었다. 내핍하는 생활과 항상 즐거운 마음가짐을 지니고 있어야 했다.

한두 명의 성직자들이 최초의 십자군이 아직도 끝나지 않은 것처럼 행동했지만, 다른 성직자들은 우리의 아버지가 되어 주었다. 공부를 하는 오랜 기간 동안 아버지를 볼 수 없었기 때문에, 우리는 이 성직자들을 "아버지"라고 불렀다. 그들은 또한 역할 모델이기도 했다. 그들의 검소함과 엄격함, 즐거운 해학과 동정, 그리고 일반적인 관용의 마음은 나에게 깊은 인상을 남겼다. 나는 그들이 이슬람 전통의 수피를 반영하고 있다는 것을 발견하곤 했다.

아일랜드, 영국, 독일 출신의 이 성직자들은 가정과는 거리가 멀었다. 교회는 그들에게 8년에 한 번, 8개월 동안 집으로 돌아가는 것을 허용했다. 그들은 급변하는 유럽으로 돌아가곤 했고, 많은 이들이 그들의 짧은 휴가를 앞당겨 파키스탄의 집으로 서둘러 돌아오곤 했다. 너무 많은 변화들이 있었다. 그들은 짧은 구레나룻과 통이 좁은 바지를 입은 테디 보이라 불리는 젊은이들에게 특히 혐오감을 갖고 있다고 했다. 무엇보다도, 그들은 당시 미국의 젊은 로큰롤 가수인 엘비스 프레슬리에게서 육화된 악을 보았다. 역설적으로, 그들은 좀 더 전통적인 무슬림 사회에서 위안을 찾고 있었다.

내가 다닌 학교는 무레에 자매 학교가 있었는데, 수도원 수녀들이 소녀들을 위해 설립한 기숙학교였다. 이곳 역시 엘리트 학교였고, 입학 또한 힘들었다. 베나지르 부토Benazir Bhutto는 수녀원에서 공부했다. 나의 아내와 여동생들도 수녀들과 함께 공부했기 때문에 나는 여러 해 동안 수녀들을 알고 지냈다. 아버지들[남성 성직자들]과 마찬가지로, 어머니들[수녀들]도 그들의 인간애로 나에게 깊은 감동을 주었다. 다시 한 번 더 나는 그들의 희생 정신이 어느 정도인지 궁금해졌다.

나는 성직자들에 대해 한 가지 불만을 가지고 있었다. 무엇이 정의롭지 못한 것인가를 처음으로 배웠기 때문에, 내 젊은 날의 대부분의 기간 동안 그것은 내 머리에서 떠나지 않았다. 내가 연중 한 번 있는 겨울 방학을 맞아 집에 돌아가면, 나의 부모님은 값비싼 유리 창문을 깼다고 적힌 학교의 청구서를 나에게 경고하기 위해 늘 가져 오시곤 했다. 나의 부모님은 걱정스러워 하셨다. 그러나 나는 결단코 창문을 깬 적이 없다고 격렬하게 항의했다. 나의 친구들과 나는 학교 신축 건물 완공을 위해 수업료가 인상되고 있다는 것을 알았다. 학교측의 그러한 부정에 대해 나의 부모님은 전적으로 응답해 주셨다. 그들이 성직자들을 비난하는 소리를 들어본 적이 없다. 정말이지 나는 귀가 따갑도록 잔소리를 들어야 했다. "너희들은 이렇게 훌륭한 신부님들이 나쁜 짓을 하고 있다고 감히 말할 수 있느냐?" "너희들을 교육시키기 위해 그들이 감당해야 하는 희생을 생각해 봐라." "이 순간부터, 우리는 신부님들에 대한 너희들의 불평을 감시할 것이다."

파키스탄은 그때 이래로 변화해 왔다. 주교 한 분이 40년 후에 자살했다. 그는 자신의 공동체의 운명에 항의하는 뜻에서 자살했다. 기독교인들에 대한 박해와 괴롭힘은 파키스탄에서 일상적인 것이 되었다. 파키스탄 사회에서 일반적인 관용의 정신은 심각하게 침식되었다.

이러한 그 지역 정서를 고려할 때, 9월 11일 이후 파키스탄 교회의 신자들에게 가해진 공격을 보고 나는 그다지 놀라지 않았다. 나는 단지 상실감을 느꼈다. 내가 아버지라고 불렀던, 그리고 어려운 시기에 세상에서 아무것도 바라지 않고 일했던, 사회적 평판 좋고 너그러운 이 사람들이 망연자실해 있을 것이라는 사실을 나는 알고 있다. 하지만 희미한 희망의 빛도 있다. 그럼 무슬림 교육의 성공 사례에 관한 이야기를 해보기로 하자.

성공 이야기

모로코에서 대부분의 무슬림들은 그들의 이슬람에 대해 확신하고 있다. 이러한 확신은 새로 문을 연 알 아카와인 대학에도 반영되어 있다(Ahmed 1996). 대부분의 무슬림 교직원들과 마찬가지로, 총장은 열렬한 무슬림으로서 정기적으로 모스크를 방문한다. 그의 교직원들처럼, 그는 라마단 월 기간 동안 금식을 한다. 그래도 그는 캠퍼스에 교회나 유대교 회당을 건설할 계획을 가지고 있다.

그 대학의 탄생에 관한 이야기는 『아라비안나이트』에는 미치지 못한다. 사우디아라비아 국왕이 5천 만 달러를 원조했을 때, 모로코 국왕은 그 돈을 사용할 수 없었기 때문에, 되돌려주고 싶어 했다. 사우디 국왕은 모로코 국왕이 그 돈을 가질 것을 주장했다. 모로코 국왕은 세계적 수준의 대학을 만들기로 결정했다. 그는 자금의 출처를 반영해 그 학교를 '두 형제'라는 뜻을 가진 '알 아카와인'이라고 이름 지었다.

그 대학교의 정중앙에 모스크가 있고, 그 가까운 곳에 이슬람 전통을 반영한 매우 인상적인 도서관이 서 있다. 그리스식 원형 극장과 올림픽 경기장 규모의 수영장을 가진 미국식 종합 운동장은, 마치 영어 사용 대학이라는 사실을 반영하듯, 문화적 통합을 반영하고 있다. 최첨단 기술의 통신 설비는 언덕 꼭대기에 있는 이프란 마을을 세계와 연결시켜 주고 있다. 학생의 50% 이상이 여성이고, 교수진의 30%는 외국인이다.

나는 1996년에 그곳에서 강의했다. 그리고 젊은 한 모로코 여성 학자와 이슬람과 여성 문제에 대해 열띤 논쟁을 한 적이 있다. 중견 교수들 앞에서 이슬람과 여성 문제를 주도적으로 제기함으로써 이 여성 학자는 대담함과 용기를 보여 주었다. 그 모로코 여성은 그녀의 종교가 자신에게 부여해 준 확실한 권리를 부정하도록 이슬람이 잘못 이용되고 있다고 느꼈다. 그것은 전 이슬람 세계에 반향을 일으킨 하나의 고발이었다. 외국 여성들은 너무 신중한 나머지 그 주제를 다루지 못했다.

나는 우리가 이슬람 문명을 전체적으로 바라볼 필요가 있다고 대답했다. 이슬람은 세계의 다른 어느 종교보다도 더 많은 권리를 여성들에게 부여했다. 불행하게도 이슬람 세계의 일부 남성들은 그러한 권리를 여성에게 주는 것을 부정하거나, 무지 때문에 여성들은 그것[권리]을 얻지 못한다고 보았다. 여성들은 자신들의 정당한 권리를 찾기 위해서 싸울 필요가 있었다.

영어로 수업하는 대학은 두말할 필요 없이 중요하다. 모로코의 엘리트 집단들은 불어를 유창하게 말하지만, 젊은 세대들은 영어를 더 중요시하고 있다. 일부 유럽 외교관들은, 왕의 머리에서 나온 아프리카에서 가장 큰 카사블랑카의 새로운 사원[하산 2세 사원]에 대해 그랬던 것처럼, 돈 낭비, 엘리트주의, 또는 과대망상의 징조라고 하면서 그 대학에 대해서 감명을 받지 못했다.

하지만 나를 수행했던 내 친구인 파키스탄 대사가 볼 때, 이 대학은 무슬림 세계에서 가장 큰 배움의 중심지 중 하나였다. 그것은 이슬람의 과거 황금시대에 대한 확신과 미래의 비전을 표현하고 있었다.

단독으로 알현했던 당시 모로코 왕세자[현 국왕인 모함메드 6세]는 모로코 사회의 본질에 대해서 나에게 설명했다. 그는 유대인과 기독교인 그리고 무슬림들은 모두 같은 신을 믿고, 본질적으로 같다고 말했다. 이것은 단순한 수사修辭만은 아니었다. 모로코 왕의 핵심 경제 고문은 유대인이다. 1948년에 10만 내지 20만 명이 이스라엘로 이주해 갔음에도 불구하고, 아직도 2,000명의 유대인이 모로코에서 살고 있다. 제2차 세계대전 당시 국왕이었던, 왕세자의 할아버지[무함마드 5세]에 관한 이야기는 아직도 널리 알려져 있다. 프랑스의 페탱Marshal Pétain 괴뢰 정권은 그에게 모로코의 유대인들을 나치의 가스실로 넘겨 줄 것을 요구했다. 그때 모로코는 유럽의 피보호국[모로코는 프랑스의 식민지였다]이었다. 왕은 자국의 모든 유대인들은 자신의 책임 아래 있다고 말하면서 그 요구를 거절했다. 무슬림과 유대인 모두 그것을 지금까지 잊지 않고 있다.

모로코인들은 거의 천 년 전부터 이 지역에서 번성했고, 스페인과 북아프리카를 연결시켜 주었던 관대한 안달루시아 문명과의 역사적 관계를 자랑스럽게 여기고 있다. 관대함의 측면에서 본다면, 얼마 전에 히잡을 착용했다는 이유로 학교에서 무슬림 여학생들을 퇴학시킨 프랑스와는 매우 대조적이다. 모르코에서 히잡을 착용하지 않았다고 해서 퇴학당한 유럽인은 한 사람도 없다. 모로코는 현대 유럽을 가르칠 수 있는 무엇인가를 가지고 있는지도 모른다.

무슬림 교육에서 성공 이야기들은 극히 적다. 결과적으로, 무슬림 사회는 오늘날 자신들의 가장 고귀한 전통을 박탈당한 상태에 있다. 그 영향은 무슬림의 지도력에서 광범위하게, 그리고 가장 심각하게 느껴진다.

4. 무슬림 지도력의 실패

이븐 할둔은 미래를 추구하고, 미래의 안전을 확보하기 위해서는 현세에서의 통치자와 피통치자에 대한 그의 의무의 중요성을 강조했다. 이븐 할둔의 문화 연구는 좋은 통치론의 계발에 도움이 된다. 무슬림 사회에서 지도자는 정치적 권위와 도덕적 권위를 모두 구현한다(Ahmed 1997a, 1997b, 2002a, Najjar 2000 참조). 하지만 헌팅턴과 후쿠야마처럼 이슬람에 대해 비판적인, 매우 영향력 있는 현대 서구 사상가들은 무슬림 리더십의 중요성을 논하지 않았다.

우리 시대에 무슬림 사회가 직면하고 있는 가장 중요한 위기 중 하나는 지도력의 위기이다. 이러한 위기는 무슬림 국가들뿐 아니라 다른 국가와의 관계에도 영향을 미치고 있다. 무슬림 지도자들은 먼저 정의adl 실현에 실패하고 있고, 두 번째로 동정심 · 균형ihsan, 그리고 지식ilm이 그들 사회 내에 존재할 수 있는 조건을 만들지 못했다.

세속적이고 자유로운 서구의 전통에 길들여진 정치학자나 사회학자들은 그 어느 누구도 정치 행태를 설명하기 위해 코란을 뒤적이려고 하지 않는다. 하지만 그것은 우리가 해야 하는 것이다. 무슬림 사회학자들은 스스로 서구의 사회 이론을 경외하여 아이비리그, 옥스퍼드와 케임브리지 대학 혹은 런던의 여러 대학에서 손쉽게 문제의 해답을 찾으려고 한다.

정치 지도력이 행동, 사고, 정치 면에서 이슬람 이상에 접근한다면 — 코란이나 예언자 무함마드의 삶 속에서 나타나듯이 — 사회 내의 마찰은 최소화될 것이다. 즉, 그것이 이슬람 이상에서 멀어질수록, 사회의 긴장은 더 커질 것이다(나는 먼저 Ahmed 2002a에서 일반적인 의미에서 이 아이디어를 탐구하였다. 또한 2002b 참조). 가장 우선적이고 위대한 무슬림의 표상은 바로 예언자 무함마드이다. 그의 삶은 행위와 정신의 균형, 그리고 현세와 내세의 균형을 보여 주었다. 그는 완벽한 인간, 즉 인산-이-카밀insan-i-kamil이었다. 우마르Umar와 알리Ali 같은 위대한 종교 지도자들은 그에게 가장 근접한 제자들이었다. 비록 종교적 인물은 아니었지만, 다른 사람들도 예언자의 이상을 좇아 살려고 했다. 12세기에 십자군으로부터 예루살렘을 재탈환했던 살라딘이 바로 그러한 인물이었다(그의 인기는 사담 후세인 같은 지도자가 특히 위기의 시기에 왜 그와 살라딘을 비교하려고 애썼는 지를 설명해 준다). 대부분의 무슬림들은 이들 지도자들을 모범적인 인물로 보고 있다. 그들은 명예를 가치 있는 것으로 여기던 시대를 대표하는 인물들이다.

우리의 것이 반드시 우리가 따라야 할 본래의 길인 것만은 아니다. 막스 베버는, 기독교 윤리가 경제적 행동에 미치는 영향을 설명하면서 그 방법을 우리에게 설득력 있게 보여 주었다. 이와 대조적으로 칼 마르크스는 가장 중요한 요인으로 경제적 요인과 물질적 요인을 강조했다. 베버의 권위 모델은, 사회는 세속화의 길을 따라 움직이며, 지도력은 잘 작동하는 민주주의 내에 구축된 합리적 관료주의에 의해 발휘될 수 있다고 가정한다. 하지만, 베버조차도 문명화된 허식veneer이 균열되고, 유럽이 원시적 부족주의와 야만성으로 쉽게 회귀할 것이라는 사실을 예측하지는 못했다. 하지만 반세기 전에, 즉 베버가 이론을 정립하고 몇 년 지나지 않은 시점에서의 독일과 1990년대의 발칸 반도는 인간의 삶과 자유에 대한 존중에 기초하고 있다는 유럽 사상이 얼마나 깨지기 쉬운 것인가를 우리에게 잘 설명해 주고 있다.

I. 무슬림 지도자들

표면적으로는 놀라울 정도로 쉽게 지도력을 범주화할 수 있다. 즉, 군주, 군사 독재자, 이슬람 율법학자, 민주주의자, 그리고 아프가니스탄의 탈리반처럼 경험이 부족한 젊은 부족원들 또는 국가의 여러 분야에서 광범위하게 활동하고 있는 (탈리반이란 의미를 가진) 종교적인 학생들 등으로 분류해 볼 수 있다. 이런 다종다양한 지도력을 무색케 하는 새로운 무슬림 운동들, 새로운 종류의 대중 영합적이고, 공격적이고 교조적인 무슬림 지도력 등이 투쟁을 통하여 출현하고 있다. 사이드 쿠틉 같은 사람들로부터 영향을 받은 탈리반과 사우디에서 온 그들의 손님인 빈 라덴은 이러한 경향을 상징적으로 가장 잘 보여 주고 있다. 알제리, 이집트 그리고 파키스탄 같은 다른 무슬림 국가에서, 탈리반 및 빈 라덴과 비슷한 무슬림 지도자들은 기존의 지도력에 강력하게 도전하고 있다. 서구에서 광신자들이라고 부르는 이란인들마저도 탈리반이 너무 극단적이어서 이슬람을 먹칠하고 있다고 불평하고 있다.

이들 이슬람 전사들이 볼 때, 그들 지도자들의 부패, 그들 체제의 부정의, 서구의 원조를 받으면서 풍요롭게 사는 일부 지도자들, 바로 이러한 것들이 — 유럽 무슬림이건, 아프리카 무슬림이건, 아시아 무슬림이건 관계없이 — 모든 무슬림들이 직면해 있는 문화적, 정치적 문제들을 부각시켜 주고 있다. 무슬림들이 이러한 곤경에 직면해 있음에도 불구하고 서구가 무관심으로 일관하고 있기 때문에, 무슬림들은 서구 세력을 적으로 간주하는 것이다.

흔히 독립 이후의 서구화된 민족주의 지도자들의 사명이 국력을 강화하는 것이었다면, 새로운 지도자들의 사명은 서구 유산을 파괴하고 그것을 다시 이슬람적인 것으로 재창조하는 것이다. 전자가 변화하는 세계에서 생존하기 위한 것이었다면, 후자는 부도덕한 것 내에서 순수한 것을 찾아내는 것이다.

다소 조잡하긴 하지만, 무슬림 지도력에 대한 사회-정치적 범주를 구성해 보도록 하자. 그렇게 하기 위해서, 현재 무슬림 세계에서 기능하고 있는 여러 전통들, 즉 부족적인 것, 왕조적인 것, 유럽적인 것, 이슬람적인 것들의 융합, 중복, 충돌이라는 혼란스러움을 헤쳐 나가야 한다.

네 개의 무슬림 지도력 유형 중 첫 번째 유형은 성직자형 통치자clerical rulers이다. 그들의 목표는 이슬람의 믿음과 실천을 회복하는 것이다. 그들은 경험을 통해 지각한 세계의 적대감에 대해 반발하고 있고, 그러므로 우리가 초-아싸비야라고 부르는 것을 지지하는 쪽으로 경도되어 있다. 이란이 좋은 예이다. 1980년대부터 폭발적으로 성장한 거대 매체와 함께, 이 범주의 지도자는 무슬림 성직자 이미지, 더욱이 이슬람 자체의 이미지, 즉 험악한 인상에 사악한 표정, 까만 예복에 수염을 기른, 만화에 나오는 간교한 마법사에 가까운 이미지가 되었다.

서방 세계는 이란에 대해 너무 고정된 이미지만을 가지고 있기 때문에, 이란이 마치 시아라는 단 하나의 전통과 문화만을 가지고 있는 것처럼 묘사하고 있다. 선거 때가 되면 파키스탄의 절대 다수를 차지하는 수니파 사람들은 종교 정당을 지지하지 않았다. 아마도 종교 정당들 중에서 가장 잘 조직되어 있고, 가장 결속력이 강하며, 현대 세계에 대하여 정교한 시야를 가지고 있는 파키스탄의 자마아트-이-이슬라미 당은 늘 소수의 의회 의석을 차지했을 뿐이다. 이유는 간단하다. 즉, 이슬람은 성직자를 양성하지 않는다는 것이다. 예언자는 "이슬람에는 수사修士라는 것이 없다"라고 말했다. 이슬람 율법학자 혹은 모스크에서 신도들을 이끌기 위해 고용된 사람인 이맘

imam은 평상시 저임금 공무원보다 조금 더 받는 정도이다.

하지만 2002년에 파키스탄의 전통적인 선거 유형에 극적인 변화가 일어났다. 많은 파키스탄 국민들은 종교 정당에 표를 던졌다. 그들은 왜 종교 정당에 투표했는가? 종교 정당을 지지하는 표는 미국과 그의 꼭두각시인 무샤라프에 대한 반대표를 의미했다. 미국의 반이슬람적 발언들은 무샤라프가 지지하는 정당에 대한 반대 여론에 불을 지폈다.

아프가니스탄의 탈리반은 수니 중 좀 예외적인 단체이다. 서구는 탈리반이란 단어를 1990년대에 채택하여, 몇 년 전 파트와에 대해 그랬던 것처럼, 영어에 통합시켰다. 그 용어는 탈리브talib 혹은 아랍어로 학생이라는(Taliban은 복수임) 단어에서 나왔다. 하지만 서방 언론에서는, '난폭한 젊은 무슬림 광신자 집단' 이라는 뜻으로 변화시켜서 사용했다. 탈리반은 변칙적인 방식으로 아프가니스탄에서 권력을 잡았다(탈리반에 대한 더 상세한 내용은 제6장 1절 참조). 그들은 그 땅의 역사적 정통성을 가진 통치자, 즉 부족장이거나 왕족의 일원이 아니었다. 이슬람에 대한 자신들의 열성과 비전을 사회 전체에 알리려는 타오르는 욕망 때문에, 탈리반은 나라 안팎의 많은 사람들을 성나게 했고, 고의로 두 가지 기본적인 이슬람 계율을 위반했다. 즉, 간혹 그들 스스로 보여 주었던 여성에 대한 차별과 물리적 구타를 말이다. 여성을 배려했던 이슬람 예언자의 관대함과 친절함을 기억해 보라(다음 절 참조).

푸흐툰 족이 아닌 소수 민족에 대한 탈리반의 거친 태도도 관용을 강조하는 이슬람 정신에 위배되는 행위였다. 우리는 아프가니스탄의 소수 민족들도 무슬림이라는 것을 기억할 필요가 있다. 차별 받고 폭력 당하는 비非푸흐툰 족과 관련된 사례들이 매우 많다. 이런 상황에서는, 비록 종교적 외관을 가지고 있더라도, 종교적 대응이 아닌 인종적 대응을 할 필요가 있다. 비록 탈리반이 카불에서는 추방되었지만, 그들은 사라지지 않을 것이다. 그들은 자신들의 부족 마을로 되돌아가서 계속 자신들의 이슬람 상표를 옹호하고 있다. 그들은 사이드 쿠틉 같은 사람들로부터 영감을 받고 있다.

1966년 국가로부터 사형 선고를 받았던 이집트 출신의 활동가 사이드 쿠틉은 빈 라덴과 알-카에다에게 영감을 주었다. 쿠틉은 분노에 차 있었다. 그는 제2차 세계대전이 끝난 후, 부패한 군주들이나 잔인한 군사 독재자들이 무슬림 사회를 통치하는 것을 보았다. 미국을 방문한 쿠틉은 그곳의 문화가 세계 악의 원천이라고 보고, 그런 문화에 반발하며 자국으로 되돌아왔다. 아랍인들 대부분에게 굴욕과 분노의 순간이었던 이스라엘 건국은 그를 더욱 분노하게 했다. 결국, 그에게 이런 모든 것으로부터 벗어날 수 있도록 해줄 수 있는 것은 이슬람뿐이었다. 그는 그와 같은 생각을 갖고 있고 그만큼 분노하고 있던 무슬림들과 연대하였다. 형제단의 규칙은 분명했다. 엄격한 규율과 비밀 의사소통, 지도자에 대한 완전한 복종, 그리고 대의명분을 위해서는 어떠한 희생도 감수한다는 것 등이었다.

쿠틉은 나세르 정부를 전복시키기 위한 계획을 수립하였다. 그는 체포되었고 결국 사형을 당했다. 그러나 이 사건은 많은 무슬림들의 눈에는 순교로 보였고, 더 나아가 그의 죽음은 그의 명성을 더욱 높였다. 그의 다방면의 글들은 너무나 선동적이어서 그의 책들 중 하나인 『이정표*Milestones*』를 지니고 있는 이집트인들은 체포되거나 선동죄로 기소되었다(Qutb n.d.). 쿠틉은 현대 서구 문화를 섹스, 폭력, 탐욕과 같은 것으로 치부하고, 그것을 배척했다.

> 오늘날 인류는 거대한 매음굴에서 살고 있다. 사람들은 신문, 영화, 패션쇼, 미인 대회, 무도장, 술집과 방송국을 힐끔거리지 않을 수 없게 되었다. 혹은 광란의 욕망에 사로잡혀 문학이나 예술, 그리고 대중 매체에서 벗은 맨몸이나 도발적인 자세나 병적이고 외설적인 문구들을 보지 않을 수 없게 되었다. 또한 이에 더하여, 소비 지향의 경제 체제는 돈에 대한 탐욕, 돈의 축적과 투자에 대한 비열한 방법들을 부추긴다. 더욱이, 공갈, 갈취, 사기가 법이라는 탈을 쓰고 행하여지기도 한다(Armstrong 2000: 240).

쿠틉은 자신의 책에서 유대인에 대한 일반화되고 거의 비합리적인 편견이라고 할 수 있는 — 현대적 표현으로는 반유대주의라고 하는 — 감정을 표현했다. 그의 설교는 유대인들, 즉 이스라엘뿐 아니라 유대인들이 경영하는 것으로 묘사하고 있는 미국에 대한 증오감도 담고 있다.

쿠틉의 매우 단순한 분석은 평범한 무슬림들에게 강력한 영향을 미쳐 왔고, 지금도 여전히 미치고 있다. 세계는 다르 알-이슬람dar al-Islam(평화의 집 또는 이슬람의 집)과 다르 알-

하르브dar al-harb(전쟁의 집)로 분류된다. 다르 알-이슬람은 오직 국가가 샤리아를 확립하는 곳에서 존재할 수 있다. 세계의 나머지는 적개심에 불타는 다르 알-하르브의 땅이다. 쿠틉은 무슬림 지도력을 설명하기 위해서 자힐리야jahiliya 혹은 '무지' 라는 이슬람 이전 아랍 사회의 고전적인 개념을 이용하고 있다. 자힐리야 상태를 적극적으로 붕괴시키는 것은 모든 무슬림들의 의무이다. 그는 무슬림 지도자들을 선함과 악함, 신의 규칙을 따르는 쪽과 그 반대, 신의 제자와 사탄의 제자로 나누었다. 쿠틉의 시각은 완고한 흑백 논리의 세계관을 가지고 있었다.

무슬림 지도자들의 두 번째 범주는 군부 통치자들과 군주들이다. 전자의 경우 파키스탄의 지아 장군과 이라크의 사담 후세인이 있는데, 지아 장군은 이슬람을 이용하였고, 사담은 걸프전 이전까지는 그렇게 하지 않았다. 군주의 경우, 사우디는 이슬람을 과시하였고, 이란의 샤Shah는 그렇게 하지 않았다. 이 범주에 드는 많은 국가들의 경우, 이미 존재하고 있던 부족 구조가 국가 구조의 뼈대가 되었다. 따라서 국가로서의 모양새가 달성되었을 때, 그 땅의 지배 부족은 자연히 왕족, 고급 관리, 그리고 기업가가 되었다. 사우디아라비아와 걸프만의 국가들이 그 예이다. 군사 독재자도 때로는 부족 정치에 의존했다. 고故 하페즈 아싸드Hafez Assad와 사담 후세인의 경우에도 이러한 종류의 지도자들 못지않게 그들의 종파sect(아싸드의 경우)와 부족tribal clan(후세인의 경우)에 의지하였다.

세 번째 범주에 속하는 무슬림 지도자는, 별로 성공하지 못했지만, 스탈린과 소련의 경험을 모델로 한 사회주의/공산주의 지도자들의 유형이다. 그들의 사상은 주로 가난한 자들에 대한 보호를 명분으로 하고 있다. 이슬람의 동정심이나 정의가 결여된 잔인한 독재자들이 이러한 부류에 포함되며, 이라크나 시리아에서는 비밀 경찰을 이용해 통치했다. 냉전 이후, 이 범주의 지도력은 거의 지지를 받지 못하고 있고, 호소력도 없다.[1]

네 번째 범주는, 가끔 위기 상황에서 군법을 이용하기도 했지만 선거가 실시되는 이집트, 파키스탄, 터키, 방글라데시 같은 국가들을 포함하는 민주적인 지도력이다. 이전의 다른 유형의 지도자들이 보여 준 부패와 국가 경영의 실패, 법과 질서의 파괴 같은 것들이 환멸감을 주었기 때문에 이러한 지도력이 나타났다.

이러한 부류의 지도자들은 서구가 갖고 있는 무슬림 원리주의자들에 대한 공포감을 잘 이용하였다. 그들의 논점은 간단하다: 우리는 당신들과 당신들이 가장 불쾌하게 여기는 세력인 광신자와 무슬림 원리주의자(첫 번째 범주의 지도자) 사이에 서 있다. 핵 보유 야망이 있는 많은 무슬림 국가들이나 파키스탄 같은 잠재적 핵 보유 국가들과 마찬가지로, 광신자와 무슬림 원리주의 세력은 서구의 주요 걱정거리가 되고 있다.

하지만, 이러한 유형의 지도력은 더 발전해야 하고 강해져야 할 필요가 있다. 그것은 이슬람 정신인 평등주의, (또한 이슬람 정신을 반영하는) 다양한 사회 내에서 관용의 필요성, 더 광범위한 세계화 추세를 반영해야 한다. 그럼에도 민주주의

지도력이 네 가지 유형 중 우리 시대에 가장 적합한 유형이라고 할 수 있다.

모함메드 알리 진나 대 오사마 빈 라덴

진실되고 확실한 자생적 민주주의 모델을 더 살펴보자. 1948년에 사망한 파키스탄의 건국 지도자 모함메드 알리 진나Mohammed Ali Jinnah는 인권과 여성의 권리, 그리고 소수 민족의 권리, 헌법에 의한 통치를 믿었다(Ahmed 1997a, 1997b 참조).

역설적이게도 진나와 파키스탄의 이념에 대해 지지하는 사람이나 반대하는 사람 모두 이슬람에 대한 신뢰를 표현하고 있지만, 그 방법은 달랐다. 진나는 헌법을 통해 무슬림들의 권리를 보호하기 위해 투쟁했다. 그러나 그를 비판하는 무슬림들은 직접적인 대결이나 폭력을 주장했다. 이 반대 세력들은 무슬림 사회 내에서 끊임없이 긴장을 만들어 냈다. 진나가 정치적 목적을 달성하기 위한 법치적 수단의 사용을 상징한다면, 빈 라덴은 무슬림들의 불만을 표현하기 위한 폭력 사용을 상징한다. 진나는 무장 투쟁이 아니라 헌법 투쟁을 통하여 1947년에 지구상에서 가장 큰 무슬림 국가를 건설하는 데 성공한 반면, 빈 라덴은 2001년에 세계를 혼란 속에 빠뜨렸다.

진나와 빈 라덴은 스펙트럼의 양 끝에 위치하고 있다. 영국에서는 히즙-우트-타흐리르Hizb-ut-Tahrir의 저널인 셰이크 움마르 바크리의 『힐라파*Khilafah*』는 진나를 카피르kafir, 즉 무슬림에 대한 수치라며 공격했다(December, 1996). 더욱이 이 저널은 진나가 여자, 기독교인, 그리고 힌두교인을 지지했다는 것과 민주주의를 옹호했다는 이유로, 신과 성스러운 예언자 무함마드의 적이라고 비난했다. 나는 내 자신에게 물었다. 왜 그들은 비난의 대상으로 진나를 택했을까? 나는 바크리가 그를 중요한 이념적 반대자로 보았기 때문이라고 결론을 내렸다. 더 중요한 것은, 1998년에 미국이 수단과 아프가니스탄을 공격한 이후, 바크리가 유럽에서 자신이 빈 라덴을 대리하고 있다는 것을 주장하기 위해 언론 매체에 나타났다는 점이다(제5장 1절 참조).

빈 라덴과 진나에게서, 우리는 서로 반대되는 이슬람의 두 극단을 본다. 빈 라덴은 수염을 기르고 전통적인 무슬림 복장을 하고 있으며, 아랍어를 쓰고, 지하드jihad 소속의 지도자인 반면, 진나는 깨끗하게 면도를 하고 새빌래 로우[영국 런던의 양복점 거리] 양복을 입고 있으며, 영어식 발음으로 말함으로써 링컨스 인Lincoln's Inn[영국에서 변호사를 양성하는 4대 법학원의 하나] 교육을 받았다는 것을 뽐내는 지도자이다. 다음 세기에는 어느 모델이 더 우세할까?

1998년 이후, 파키스탄의 부모들은 새로 태어난 그들의 아들 10,000명에게 오사마라는 이름을 지어 주었다. 빈 라덴이 많은 무슬림 지역에서 존경받는 인물이 되어, 도처에 그의 포스터가 붙어 있고 심지어 향수에도 그의 이름이 사용되고 있다는 것은 널리 알려져 있는 사실이다. 나는 진나의 이름을 딴 젊은이들을 아직 본 적이 없다. 당연히 진나라는 이름을 가진 향수도 없다. 장기적으로 어떤 일이 일어날 것인가는 어느 정도까지는 이슬람과 서구의 관계에 달려 있다. 만약 서구가 이슬람에 반대하여 과거 십자군과 같은 입장을 취한다면, 빈 라덴 모델은 무슬림들 사이에서 전폭적인 지지를 받을 것이다.

일부 분석가들이 볼 때, 탈리반의 지도력은 "새로운" 것이며, 제2차 세계대전 이후 운동을 주도했던 좀 더 서구화된 지도자들의 사상과는 반대되는 것이다. 그러나 실제로 무슬림 지도력이 분열된 것은 19세기 중반의 인도로 거슬러 올라간다. 1857년에 영국에 대항하여 일어선 이후, 구별되는 두 개의 지도력 모델이 나타났다. 하나는 알리가르에 있는 대학에서, 다른 하나는 데오반드에 있는 대학에서 만들어졌다. 그 두 모델은, 일부 영역에서는 어느 정도 서로 겹치는 부분이 있지만, 서로 반대되는 세계관을 반영하고 있다(Ahmed 1997a). 옥스퍼드와 케임브리지를 모델로 하여 알리가르에 단과대학(후에 종합대학)을 설립한 사예드 아흐메드 한 경Sir Sayyed Ahmed Khan은 영국 통치 세력의 충성스런 신하였고, 이슬람의 현대화를 원했던 사람이다. 데오반드에서 대학을 설립한 사람은 폭동이 일어났을 때 영국에 대한 성전을 부르짖으며 싸웠고, 영향력 있는 그의 대학들은 인도 전역에 네트워크를 구성하여 나중에 탈리반 같은 매우 영향력 있는 집단을 갖게 되었다. 무슬림 지도력의 분열은 근대화에 대한 자생적 대응과 위협적인 서구 제국주의의 존재에 그 뿌리를 두고 있다.

어쨌든 우리는 우리가 분류한 지도력의 범주에 대해 고려해 봐야 한다. 파키스탄은 한 나라가 여러 범주를 반영할 수 있다는 것을 잘 보여 주고 있다. 즉, 진나의 민주주의, 아유브Ayub의 군부 독재, 지아의 이슬람 독재가 있다. 무샤라프의 통치 아래에서, 지도력은 선거 과정의 조작을 통해 군사 독재 정치로 돌아갔다. 부토 가문, 즉 아버지와 딸, 그리고 나와즈 샤리프Nawaz Sharif 통치 아래에서는 민주적이었지만, 다소 취약한 모습이었다. 우리가 동일시해 온 사회의 핵심적 특성들이 개선되지 않는다면, 각각의 범주는 미래에 여러 문제들에 봉착하게 될 것이다.

II. 베일에 가려진 진실: 이슬람 여성

9월 11일의 끔찍한 사건은 '이슬람은 여성을 2등 시민으로 취급하는가?' 라는 의문을 포함하여 이슬람에 관한 의문의 판도라 상자를 연 꼴이 되었다. 만약 아싸비야가 평소에 제 기능을 하고 있다면, 여성은 사회에서 빼놓을 수 없는 중요하고도 완전한 역할을 수행할 것이다. 그들은 또한 이해할 만한 행동 양식에 의해 보호받을 것이다. 변화와 혼란의 시대에 남성들은 항상 적대 집단의 여성을 표적으로 삼는 초-아싸비야를 실행한다. 적의 여성에게 치욕을 주는 것이 곧 적에게 치욕을 주는 것이기 때문이다.

언론의 토론 프로그램에서는 여성들에 대한 의문들이 중심 화제가 되고 있다. 너무나 자주, 사람들이 궁리해서 내놓는 대답들은 단지 그들이 본래부터 가지고 있는 편견과 무지를 표현하기 위한 구실일 뿐이다. 무슬림들에게 힘든 것은 마음속에 별개의 두 청중을 염두에 두고 이러한 물음들에 해명하는 것이다. 즉, 한쪽은 이슬람에 대한 편견을 주로 반영하는 서방 매체의 청중이고, 다른 한쪽은 자신들을 둘러싼 세계에서 왜곡된 분노와 저주의 프리즘을 통하여 그러한 물음들에 답하는 것을 보는 무슬림들이다.

이슬람 여성은 가정생활과 문화생활에서 중심 역할을 하고 있으며, 그들의 역할은 사회에서 중요한 부분을 차지한다. 하지만 잘 알려져 있는 탈리반 같은 집단은 여성에 대한 잘못된 편견을 가지고 있다. 그들은 여성들이 가정 밖에서 일을 갖는 것뿐 아니라, 공공장소에 노출되는 것조차 금지하고 있다. 많은 여성들 — 예컨대 아프가니스탄 여성들 — 은 내전으로 남편을 잃은 이후에 홀로 가족들을 부양해야 하기 때문에, 이런 경향은 억압받는 여성들을 더욱더 굴종하도록 만든다. 그러므로 여성들은 이중의 짐을 지고 살아가야만 한다.

나는 여성에 대한 처우와 무슬림의 자아 인식 사이에는 명백한 상관관계가 있다고 믿으며, 그리고 그것은 이슬람에서 여성의 지위와 관계가 있다(Ahmed 2002a). 무슬림 사회가 확고하고 균형 잡힌 상태에 있을 때, 무슬림 사회는 여성을 공평하게 대하고 그들을 존중한다. 무슬림 사회가 위협 받고 취약하다고 느낄 때에는, 여성에 대해 무관심하거나, 심지어는 거칠게 대한다.

이러한 단순한 상관관계는 역사를 통해 확인할 수 있다.

이슬람 초기에, 여성은 사회에서 특별하고 중요한 역할을 했다. 실로 여성의 지위는 최고 단계에 있었다. 이슬람 예언자에게 “어느 것이 낙원으로 가는 지름길입니까?”라고 물었을 때, 그는 “어머니의 발 아래”라고 대답했다. 낙원으로 가는 길은 어머니의 발에 달려 있다는 의미이다. 즉, 어머니는 사회에서 매우 숭고한 존재이기 때문에 자손들은 어머니를 받들어 모셔야 하고 존경해야 한다는 뜻이다.

실제로, 무슬림 역사에서 첫 번째 무슬림이 되는 특권은 예언자의 아내였던 하디자에게 돌아갔다. 그녀는 예언자보다 나이도 많았고, 부유했으며, 귀족 신분을 배경으로 가지고 있었다. 과부였던 하디자가 무함마드에게 결혼 제안도 먼저 했다[무함마드보다 15년 연상이었던 하디자는 무함마드와 결혼하기 전에 두 번 결혼한 경력이 있었다. 사망한 남편의 사업을 이어받아 대상을 했던 부유한 여인이었다]. 그녀는 예언자가 전투에서 패배했을 때 그를 위로해 주었고, 위대한 이슬람 예언자의 임무를 수행할 때 용기를 북돋아 주었으며, 무함마드가 세상에 그의 메시지를 선포할 때 절대로 그를 의심하지 않았다. 그녀는 이슬람에서 이상적인 아내였다. 그녀가 죽었을 때 이슬람 예언자는 큰 슬픔에 잠겼다. 그들의 딸 파티마도 이슬람의 역사에서 중요한 역할을 수행하였다. 파티마는 알리Ali의 아내였으며, 하산Hassan과 후세인Hussein의 어머니였다[알리는 무함마드의 사촌 동생이다]. 무슬림 사회의 가장 성스러운 혈통인 사예드 가문Sayyeds은 이들의 후손이다. 파티마의 가족은 이란에서 주류를 이루고 있는 시아파로부터 특히 존경을 받고 있다.

심지어 이슬람 역사의 이러한 국면에서도 여성들은 군대를 이끌었고(아이샤Aishah), 수피 성인으로 유명했고(라비아Rabia), 자신들의 권리로서 지배자가 되었다(인도의 라지아Razia). 그들은 사적으로나 공적으로 막대한 힘을 행사했다. 그들의 이름은 여러 도시(안달루시아에 있는 마디나 알-자흐라Madinah al-Zahra)와 왕국의 동전들(무굴의 황후인 노르 자한Noor Jahan)의 이름이 되었다.

이것이 이상적인 이슬람 여성의 모습이라 하더라도, 여성들의 현재 상황과 비교해 보면 많은 의문점이 생긴다. 마치 대재앙이 일어난 것처럼 그들의 상황이 극적으로 바뀐 것 같다. 이슬람 여성의 지위가 이렇게 극적으로 변한 이유는 19세기와 20세기에 유럽 세력이 무슬림 땅을 식민지화했기 때문이라고 나는 믿고 있다. 이 식민지 기간은 사회 안팎으로 커다란 영향을 미쳤다. 자신감의 상실이 관용의 상실을 가져왔다. 무슬림 남성들은 가족을 보호하고 연대를 위해 필요하다고 생각했던 것을 행함으로써 이러한 상실감에 대응했다. 그들은 외국 군인들의 눈길로부터 여성들을 격리시켰다. 여성들이 부르카, 즉 검고 텐트처럼 생긴 옷을 입는 것은 일상적인 일이 되었다. 여성들은 가정에 머무르도록 제한되었다.

이러한 이미지는 오리엔탈리스트들이 무슬림 여성들, 특히 하렘에 있는 여성들을 마치 이슬람 자체의 타락의 상징인 것처럼 묘사하는 데 자양분이 되었다. 퇴보와 혼돈의 시대였다. 20세기 중반에 유럽인들이 물러간 후, 무슬림 여성들은 다시금 다양하게 공적인 자리에 자신을 드러냈다. 그러나 그들은 현실에 안주하는 지역의 전통, 남성의 시각 및 편견과 싸워야 했다. 이 중 어떤 것들은 실질적으로 이슬람과는 아무 상관이 없다. 예를 들어, 일부 무슬림 사회에서 미혼 여성이나 과부는 재산을 상속받지 못한다. 그들의 남성 친척들은 양해를 구하거나 샤리아인 것처럼 하여 상속 재산을 가로채 자신들의 탐욕을 채운다. 여성이 자신의 권리를 요구하거나 직업 갖기를 주장하면 문제가 발생할 수도 있다. 파키스탄과 아프가니스탄에는 다음과 같은 오래된 속담이 있다. "여자, 그들에겐 집kor 아니면 무덤gor이 있을 뿐이다." 전통적인 가정에서 아내의 주된 역할은 남편을 섬기는 것이다. 이것은 또 다른 속담에 반영되어 있다. "남편은 신의 또 다른 이름이다."

일부다처제는 그 자체가 왜곡된 관습이다. 이슬람에서 남자는 어떤 특별한 상황에서만 다른 아내를 맞이할 수 있다. 코란은 "둘이든 셋이든 넷이든, 네가 원하는 만큼의 여자와 결혼하라"는 법령을 남자에게 남겼다(Surah 4: Verse 3). 하지만 이것은 많은 과부가 발생하고, 때때로 그들이 어려운 상황에 직면할 때인 전시에만 적용되는 것이었다. 그것은 또한 불임의 아내를 둔 남자가 다시 결혼하여 출산을 확실하게 하는 사회적 기제였다. 하렘에 대한 오리엔탈리스트들의 편견처럼, 그것은 욕망을 채우기 위해 허가된 것은 아니다. 일부다처제 그 자체는 적절한 제도가 아니라고 코란은 명확하게 밝히고 있고, 많은 종교 학자들도 그에 대해 논쟁을 해 왔다. 왜냐하면, 코란은 만약 남자가 한 명 이상의 여성과 결혼하기를 원한다면, 여성들을 똑같이 대우해 주어야 한다고 주장하기 때문이다. "만약 그들을 똑같이 대할 수 없을까 두렵다면, 한 명의 여성과만 결혼하라." 그리고 코란은 경고한다. "진실로, 네가 노력하더라도 너희는 부인들 사이에서 공정할 수 없을 것이다"(같은 책).

과거 수십 년간, 무슬림 사회는 근대성의 폭력과 싸워 왔다. 일단의 뛰어난 여성들은 편견과 싸우면서 방향을 제시해 왔다. 내 고향인 남아시아에서는 훌륭한 여성 지도자들이 많이 배출되었다. 파티마 진나Fatimah Jinnah는 파키스탄 건국 운동을 이끈 그의 오빠 진나를 보좌하고, 남아시아 여성을 위한 모델로서 중심 역할을 했다. 그녀는 1940년대에 파키스탄을 위한 큰 전투에서 그의 오빠와 함께 싸우기 위해 성공한 치과의사로서의 직업을 포기하였다. 그의 오빠가 죽은 후, 아유브 한Ayub Khan 장군이 파키스탄에 군정을 선포하였을 때, 파티마 진나는 군사 독재에 맞서는 상징이 되었다. 한 세대가 지난 후, 베나지르 부토는 또 다른 군사 독재자에 맞섰고, 첫 무슬림 여성 수상이 되었다. 방글라데시에서도 여성 수상이 여러 명 배출되었다. 2001년에는 메가와티 수카르노푸트리Megawati Sukarnoputri가 세계에서 무슬림 인구가 가장 많은 인도네시아의 대통령이 되었다. 그리고 오늘날 무슬림 세계의 많은 나라에서는 출중한 여성 대사들과 의원들이 배출되고 있다.

그러나 평범한 무슬림 여성 대부분은 아직도 지역적, 부족적 관습에 얽매여 이슬람 유산으로부터 어떤 혜택도 받지 못하고 있다. 안타깝게도 이슬람은 현재 제대로 이해되지 않고 있다. 지난 식민지 시대로부터의 회복이 너무 느리고, 미래의 전망도 불확실하다. 무슬림 학자들과 지식층이 과거 영광의 시대로 되돌아갈 때까지 그러한 상처는 회복될 수 없을 것이다. 몇몇 특출한 무슬림 여성들의 성공이 대부분의 무슬림 여성들의 발전을 보장하지는 못할 것이다. 오직 교육의 확대와 무슬림들의 자신감 회복을 통해서만 현대 무슬림 여성들은 사회에서 정당한 자리를 차지할 수 있을 것이다. 그래야만 어머니의 발 아래 낙원이 있다는 예언자의 말씀이 의미를 갖게 될 것이다.

젠더와 명예

갈등의 시대에, 특히 다른 두 종교 문명이 충돌할 때, 여성은 명예의 상징이기도 하고 치욕의 대상이기도 하다. 다음 내용은 문명들 간의 전쟁에서 여성이 이러한 역할을 어떻게 맡게 되었는지 설명하고 있다. 이 기록은 12세기 십자군 전쟁 기간 동안 어느 아랍인의 생각을 기록한 것이다.

> 아랍 율법학자인 이마드 아드-딘에게 있어 여성의 통곡은 흥미로운 것이었다. 왜냐하면 그는 유럽의 모든 여성들을 육욕을 위한 성교에 열중하는 음탕한 매춘부로 여겼기 때문이다. 여성들에 대한 그런 단순한 생각들로 인해, 그는 중세의 외설에 열광적으로 빠져들었다. 유럽의 여인들은, "거만하고 남들을 경멸하며, 더러운 살덩어리에 죄가 많으며, 격렬하고 자극적이며, 진하게 화장을 하며, 자신을 매력적인 여성으로 만들

어 육욕을 불러일으키고, 고상하고, 우아하고, 유혹하는 듯하고, 활기가 없으며, 욕망의 주체와 대상이 되기도 하고, 핑크빛 얼굴을 하고, 뻔뻔스러운 얼굴과 까만 눈을 가지고 있고, 맵시 있는 엉덩이와 비음의 목소리로 으스대고, 어린 바보들을 망치면서 … 그들은 허벅다리 사이에 보관하고 있는 것을 신성한 공물로 바쳤다(Reston 2002: 93-4)."

거의 천 년이 지났지만, 서로 다른 문명이 충돌할 때의 젠더와 명예에 관해서는 거의 변화가 없다. 명예에 대해 이야기할 때, 여성은 명예의 상징이 된다. 여성을 욕보이는 것은 적을 욕보이는 것과 같다. 근래에는 여성이 특별한 표적으로 인식되기도 하였다. 그것은 명예를 잔인하게 그리고 왜곡해 해석하는 것이다. 아룬다티 로이는 젠더와 종교적 폭력의 연관에 대해 다음과 같이 묘사하고 있다("Democracy: Who's She When She's at Home?" in *Outlook India*, magazine, May, 2002).

어젯밤에 인도의 바로다에 있는 친구로부터 전화가 왔다. 울고 있었다. 그녀가 무슨 일이 일어났는지 설명하는 데 15분이 걸렸다. 그리 복잡한 내용은 아니었다. 사예다라는 그녀의 친구가 폭도들에게 잡혀 갔고, 폭도들이 그녀의 배를 찢어 열고는 그 안에다 불타고 있는 넝마를 채워 넣었다는 것이다. 그녀가 죽은 후, 누군가 그녀의 이마에 'OM'(신에 대한 기원을 상징하는 힌두교도의 표시)을 새겼다는 것이다. 도대체 어떤 힌두교 경전에서 이런 짓을 권한다는 건가?

정책으로서 강간

우리 시대에 강간이 자행되고 있고, 그것이 곧잘 특정한 목적을 갖는다는 것은 초-아싸비야의 징후이다. 강간은 남자들의 많은 불명예 목록 가운데 가장 수치스러운 행동 중 하나이고, 깊은 감정적 혼란과 문화적 편견을 가진 행위이다. 강간은 수치와 불명예 관념과 너무나도 긴밀하게 묶여 있기 때문에 사람들은 그것에 대해 서로 이야기하는 것조차 꺼린다. 하지만 인종적, 종교적 갈등의 본질을 알기 위해서, 사회과학자들은 그 사회의 맥락 내에서 강간과 성적 위협에 대해 연구해야 한다.

우리는 보스니아에서 강간이 전쟁의 도구로서 빈번하게 이용되었다는 것을 알고 있다(Ahmed 1993b). 강간 수용소에서는 개, HIV 바이러스 보균자, 윤간[하는] 폭력 집단이 이용되었다. 군인들은 어머니들이 보는 앞에서 어린 소녀들을 윤간하였다. 보스니아 강간 수용소에서는 민간인, 정부 관리, 학생 같은 보통 사람들이 강간의 주체로서, 혹은 방관자로서 개입하였다. 그들은 강간에 참여하는 동료들을 격려했다.

최근에 한 인도 작가와 국제 인권 기구는 카슈미르에서 인도 군대가 이와 같은 방법을 이용하고 있다는 증거를 수집했다. 그리고 아요디야 사원이 파괴되고 난 후, 경찰들은 봄베이와 수라트에서 무슬림들을 대상으로 강간을 포함한 폭동을 조직하는 데 분명하게 한몫했다. 이라크와 이스라엘(전자는 투박한 방법으로, 후자는 좀 더 세련된 방법으로) 또한 소수 민족을 위협하는 데 성적 책략sexual tactics을 사용하였다. 모국

이라크에서 추방당한 『잔인함과 침묵*Cruelty and Silence*』의 저자는 군인들이 수용소에 있던 쿠르드족 여성을 끌고 나와 강간했다고 밝혔다(Makiya 1993). 이스라엘은 아랍 여성들을 [강간하도록] 흉악범들과 함께 비밀 감방에 감금했다. 용기 있는 몇몇 이스라엘 여성들은 1989년 12월 예루살렘에서 발간된 『여성 정치범들을 위한 여성들*Women for Women Political Prisoners*』에 당국의 분노를 불러일으킬 수 있는 위험을 감수하면서 이러한 사례들을 폭로했다.

여성들은 난폭한 행위에 의해서, 그리고 그에 따르는 가족들의 혐오에 의해서 이중으로 상처받는다. 정숙함과 모성애에 대한 관념이 더럽혀진다. 강간은 가족들이 가장 상처 입기 쉬운 부분을 건드린다. 특히 어떤 부족처럼 부당한 성행위에 대해 사형을 부과하는 전통 사회에서는 더욱 그렇다(Ahmed 1980, 1991). 따라서 강간은 내부의 다른 소수 민족들에게 수치심을 주는 정치적 힘과 문화적 현상임을 의식하고 있는 이웃 지배 민족이 고의적으로 채택하는 방식이다.

전장에서 군인들에게 동기를 부여하기 위해 종교를 이용하는 것은 새로운 일이 아니다. 그것을 "현대적인 것"으로 자각하는 시대에 예상하지 못했던 것은 강간과 같은 폭력 행위를 정당화하기 위해 신에게 기원한다는 것이다. 역사적으로 보면, 군인들은 강간을 자행해 왔지만, 종교는 그러한 행위를 절대 승인하지 않았다. 그러나 오늘날 다수를 대표하는 군인들이 계산된 행위로 강간을 이용하고 있고, 가끔 국가가 그 행위를 지지하기도 하고, 잘못된 방식으로 종교와 연계시키기도

한다. 강간자들은 적의 여인들을 강간함으로써 적에게 불명예를 안겨 주고 싶어 한다. 하지만, 피해자가 속한 사회 측에서는 강간자들이 명예롭지 못하다고 말할 것이다.

인도네시아에서 무슬림 젊은이들은 중국 여성을 강간하면서 "알라-호-아크바르Allah-ho-Akbar"(신은 위대하다)라고 외친다. 발칸의 기독교인들과 인도의 힌두교도들은 무슬림 여성을 강간하면서 그들의 신에게 기원한다. 여성들을 겨냥한 잔인성은 별개로 하더라도, 그러한 폭력 행위는 문화적 수치를 의미할 뿐 아니라 더 부정적이고 복잡한 무엇인가를 표현하고 있다.

신성을 이러한 야만적 행동과 연결시키는 잘못된 논리는 무엇인가? 상처를 입히고, 수치심을 주기 위해 신성이 이용되고 있다. 이것은 이중의 실패이다: 공통된 인간성이라는 점에서 강간자의 실패이고, 동정심과 경건함의 관념들을 소통하고자 하는 전통적인 신성 해석자의 실패이다.

강간에 대한 이러한 태도가 가지고 있는 사회학적 함의는 명백하다. 즉, 강간은 한 집단으로부터 다른 집단을 분리시키는 마지노선이다. 결과적으로 국가는, 남성 군인들을 통하여, 보호해야 할 자신의 시민들을 강간하는 강간자가 되는 것이다. 냉소는 최고조에 달해 있다. 그에 대한 대응은 자연스럽게 저주가 되어 돌아온다. 피와 복수가 그 뒤를 잇는다. 폭력의 소용돌이가 휘몰아친다. 정의, 법치, 합리주의, 그리고 시민 사회 같은 중요한 근대성의 개념 모두가 인종적 강간이라고 하는 범죄적 본성에 의해 무시된다. 피해자와 그 가족에게는 더 이상 근대성과 진보의 시대가 아닌, 단지 야만과 어둠의 시대일 뿐이다.

5. 무슬림 이상의 탐색: 포용성

무슬림 사회가 붕괴되고 있다는 할둔주의자들의 설명이 아니더라도, 무슬림들은 그들이 어디에 살고 있든 간에 그들 사회가 위기에 봉착해 있다는 것을 인식하고 있다. 그들은 그들의 이상과 능력에 따라 대응한다. 우리는 많은 대응들 중에서 크게 상반되는 두 가지 대응을 알고 있다. 이제 우리는 다른 문명에 영향을 주고 있는 이 두 가지 대응 방식에 대해 논의할 것이다. 하나의 대응 방식은 대화와 이해를 발아시킬 것이라는 희망 속에서 포용성의 정책을 지지하는 것이다. 다른 하나의 대응 방식은 배제, 대결, 거부를 촉진시키는 활동을 선동하는 것이다. 전자의 입장은 대화와 조화를 소망한다. 전자의 사람들은 더 위대한 공통된 인간성을 중요시한다. 그들에게 인간의 존엄성은 공유되는 것이고, 미래는 상이한 사회와 사람들을 함께 묶어 줄 수 있는 시간이다. 그들은 그들의 신앙으로부터 영감을 받는다. 반대 입장을 고수하는 사람들은, 배제의 가치를 믿고 있는데, 이 사람들 또한 그들의 신앙으로부터 영감을 받는다. 하지만 그들은 문자 그대로 편협한 방식으로 그들의 신앙을 해석한다. 자신들과 같지 않은 사람들은 모두 울타리 너머에 있는 사람들이라고 생각한다. 그들은 그들의 사고방식을 공유하지 않는 사람들을 — 가끔은 폭력적으로 — 부정할 준비가 되어 있다. 게다가 그들의 분노는 다른 신앙을 가진 사람들에게만 국한되는 것이 아니다. 그 분노는 다른 사고를 하는 그들 사회 내 다른 구성원들에게도 향하고 있다.

아래에서 나는 무슬림의 서로 다른 세계 접근 방식에 기초하여 두 가지 확대된 사례 연구를 논의할 것이다. 첫 번째 연구는 자전적인 것이다. 나는 개인적인 문제들을 일부 언급할 것인데, 이 방법은 무슬림 사회를 포괄적으로 볼 수 있게 할 것이다. 두 번째 사례는 탈리반의 접근법에 대해 검토하는데, 탈리반은 어떤 의미에서 배제적 대응 방식을 생각하고 실천하는 대표적인 예이다.

I. 사례 연구 1: 포용성의 학문

9.11 사건은 이슬람에 대해 여러 가지 중요한 질문을 제기했다. 이슬람은 폭력의 종교인가? 이슬람은 민주주의와 양립할 수 있는가? 이슬람 세계에 진정한 민주적 지도력은 존재하는가? 2001년 9.11 사건 이전부터 10년 넘게 나는 이 질문들에 대

해 연구했다. 그러면서 나는 무슬림 사회 내부에 논쟁을 일으키려고 했고, 다음에 직면할지도 모르는 논쟁에 대비한 준비도 했다. 그 반응의 크기와 강도는 거의 나를 파괴시킬 정도의 힘이었다.

포용성의 학문 시도하기

『악마의 시』[저자인 루시디는 1947년 인도 봄베이에서 출생하였다. 호메이니는 1989년에 『악마의 시』가 이슬람 교리에 어긋난다는 이유로 이란 정부의 이름으로 루시디에게 사형 선고를 내림. 루시디는 1998년 사면될 때까지 영국 정부의 보호 속에서 도피 생활을 함]를 둘러싼 논쟁은 내가 지난 1988년 이크발 펠로우십Iqbal Fellowship을 받기 위해 케임브리지 대학에 도착했을 때 거의 폭발 직전에 다다라 있었다.[1] 나는 공동체와 미디어에서 학자들 사이에 벌어진 이슬람 논쟁에 끼어들게 되었다. 나는 젊은 무슬림을 포함해 많은 사람들과 이슬람에 대해 토론했다. 그 당시 언론은 젊은 무슬림들이 눈에는 증오를, 입에는 "살인"이라는 말을 담고 있다고 묘사했다. 9.11 사건을 일으킨 비행기 납치범들은 이런 젊은 무슬림들과 비슷한 나이거나 유사한 배경의 사람들이었다. 나는 무슬림 세계에 존재하는 분노와 증오의 감정에 대해 반대하는 입장이었다. 나는 무슬림들의 이런 감정들이 하늘에 계신 신의 영광과 동정심을 발견하는 능력을 감소시키고, 오히려 지구상에 불균형과 불안정을 촉진시킨다고 믿었다.

케임브리지 대학이라는 유리한 환경에서 나는 나 스스로

할둔주의자들의 붕괴를 기록하고 복원하려는 야심 찬 사업을 시작했다. 나는 이런 주제에 관해 학술서를 쓰고, 방송에 출연하고, 그리고 그것과 관련된 영화를 만들고, 또한 내가 그것을 복원하는 것을 도와줄 수 있는 사람들을 조직하는 작업을 10년 이상 해 왔다. BBC의 6부작 시리즈물인 〈살아 있는 이슬람Living Islam〉[2]과 '진나 4중주Jinnah Quartet' 같은 프로젝트를 시작하고 완성하였다. 이러한 프로젝트는 사람들이 갖고 있는 이슬람에 대한 부정적 시각을 변화시키고, 진지한 종교 간 대화를 시작할 수 있게 도와주었다.

파키스탄을 건국한 진나의 삶에 기초해 '진나 4중주'를 완성하는 데 10년이 걸렸다. 그것은 영화 〈진나〉, 다큐멘터리 〈미스터 진나: 파키스탄 건국〉, 학술 서적 『진나, 파키스탄, 그리고 이슬람 정체성: 살라딘을 찾아서*Jinnah, Pakistan and Islamic Identity: The Search for Saladin*』(Ahmed 1997a), 그래픽 소설 『콰이드: 진나와 파키스탄 이야기*The Quaid: Jinnah and the Story of Pakistan*』 등 네 가지를 포함하는 것이었다. 4중주는 다음과 같은 질문에 답하기 위한 것이었다. 즉, 무슬림들은 인권, 여성의 권리, 소수자의 권리, 그리고 헌법의 고결함을 수호하고 자신의 국가를 세계 문명 공동체로 인도할 수 있는 지도자를 가지고 있는가? 나는 진나가 이와 관련된 모델을 제공해 온 그런 지도자라고 믿었다.

사실 대부분의 사람들은 리처드 어텐보로Richard Attenborough의 영화 〈간디〉나 『한밤의 자유*Freedom at Midnight*』(Collins and Lapierre 1994; 1976년에 초판 발행) 같은 책에 나오는

진나의 부정적인 면만 생각한다는 것을 기억해 두는 것이 좋을 것이다. '진나 4중주'는 영국의 인도 식민 통치 최후의 날에 만들어진 이미지와 관념에 도전하고 있었다.

그 프로젝트로 인해 나는 전 세계를 오가며 학자, 잠재력 있는 투자자, 그리고 그 주제에 대해 흥미를 갖고 있는 몇몇 사람들을 만났다. 어떤 면에서는 무슬림의 충성심이 결집되었다. 모로코 왕세자(현 모로코 왕), 요르단 왕세자, 사우디아라비아의 사우드 가의 한 왕자 등이 관심을 보였다. 보통의 무슬림들은 때때로 애정 어린 지지와 기도로 관심을 보여 주었다. 무슬림 사회는 나에게 다양한 모습으로 다가왔고, 나는 무슬림의 분위기, 행동, 관습, 그리고 사고에 대해 알게 되었다.

엄청난 토론과 논쟁, 열정이 그 프로젝트로 인해 발생했다. 이것은 충분히 이해할 만한 것이었다. 이 프로젝트는 단순히 언론 매체 ― 그 자체만으로도 중요한 도전인데 ― 내에서 이미지만 변화시키는 것이 아니라 지도력, 국가의 본질, 여성과 소수자의 지위 같은 사회의 중요한 이슈를 건드리는 것이었다. 무엇보다도 이 프로젝트는 동정적이고 관용적인 이슬람의 본성을 강조했다. 종교적, 인종적, 국가적 경계를 뛰어넘을 수 있게 되었고, 사람들은 [새로운 이슈들을] 지지할 준비가 되어 있는 만큼이나 [기존의 이슈들을] 해체하고 그 정체를 폭로할 준비가 되어 있었다.

전투의 상처

하지만 그러한 입장을 고수하기 위해서는 그만한 대가를 지불해야 했다. 이 프로젝트를 수행하는 데에는 내부에서부터 장애물이 있었다. 예를 들면, 1997년 영화 〈진나〉의 촬영이 진행되는 동안, 진나의 역할을 제대로 이해하지 못한 어떤 편집자가 선동한 파키스탄 언론은 그 영화의 대본을 쓴 사람이 루시디라고 주장했다.[3]

파키스탄에서 루시디라는 이름은 악마와 거의 동등한 의미로 인식되는 것이기에, 그 거짓말은 매우 무책임한 행동이었다. 파키스탄인들이 『악마의 시』에 항의하다가 총에 맞아 죽었다는 말을 들은 후, 호메이니는 그 작가에 대해 파트와를 선고했다. 심지어 루시디가 『가디언』(1997년 5월 7일)에 보낸 편지에서 그 사실을 부인했음에도 불구하고 그 소문은 지속되었으며, 1997년 6월 16일 브래그Melvyn Bragg가 진행하는 〈스타트 더 위크Start the Week〉라는 BBC 라디오 쇼에서 루시디가 그 사실을 반박했을 때에야 일단락되었다. 하지만 우리가 함께 참여한 그 쇼를 두고 일부 무슬림들이 이번에는 나에 대해서 비난을 퍼부었다. 나는 계율을 지키지 않는 무슬림으로 간주되었다. 왜냐하면 내가 탁자를 뛰어넘어 가서 루시디에게 파트와를 이행하지 않았기 때문이다.

어떤 비평가들은 이러한 시도를 유대인들의 음모로 보았고, 또 다른 사람들은 힌두교도의 음모로 보았다.[4] 하지만 1999년에 이르러 이전의 협의는 전혀 의심할 게 없는 것으로 확인되었다. 그 당시 나는 영국의 자유주의적이고 진보적인 유대 교회로부터 초대를 받았다. 런던의 세인트 존스우드에 위치한 중앙 유대 교회당에서 1년에 한 번씩 행하는 랍비 골드스틴 추모 강연에 연사로 초청받은 최초의 무슬림이 되었다.

그 전에 나는 케임브리지 대학 셀윈 칼리지 교회에서 열린 저녁 기도회에 토론자로 초청받았는데, 그러한 명예를 입은 최초의 무슬림 연구원이었다. 그 행사는 영국 언론 매체에 널리 알려졌고, 종교를 초월한 대화에서 중요한 단계로 간주되었다. 대부분의 무슬림들은 그 행사를 지지해 주었지만, 어떤 사람들은 불쾌해했다. 일부 사람들은 유대인과 기독교인은 “적”이라고 하면서, 그들의 예배당에 무슬림이 방문하는 것은 신성 모독이라고까지 주장했다. 바크리의 지지자들은 언론에 나를 공격하는 글을 쓰기도 했다. 나는 위험하게도 파트와의 영역에 근접해 가고 있었다.

탈명예 행태의 유형들

〈진나〉는 계속 불운에 빠졌는데, 그 프로젝트에 착수했을 때, 나는 경고를 받았다. 한 미국인 교수가 다른 프로젝트에 대한 보고서를 작성하다가 사망했고, 다큐멘터리 버전은 난항에 빠졌다. 나에게도 〈진나〉는 징크스였다. 나는 공직에서 물러났고, 영국을 떠나야 했다. 그리고 프로젝트를 방해하기 위한 비합리적인 시도들이 있었고, 재정적인 곤경과 가족들의 수난이 뒤따랐다. 파키스탄의 전임 대통령인 파루크 레가리Farooq

Leghari와 전 수상 베나지르 부토 같은 고위 관계자들의 지원을 포함하여 국가를 넘어선 막대한 지원에도 불구하고, 그 프로젝트에 대한 관심은 사라지고 있었다.

나는 음침하게 묘사된 두 인물, 즉 유령 사공과 드진을 삭제해 버렸는데, 그들로 인해 영화 〈진나〉가 광대극으로 폄하되었다고 믿었기 때문이다. 영화에서 네루 역할을 맡은 애시비Robert Ashby(Rashid Suhrawardy 출생)는 우리가 드진나Djinnah로부터 진나를 구하기 위해 싸우고 있다고 빈정거렸다. 하지만, 그 답변은 주술적인 설명, 악마의 눈, 또는 미신적인 숭배 대상[mumbo jumbo, 아프리카 서부 흑인 부락의 수호신]에서 찾을 수 있는 것이 아니라 사회학에서 찾을 수 있다는 것이 나의 생각이다. 이는 무슬림 사회의 어두운 측면이다.

무슬림 학자들이 사회의 붕괴를 지켜보는 것은 절망하는 사람의 얼굴을 응시하는 것과 같다.[5] 내가 그 프로젝트에 끌어들인 사람들 중에는 모범적인 행동과는 거리가 먼 이들도 있었다. 즉, 그들은 설명해 주는 것을 거절했고, 부정행위에 대한 나의 질의를 묵살했으며, 그 프로젝트를 자기 것으로 만들려고 냉혹한 음모를 획책했다. 또 관심을 다른 쪽으로 돌리기 위해 거짓과 냉소로 가득 찬 지저분한 선전들을 교묘하게 펼쳤고, 제작에서 자신들의 역할을 과대 포장했다. 나는 서구화된 무슬림 엘리트들에게서 명예로운 행위의 붕괴를 목도하였다.

언뜻 이해하기 힘든 이 난해한 문제를 이해하기 위해서, 무슬림 사회에서 연구하는 인류학자에게 관심을 돌려 보기로 하자. 린드홀름Charles Lindholm은 파키스탄 북부 지역에서 현지 연구를 수행했고, 『관대함과 시기*Generosity and Jealousy*』(1982)라는 책에서 그가 하고 있던 작업을 기록했다. 사회는 무엇보다도 먼저 관대함과 시기에 의해 움직인다고 그는 주장했다. 이것은 전적으로 새로운 통찰은 아니다(우리는 이미 제3장, 2절에서 무슬림의 시기에 관한 알리의 논평을 들은 바 있다).

하지만, 그것은 우리 토론의 전후 관계에서 중요한 부분을 지적해 준다. 왜냐하면 아싸비야가 붕괴된 상태에서는 한줌의 명예도 존재하지 않기 때문에, 개인의 행위는 개인적, 정서적 원인의 영향을 받게 된다. 진나 프로젝트를 수행했던 지난 십 년 동안, 나는 관대함뿐만 아니라 지나칠 정도의 시기와도 조우하게 되었다. 관대함으로부터 시기로 이동하는 이러한 갑작스런 감정의 동요는 이슬람 자체에 대한 도전이다. 왜냐하면 이슬람은 그 정의상 본질적으로 그리고 궁극적으로 균형에 기초한 사회질서를 창출하여야 하기 때문이다. 그러나 몇 가지 명예로운 예외를 제외한다면, 나는 사회 지도자가 될 것으로 예상되는 사람들의 개인적 행태에서 정의, 동정심, 그리고 지식을 거의 보지 못했다. 게다가 난 명예에 대한 개념조차 알지 못하는 사람들을 많이 보았다. 그들은 탈명예 세계의 시민들이었다.

내가 실패한 것은 아마도 영화 〈진나〉의 주인공 역할을 맡은 크리스토퍼 리Christopher Lee의 말에 귀를 기울지 않았기 때문일 것이다. 그는 일관되게 나에게 경고했다. "교수가 되려고 하는 것을 중단하라. 지나치게 신뢰하지 마라. 제작자가 되라. 당신은 상어를 다루고 있는데, 그것이 당신을 먹어

치울 것이다." 크리스토퍼 리는 그 영화의 감독에 대해 극단적으로 못마땅해 했고, 할 수 있는 곳이면 어디에서나 불만을 표출했다(그는 자신의 개정된 자서전에서 영화감독을 제외한, 영화와 관련된 주요 인물들에게 고마움을 표시했다. Lee 1997에 있는 에필로그, 〈진나〉 참조).

1999년 10월, 런던에서 파키스탄의 고위 관료로 임명되었을 때, 나는 변화를 바라면서 열정적인 자세로 일했다. 그러나 나는 시기와 악의보다 더한 곤경과 마주쳐야만 했다. 런던 주재 파키스탄 정보국은 나에게 진나와 자비로운 이슬람에 대해 너무 많은 말을 하지 말고, 단지 이슬라마바드에 있는 정권을 홍보하는 데 전념하라고 경고했다.

다른 참신한 의견들도 묵살되었다. 이를테면, 나는 나지르 알리Michael Nazir Ali 주교를 포함한 저명한 파키스탄 기독교인들과 함께 램버스 궁으로 캔터베리 대주교를 방문했다. 대주교는 원래 고위 관료나 런던 주재 외국 대사들을 접견하지 않지만, 종교 간 대화를 하는 중에 나의 작업에 대해서 알게 되었다. 나는 파키스탄의 종교 간 대화를 촉진하기 위해 대주교를 파키스탄에 초대했다. 파키스탄에서는 소수자들이 박해받고 있었으므로, 대주교의 방문은 선의의 결과를 가져올 것이라고 믿었다. 하지만 이슬라마바드의 일부 원로들은 불쾌함을 나타내며 방문을 제지했다. 그들은 이슬람 율법학자들이 불쾌해 하고 있다고 주장했다. 이슬라마바드의 지배자들이 아직도 탈리반을 피보호자로 간주하고 있던 때였다. 정부의 원로들은 탈리반을 "나의 자식들"이라고 불렀다. 내가 대주교를 초대한 사건은 이후 나의 '오점'이 되었고, 악용되었다.

대주교는 발생할 곤경들에 대해 알고 있으면서도 나의 초대를 선의로 받아들였다. 따라서 나는 그들의 소심함과 당혹감에 놀라지 않을 수 없었다. 나는 대주교를 초대하는 것에 대해 무샤라프 장군과 논의했다. 그는 흥미 있어 했고, 초대를 서두르도록 종용했다. 그는 당시 국제 사회에서 추방당한 신세였고, 이 방문이 그를 도울지도 모르는 일이었다. 나에게 전폭적인 지지를 해 주기로 확인했음에도 불구하고, 그는 파키스탄 외무부로부터 압력을 받자 지지를 철회하는 변덕을 부렸는데, 그것은 훗날 세계 무대에서 그를 특징짓는 것이 되어 버렸다.

내가 파키스탄 고위직에 임명되자 그때부터 인도인들은 나를 파키스탄을 대표해 국제 무대에서 두각을 드러낼 사람으로 부각시켰다(예컨대 『인디아 투데이』, December 6, 1999 참조). 그들은 이제 파키스탄 고위 관료 하나를 몰아낼 기회를 엿보면서, 나의 영화 〈진나〉의 감독을 통해 중상과 비방에 근거한 미디어 선전을 개시했다.[6]

무샤라프는 권력을 잡자마자 곧 운명의 여신이 그의 손을 들어 주었다는 것을 그에게 확신시켜 주려는 아첨꾼들에 둘러싸이게 되었고, 과대망상의 경향을 보이기 시작했다. 워싱턴에서 온 한 파키스탄계 미국인 아첨꾼은 9월 11일 이후 큰 소리로 그리고 반복적으로 '무샤라프는 전에는 "추방자" 신세였지만, 이제는 "메시아"'라고 주장했다. 남의 말에 귀가 얇은 무샤라프는 즉각 그를 장관으로 임명했다.[7]

무샤라프는 개인 서신을 통해 나에게 전폭적인 지지를 보낸다고 확인해 주었다. "당신이 착수한 헌신적인 작업에 나는 전폭적인 지지를 약속하오. 당신은 언제나 내 지원을 받게 될 것이오." 그러나 몇 주 만에 파키스탄 외무부의 음모에 압도되어 또다시 지지를 철회해 버렸다. 그리고 나를 전출시켜 버렸다. 어떠한 이유도 없었다. 나는 조사를 요구했다. 그리고 만약 파키스탄 외무부에 의해 언론에 보도된 말도 안 되는 내용과 달리 내가 결백한 것으로 밝혀지면 관련자들 모두가 공개 사과를 해야 한다는 편지를 무샤라프에게 보냈다. 고위 관료에게 이런 일이 일어나고 있는데, 정의를 바라는 평범한 파키스탄인들에게 무슨 희망이 있겠는가라는 점을 나는 지적했다. 그러나 나는 어떤 답변도 듣지 못했다.

결국, 내 동료들에게 배신당한 기분이 들었고, 나는 역겨움을 느끼며 사임했다.[8] 나는 사임하는 것만이 나에게 유일하게 남아 있는 명예로운 행위 과정이라고 사직서에 썼다. 나는 중앙 고위 공무원 경쟁 시험을 거쳐 파키스탄의 엘리트 공무원으로 임명되었을 때인 1966년에 다른 파키스탄different Pakistan[1971년 3월 파키스탄에서 분리 독립된 방글라데시. 당시에는 동파키스탄이라고 불렸음]에서 전혀 다른 일을 했었다. 나는 그 분야에서 뛰어난 실력으로 주요 임무를 수행했고, '훌륭한 인물Star of Excellence' 을 포함한 많은 상과 추천을 받기도 했다. 나는 많은 친구들과 지지자들을 만들었다. 그러나 사임 직후 미국에 도착하여 정부가 나에게 지불해야 할 연금이나 보상에 대해 문의했을 때, 내가 20년 동안 알고 지냈던 워싱턴 주재 파키스탄 대사조차 바쁘다는 핑계로 내 요청에 응해 주지 않았다. 말도 안 될 정도로 지저분한 파키스탄 언론의 공세는 당국자들의 보증을 무색하게 만들었고, 영화 〈진나〉에 출연한 인도 배우의 연기를 근거로 나의 애국심에도 의혹을 제기했다. 군 준장이던 내 형은 정보원 동료의 방문을 받았는데, 그는 내가 무샤라프를 비난할 때 초래하게 될 심각한 결과에 대해 형에게 알려 주었다.

'진나 4중주'를 통해 진나의 이상을 [알리려는 나의] 기획을 방해하기 위해 전에 없던 동맹 세력이 형성되고 있었으므로, 나는 몇 개 세력들이 직·간접적으로 함께하고 있었다고 믿고 있다. '진나 4중주'는 이상을 전하는 강력한 전도사가 되었고, 그렇기에 변화를 위한 촉매가 되었다. 나를 이슬라마바드로 소환하라고 한 나의 요구는 2000년 6월 초에 이슈가 되었다. 파키스탄에서 〈진나〉가 우르두어와 영어로 공개된 다음 날이었다. 〈진나〉를 제작했기 때문에 나는 처벌 받고 있는 것인가?

"명예는 신으로부터 온다"

이런 힘든 기간에 나를 끝까지 붙잡아 준 것은, 이자트izzat(명예)와 질라트zillat(불명예)는 오직 신으로부터만 온다는 코란 구절에 대한 믿음이었다. 그것들은 이슬라마바드에 있는 군부 독재자나 민간 독재자로부터 오는 것이 아니다. 사회로부터 오는 것도 아니다. 인류학자로서 나는 이것을 '사회가 진리를 보장하면, 진리가 만방에 퍼지게 된다' 는 것을 의미하는 것으로 이해했다. 이와 마찬가지로 나의 아내, 자식들, 가족, 친구들을 사랑하고 부양하는 것이 중요했다.

나는 이러한 고난을 겪으면서 남아시아 초기 시대로 돌아가 무슬림 역사를 회고할 수 있었다. 남아시아 이슬람의 명예를 널리 떨친 최초의 전사는 젊은 사령관 무함마드 빈 카심 Muhammad bin Qasim이었다. 그는 8세기 초에 지금의 카라치 부근 해변에 상륙했다. 이슬람을 전파하기 위해 그가 현재의 파키스탄 신드 지역을 정복하는 데에는 몇 년 밖에 걸리지 않았다. 하지만 그는 적들로 인해 자신의 명예에 손상을 입었고, 적절한 절차도 없이 가죽 가방 속에 갇혀 이슬람 왕국의 중심인 바그다드로 송환되었다. 그는 결국 질식사로 생을 마감했다. 비극은 단지 그의 죽음 자체에만 있는 것은 아니다. 그를 처벌한 방법과 대의명분에도 비극은 있었다. 그것은 인도 공주들에 의한 성적 학대에 대한 고소 — 나중에 취소하긴 했지만 — 때문이 아니라 독단적인 처벌 방법 때문이었다. 누구도 그가 유죄인지 무죄인지를 묻는 것에 대해 고민하지 않았던 것 같다. 누구도 불만의 이유와 그의 업적을 관련시키는 것에 대해 고민하지 않았고, 그러므로 그 불만의 원인을 밝히는 것에도 고민하지 않았다.

비록 관련된 공주들 — 인도인 혹은 그 이외의 — 은 없었지만, 나에 대한 고소 역시 그것과 유사했다. 나는 여러 종류의 행위자, 즉 힌두교도들, 유대교도들, 이슬람교도들로부터 고소당했다. 재판이라는 절차를 거치기도 전에 언론은 나를 비난했다. 만약 그들이 8세기 초에 카심을 처리했던 것과 같은 방식을 알고 있었다면, 나의 비평을 이유로 나를 가죽가방 속에 처넣고 봉합했을지도 모른다. 내가 느끼기에, 그 이유는 일차적으로 악의와 시기에 있었다. 무슬림 정의의 이런 부분과 무슬림 본성의 이런 측면은 8세기 초로부터 조금도 변하지 않았다.

그것은 그만한 가치가 있는가?

이상주의적 관념에 크게 영향을 받지 않고, 물가에 던져진 미끼에 더 관심이 있는 혹자들은 이렇게 질문을 던질지도 모르겠다. '과연 그것은 그만한 가치가 있는가?' 라고. 그들은 아무래도 물리적 위험이나 거짓, 중상모략, 재정적 희생, 감정적 소모 따위에 초점을 맞출 것이다. 나의 대답은 나를 사랑하는 사람들, 특히 나와 함께 어깨를 맞대며 지내온 내 인생의 여인들, 이를테면 어머니, 아내, 딸들의 그것과 다를지도 모른다. 그리고 그들이 없었다면, 내가 여기에서 언급한 기획은 불가능하지는 않았겠지만 버거운 일이었을 것이다. 그들은 내가 무모하게 전 지구적인 일에 도전한 것에 연루되었고, 냉혹한 시기에 개인적인 위험에 노출되었다. 그래서 대답하기가 어렵고 복잡한 것이다.

이 기획과 그리고 대화와 이해라는 그것의 주제는 영국 왕실을 변화시키고[9] 이슬람에 대한 이해를 촉진시켰을 뿐 아니라,[10] 평범한 무슬림들에게까지 영향을 미쳤다.[11] 음지에 있던 종교 지도자들이 내 작업에 반응했다.[12] 일부는 긍정적으로 반응했고, 다른 쪽은 그렇지 않았다. 바크리는 — 우리는 앞 장에서 그가 진나를 공격하고 유럽에서 자신을 빈 라덴의 수석 대변인으로 칭했던 것을 보았는데 — 내가 영국에서 종교 간의 대화를 시도하고 있는 것에 대해 탐탁지 않게 여겼다. 바크리는 애덤 레버Adam Lebor의 책 『동으로 돌아선 마음: 유럽과 미국의 무슬림들』(1997)에서 나를 공격했다. 바크리는 나를 "초콜릿 무슬림"과 "엉클 톰"이라고 불렀는데, 그 이유는 "그[이 책의 지은이]는 이슬람 문명보다는 서구 문명을 더 동경한다. 그는 진실한 무슬림이라고는 하지만 그 진실성이 충분치 않다"고 보았기 때문이었다. 2001년 10월, 바크리는 뉴스에 다시 등장했다. 그는 미국과 영국에 맞서 싸우기 위해 자신의 추종자들을 아프가니스탄으로 보냈다. 영국 내각은 이러한 행위를 두고 반역이라고 선언했다.

가장 중요한 것은, 젊은이들이 진나 프로젝트에 영향을 받고 있다는 사실이다. 2001년 3월 프린스턴 대학에서 개최한 세미나가 끝난 후, 한 학생은 나에게 자신이 라호레 출신의 파키스탄인이라고 소개했다. 그가 말하길, 8살짜리 조카는 이 다음에 어른이 되면 힌두교도들을 죽이기 위해 파키스탄 군대에 입대할 거라고 했다는 것이다. 그러나 조카가 영화 〈진나〉를 보고 나서는 나중에 크면 또 다른 진나가 되고 싶고, 정의와 평화를 위해 헌신하는 사람이 되고 싶어 한다고 말했다. 라호레에서 살고 있는 작은 소년이 겪었을 세계관의 변화는 이상을 실현하기 위한 전투에서 발생하는 희생과 시련을 정당화시켜 준다. 그 소년은 금세기에 자신이 해야 할 소명을 찾게 된 것이다.

여러 기획이 완성되었을 때, 나는 내가 걸어온 길 위에 우리가 한 것과 비슷한 성격의 좌절된 기획들과 학자들의 발자취로 가득한 것을 알고서 겸허해질 수밖에 없었다. 현대 터키의 건국자를 영화로 만들려는 기획인 〈아타튀르크Atatürk〉를 예로 들어 보자. 이 기획은 우리가 진나에 관해 논쟁하던 동안에 취소되고 말았다. 아타튀르크 역을 맡기로 했던 안토니오 반데라스는 여러 차례 살해 위협을 받고는 그 역을 단념했다.

나에게는 길고도 피곤한 10년이었다. 나는 이슬람의 이미지를 쇄신하기 위해 노력했고, 종교 간 대화를 주도했다. 하지만 나 역시 변해 있었다. 나는 지쳐 있었고, 잠시 동안이라도 이 세계로부터 살짝 물러나 있을 필요가 있었다. 2000년 여름, 나는 파키스탄 관료들과의 관계를 끊고 프린스턴 대학에서 연구에만 전념했다.

캠퍼스 생활의 리듬, 내 학생들의 열정, 상관이자 친구인 로젠 교수의 나에 대한 애정과 아량, 세계 최고 명문 대학 중 하나에 머물고 있다는 흥분으로 내 영혼은 소생하게 되었다. 캠퍼스에서 오고간 대화들은 나로 하여금 지난 십 년을 다시 한 번 생각하게 해 주었고, 내 경험으로부터 이론적, 지적 결론을 도출하는 데 일조했다.

개인적으로 나는 독자들에게 문명 간의 대화와 관련해서 최근에 벌어지고 있는 논쟁에 관심을 가져 보라고 말하고 싶다. 독자들은 아마도 이븐 할둔의 삶이 왜 나에게 반향을 일으켰는지에 대해 이해하게 될지도 모른다.

II. 미국의 포용주의자: 미국 오하이오 주 톨레도의 이슬람

미국 오하이오 주 톨레도에 있는 대大 이슬람 센터Islamic Center of Greater를 우연히 접하게 되는 역사가는 아마도 깜짝 놀라 이를 다시 쳐다보게 될 것이다. 돔과 날아오를 것 같은 탑을 가진 그림 엽서 속의 이슬람 사원은 천 년 전 스페인의 톨레도에 있었던 사원을 본뜬 것일 게다. 주변의 배경 — 확 트인 전망, 깔끔한 푸른 평원, 그리고 깊고 먼 하늘 — 이 더욱더 이 그림을 인상 깊게 만든다. 나는 새로운 안달루시아를 어떻게 이해할 것인가를 두고 고민했다.

그 이슬람 센터는 매우 위풍당당하고 멋져서 오하이오의 대표적인 이슬람 상징물이 되었다. 톨레도는 그 이슬람 센터를 자랑스럽게 여기고 있다. 이 센터는 톨레도의 홍보용 소책자와 다른 홍보물에도 실려 있다.

9.11 이후, 무지하고 분노에 찬 일부 사람들이 이 센터에 총을 쏘았을 때, 그 주위에 기독교 공동체 사람들이 몰려들었다. 지방의 라디오 방송국은 이들 모임을 지지한다는 공식 입장을 밝혔다. 기독교 공동체를 비롯한 많은 사람들은 그 센터를 방어하기 위해 주변에 인간 띠를 만들었다, 기독교인들은 무슬림들을 안심시키고 진정시켰다.

워싱턴에서 나는 톨레도의 무슬림 공동체에 대해 많은 이야기를 들었다. 그래서 이슬람 센터와 톨레도 대학이 2002년 5월 초에 나를 초대했을 때, 나는 어떻게 그들이 그러한 관용과 융합의 정신을 갖게 되었는지 알고 싶었다.

오하이오는 워싱턴의 열광적인 분위기와는 많이 다르다. 워싱턴은 언론 지향적이고 정책 지향적인 도시이다. 오하이오는 미국 어느 지역에서도 접근하기 쉽고, 더 "진정한" 미국 냄새를 풍긴다. 오하이오는 미국 중서부 지역의 중심부에 있다.

나는 이슬람 센터에서 다른 곳과 구별되는 성gender에 대한 색다른 특징 세 가지를 주목했다. 첫째, 미국에 있는 무슬림 센터 중에서 최초로 여성 회장이 선출되었다. (내가 거기에 머무르는 동안, 그녀가 오하이오 주의 판사로 임명되었다는 소식을 들었다. 그것도 최초의 일일 것이다). 둘째, 단정하게 옷을 입는 한, 여성들이 옷을 입는 방식에 대한 이렇다 할 엄격한 기준은 없었다. 어떤 여성들은 히잡을 착용했지만, 다른 여성들은 히잡을 착용하지 않았다. 셋째, 주된 기도는 여성들이 했고, 남자들은 홀 중앙으로 통하는 3피트 높이의 분리벽으로 분리된 채 함께 기도했다. 그렇기 때문에 여성들은 남자들 뒤에서 기도하는 것이 아니라 남자들 옆에서 같이 기도한다.

이슬람 센터는 깨끗하게 잘 정돈된 친근한 분위기였다. 무슬림과 비무슬림들이 자유롭게 섞였고, 당연히 있을 법한 긴장도 없었다. 특히, 나는 여성들도 활동적이고 자기 주장이 강하다는 것을 발견했다.

암자드 후세인Amjad Hussain 박사(유능한 외과 의사)는 강의와 연설, 공동체 행사 등으로 거기 있었던 3일 동안 나를 바쁘게 만들었다. 나는 거기서 남녀노소, 종교를 불문하고 여러 사람들을 만났다. 일요일 조흐르 기도회에서 나는 약 400명의 군중 앞에서 강연하도록 초대받았다. 나는 지식과 관용의 중요성에 대해 말했다. 나는 유대교인, 기독교인, 무슬림들이 함께 조화롭게 살아가면서 부유한 문명을 창조했던 무슬림 스페인 시대를 예로 들었다. 전날 저녁, 나는 "과거의 도전The Challenge of the Past"이라는 제목의 〈살아 있는 이슬람〉의 2부를 보여 주면서, 이슬람의 위대한 날은 지식과 관용의 위대한 날임을 시사했다. 나는 연단 뒤에서 문화적 종합 — 메카에 있는 웅장한 모스크의 사진과 나란히 걸려 있는 성조기 — 에 대해 흥미를 가지고 있음을 특별히 언급했다.

질의 응답 시간에 톨레도에 관한 몇 가지 흥미로운 점을 발견했다. 그 이슬람 센터는 분명 하나의 강력한 모델이지만, 그러나 그것은 어디까지나 단지 하나의 모델일 뿐이다. 그 도시에는 4개의 다른 모스크가 있다. 아프리카계 미국인들이 운영하는 두 개의 모스크가 있는데, 그중 하나는 이슬람의 국가Nation of Islam라는 단체가 운영한다. 그리고 시아파의 모스크가 있다. 그리고 도심에 커다란 중앙 모스크가 있는데, 이 모스크는 이슬람 센터에서 먼 거리에 있다. 그럼에도 불구하고 그곳의 이맘이 나의 강의를 듣기 위해 올 정도로 큰 관심을 가지고 있었고, 그 모스크가 가을에 계획하고 있는 연중행사에 나를 토론자로 초대했다.

나는 스스로에게 질문했다. 이곳의 이슬람 센터는 왜 다른

가? 그 답은 주로 지도력에 있다고 나는 믿고 있다. 중심부의 지도력은 공동체를 위해 계몽적이고 관용적인 이슬람의 비전을 창조할 수 있을 만큼 학식 있고(대학 교수와 중견 전문가들), 풍요롭고, 결단력이 있다. 그것의 윤리적 배경은 그 비전을 강화하는 데 일조한다. 미국에서 아랍인들이 가장 많이 집중된 디트로이트에서는 일자리를 찾아 레바논, 팔레스타인, 시리아, 남아시아 등지에서 이민 온 사람들이 함께 어울려서 일한다.

내 친구인 암자드 후세인 박사의 예를 들어 보자. 그는 파키스탄 북서 국경 지방에 있는 페샤와르에서 태어났다. 그는 30년 전에 젊은 의사일 때 톨레도에 왔다. 그는 도티라는 따뜻한 마음씨를 가진 미국 여성과 결혼했다. 그리고 그 이후 톨레도에서 그의 가족과 행복하게 살아왔다. 그 두 사람은 공동체의 존경받는 구성원이었고, 이슬람 센터를 구성하는 데 중심적 역할을 한 인물들이었다.

암자드 박사는 헌신적인 무슬림일 뿐 아니라 유머가 넘치는 사람이었다. 그의 부인은 기독교인이었다. 한 파키스탄 기자가 목소리를 가다듬으며 "난 당신이 당신 부인을 무슬림으로 만들기를 원합니다"라고 제안하자, 박사는 "아니오. 내가 기독교인이 된 걸요"라고 대답했다.

나에게 후한 저녁을 대접해 준 암자드 후세인 박사 가정은 종교 간, 문화 간 선의를 보여 주는 좋은 예였다. 그들은 사회 여러 분야에 친구들이 있었다. 그러나 암자드는 북서 국경 지역에 대한 애착이 강했다. 그래서인지 그의 차 번호판은 "NWFP 1[North-West Frontier Province 1]"였다.

여전히, 산적한 문제가 있었고, 그 공동체와의 대화 과정에서 상황이 악화되고 있음을 발견했다. 많은 젊은이들이 9.11 사건 이후에 분노하고 있었다. 그들은 대화를 단절해 버렸다. 이 문제는 이슬람 센터의 간부들에게 적잖은 고민거리를 안겨주었다.

암자드 박사와 이슬람 센터의 동료들이 계획하고 있는 앞으로의 일들이 성공한다면, 그때 무슬림들은 손상되지 않은 그들의 위엄과 명예를 가지고서 그 사회에 기여하고 그 사회 내에 통합될 것이다. 그러나 성공하지 못한다면 갈등이 발생할 것이다.

난 포용주의자들이 할둔주의의 붕괴에 대응하는 방법에 대해 설명했다. 다른 무슬림들은 다른 방법을 취해 왔으며, 그들의 노력은 논쟁을 불러일으키기도 했다. 그런 집단의 하나가 탈리반이다. 그들은 여성과 소수자에 대한 그들의 부당한 대우 때문에 서구에서 뿐만 아니라 많은 무슬림들로부터도 비난을 받고 있다. 그들은 이 세계에 미스터리로 남아 있다. 그러니 이제 그들에게 관심을 돌려보기로 하자.

6. 무슬림 이상의 탐색: 배타성

이제는 외견상 쇠퇴한 것처럼 보이는 아프가니스탄의 탈리반에 대해서는 알려진 것이 조금밖에 없다. 그 때문에 탈리반에 대해 잘못된 추측들이 난무하고 있다. 그들은 단지 정치적 정당일 뿐이며, 아프가니스탄인만으로 구성되었고, 무슬림 사회에서 그다지 중요하지 않은 스쳐 지나가는 현상일 뿐이며, 그들을 무시하거나 폭탄을 투하하면 그들은 망각 속으로 희미하게 사라져 갈 것이라는 등의 추측이 그것이다. 지방 수준에서 아싸비야를 강제로 해체시키기 위해 시작되었던 탈리반은 초-아싸비야의 힘으로 국가를 창설하면서 그 운명이 끝나 버렸다고 나는 생각한다.

탈리반과 관련된 책과 기사들은 "테러리스트 이슬람," "지하드," "원리주의자" 같은 진부한 표현들로 그들의 생각을 확고하게 나타냄으로써 이슬람에 대한 언론의 부정적 이미지를 단순히 확인해 주고 있을 뿐이다. 라쉬드Rashid의 책 제목인 『탈리반*Taliban: Militant Islam, Oil and Fundamentalist in Central Asia*』(2000)과 스턴Stern의 소제목인 「증오의 학교Schools of Hate」, 「지하드 국제 회사Jihad International Inc.」, 「지하드에 중독된 사람들Addicted to Jihad」, 「나쁜 녀석들Bad Boys」, 「성전의 수출Exporting Holy War」(2000), 또는 볼맨Vollmann의 정형화된 탈리반(2000)을 보라. 그들은 배타적 학문을 행하고 있기 때문에, 표현의 문제는 탈리반과 결부된다. 그러면 실제로 탈리반 사회 내에서 무엇이 일어나고 있고, 왜 일어나고 있는지에 대해 몇 가지 사례를 들어 알아 보도록 하자.[1]

2001년 9월 11일 이후, 미국인들은 탈리반을 빈 라덴과 알-카에다를 지원하는 적으로 보았다. 그 과정에서 미국인들은 아프가니스탄인들을 후진적인 부족 사회로 해체시켜 버렸다. 반세기 전까지 미국은 북유럽 출신의 개신교 백인 후손들이 지배하였고, 소수자들에 대한 공공연한 편견과 가끔씩 폭력이 있었다. 하지만 반세기 전의 아프가니스탄은 지금보다도 훨씬 더 관대한 사회였다. 1973년에 퇴위 당한 왕은 백성들의 종교적, 부족적 배경과 상관없이 그들의 권리를 인정하고, 그들을 보호하는 것이 자신의 의무라고 믿었다. 실제로 아프가니스탄은 퇴폐적인 서구적 삶으로부터 벗어나고자 하던 미국 젊은이들에게 하나의 피난처였다. 카불을 거쳐 인도에 이르렀던 1960년대의 히피들에게 마약과 섹스만이 유일한 매력은 아니었다. 아프가니스탄은 또한 안정적이고, 문화적으로 풍부하고, 아름다운 경치를 가진 땅이었다.

군주제의 몰락, 소련의 침공, 정복군과의 피비린내 나는 긴 투쟁, 소련군의 철수 후에 일어난 내전은 결국 전통 구조의 몰락을 야기했다. 부족장들과 원로들은 무질서 상태에 빠졌다. 정치적 진공 상태에서 강력한 부족 지도자들과 군 지도자들은 전통적인 [그들 간의] 경계와 행동 규범을 무시하면서 아프간 땅을 휘저었다.

아프가니스탄인들은 1990년대 초에 이미 내전으로 탈진 상태에 있었다. 그들은 행정상의 안정과 통합을 포기한 상태였다. 그들은, 탈리반이 미래의 목표로서 제시했던, 푸흐툰 관습과 이슬람 전통이 융합되는 것을 보았다. 많은 탈리반들은 파키스탄에서 교육을 받았다. [아프가니스탄과 파키스탄 사이의] 국경선 양쪽에 걸쳐서 살고 있는 푸흐툰 족에게는 같은 부족이라는 정체성이 있었으며, 이는 국경 그 자체를 거의 무의미한 것으로 만들었다. 아편 재배는 엄격하게 제한되었고, 법과 질서는 강화되었으며, 행정 과정에서 뇌물 행위와 부패는 통제되었다. 탈리반은 얼마 동안 파키스탄과 동쪽 국경에 위치한 푸흐툰 족 지역에서 생활하던 방식을 따랐다.

그러나 탈리반은 푸흐툰 족으로서는 성공했을지 몰라도 아프가니스탄인으로서는 실패했다. 일단 그들이 푸흐툰 지역을 벗어나 카불을 포함한 모든 아프가니스탄 땅을 점령하자, 세상을 향해 제시했던 그들의 비전은 더 이상 소용이 없었다. 그것은 푸흐툰 족이 아닌 다른 부족들이 받아들일 만한 것이 아니었다. 게다가 도시화된 아프간인들은 자유를 빼앗긴 것에 분개하고 있었다. 탈리반은 이러한 저항을 이슬람 자체의 거부로 보았다. 그들의 통치는 이제 폭정으로 퇴보했다. 많은 무슬림들과 마찬가지로, 서구인들은 여성과 소수자, 그리고 불상 파괴에서 볼 수 있는 예술 작품에 대한 그들의 태도에 격분했다.

1998년 7월까지, 탈리반은 공공장소와 일자리, 교육으로부터 여성을 격리시켰다. 다음에는 TV마저 금지시켰다. 단순하게 생각해 보면, 그들의 행동은 이해할 만한 것이었다. TV를 통해 위험한 이미지들이 이슬람 사회로 많이 들어왔고, 그 이미지들은 금지되어야 하는 것들이었다. 그러나 그들의 행동은 효과가 없었다. 바깥 세계에서 유입되는 것을 막을 수 없었고, 이슬람은 그것을 금지시키는 것보다 더 좋은 해결책을 찾아내야 했다.

I. 사례 연구 2: 배타성의 학문

이슬람에 뿌리를 박고 있는 탈리반의 활동은 어느 범위까지인가? 인류학자로서, 나는 전통적인 푸흐툰 족의 사회적 행태를 이해하고 있기 때문에 탈리반의 많은 정치적 활동을 인식하고 있다. 명예와 겸손에 기초한 가부장적 부족 사회에서, 탈리반이 행하였던 것은 인류학적 의미가 있었다. 그러나 그중 많은 것은 이슬람의 정신 및 가르침과는 거리가 먼 것이었다.

인류학자들은 푸흐툰 사회 내에 비이슬람적 관습들이 적

지 않게 섞여 있다는 것을 확인하고 있다. 그러나 푸흐툰 족은 그 관습들을 흡수해 왔는데, 그들은 자신들에게 도전적이지 않은 그것들을 이슬람과 긴밀하게 동일시하고 있다. 예를 들어, 지참금 또는 신부 값으로 돈을 받는 것은 비이슬람적인 것이지만, 신부 매매 행위를 감소시키기 때문에, 그들은 이 비이슬람적인 관습을 수용했다(Ahmed 1980, 1991 참조).

서방의 평론가들은 탈리반을 "이슬람의" 몸통을 가진 것으로 보았으나, 탈리반이 이슬람적인 열정을 가진 것만큼이나 푸흐툰왈리Pukhtunwali 또는 푸흐툰의 규범에 의해 움직인다는 것을 이해하는 사람은 거의 없는 것처럼 보였다(Ahmed 1980, 1991 참조). 여성이나 소수자에 대한 그들의 대우는 이슬람보다는 푸흐툰왈리에 가까웠다. 호의의 법칙과 복수의 법칙이 푸흐툰왈리를 지배하고 있었다(파키스탄-아프간 국경 지역에서 발생하고 있는 명예와 복수에 대한 이야기들은 Ahmad and Boase 2003 참조).

푸흐툰왈리는 왜 탈리반이 죽음과 파괴에 직면했음에도 불구하고 그들의 손님인 빈 라덴을 내놓지 않았는지를 설명해 준다. 또한 푸흐툰왈리는 복수의 법칙이 활성화될 것이고, 개인과 집단이 2001년과 2002년에 있었던 전쟁의 결과로 겪어야 했던 고통에 대해 복수를 감행하리라는 것을 말해 준다. 미국인과 영국인, 그리고 그들의 동맹국이었던 파키스탄인들이 그 목표가 될 것이다.

푸흐툰왈리를 실행하는 데에는 어떠한 시간적, 공간적 제한도 없다. 백 년 후에 복수를 행하면서도 "나는 그것을 빨리 감행했다"라고 말하는 푸흐툰 족에 대한 격언은 잘 알려진 푸흐툰 족의 속담이다(Ahmed 1975: 11). 푸흐툰 족은 복수를 감행하는 데 있어서 고위 공직자라고 예외를 두는 법은 없다. 제국의 절정기에 살해당한 인도의 부왕副王[왕의 대리로 타국을 통치하는 총독] (1872년에 살해된 마요 경Lord Mayo)과 유명한 파키스탄 수상(1951년에 살해된 알리 한Liaquat Ali Khan)이 그러한 복수의 희생자로 잘 알려져 있다.

이슬람에 대한 부족적 해석은 사우디아라비아의 일부 지역, 즉 탈리반 성향이 강한 일부 무슬림 사회에서 왜 탈리반을 동정하였는지를 설명해 준다. 또한 그것은 그렇지 않은 곳, 즉 카이로나 카라치같이 서구의 영향을 받은 사회의 중산층이 왜 탈리반을 혐오하는지 설명해 준다. 서구 근대성의 대안을 모색하는 일부 무슬림들의 경우는 탈리반을 동정하고 있다.[2]

탈리반은 정당일 뿐만 아니라 아프가니스탄과 파키스탄, 인도의 일부 지역과 심지어 방글라데시에 이르는 곳에서 활동하는 사회적, 종교적 운동 단체이기도 하다. 비록 그들이 더 이상 아프가니스탄에서 권력을 잡고 있지는 않지만, 아직까지도 그들은 아프가니스탄과 파키스탄 내에서 그들과 생각을 같이하는 사람들로부터 광범위한 지지를 받고 있다. 특히 북서 국경 지방의 사람들은 확실히 그들에게 동정적이다. 1990년대 중반에 탈리반에 가입했던 집단들이 말라칸드 분할Malakand Division을 시도했던 사실을 회고해 보는 것도 유익한 일이다. 이것은 예상하지 못했던, 엄연한 정부 탈취 행위였다.

많은 사람들이 믿고 있는 것처럼 탈리반은 파키스탄의 문을 두드리기만 하는 것은 아니다. 그들은 이미 그 안에 들어와 있다. 그들은 도시 지역과 이슬라마바드의 지배 엘리트들로부터는 거의 지지를 받지 못하고 있으나, 지방과 농촌 지역에서는 광범위한 지지를 받고 있다. 또한 하급 군인과 관료들로부터 많은 동조자를 확보하고 있다. 사람들은 서양화되고 개인의 이익을 위해 나라를 팔았다고 생각되는 부패한 지도자들보다 이슬람 가치에 더 가까이 있고, 그 가치를 위해 헌신하는 집단을 그들에게서 발견하고 있다. 종교 정당들이 극적으로 선전한 2002년 선거는 그들이 광범위한 지지를 받고 있음을 확인시켜 주었다.

배타성의 교육적 뿌리

설상가상으로, 탈리반을 만들어 낸 마드라사Madrassahs[파키스탄 전역에 산재해 있는 이슬람 종교 학교]의 출현을 설명해 주는 사회적, 정치적 요인들은 널리 연구되지 않은 채 남아 있다. 파키스탄에서 전형적인 마드라사가 출현한 것은 서양식 교육과 행정의 타락, 그리고 그것들이 일반 사람들로부터 신임을 받지 못했다는 측면에서 조명되어야 할 것이다. 마드라사는 전통적인 교육 시스템을 따르는데, 학비가 저렴하고, 좀 더 쉽게 접근할 수 있으며, 서구식 교육에 비해 좀 더 이슬람적인 대안 교육이다.

전형적인 마드라사의 강의 내용은 매우 배타적이고 이슬람적인 것이다. 그것은 샤리아에 기초하고 있다. 이슬람 법인 샤리아는 이슬람 학교가 어떻게 되어야 하는지를 말해 주고 있다. 이슬람 속담은 무슬림들에게 지식을 얻도록 권고하고 있다. 예를 하나 들면, "지식을 구하라, 심지어 중국에서라도"라는 속담이 있다. 7세기에 중국은 가장 먼 비이슬람권 문명의 상징이었다. 여행을 생각하는 것만 해도 상상력의 도전이던 시대였다.

1980년대와 1990년대에 교사들과의 수많은 토론과 마드라사의 교육 프로그램에 대한 검토 이후, 나는 무슬림 교육이 문제점을 가지고 있다는 결론을 내렸다. 무슬림 교육은 너무 편협하고, 종교적 쇼비니즘을 강조했다. 나는 강의 내용들 중에 비무슬림 철학자나 역사학자에 대한 것이 없다는 사실에 주목했다. 그것으로부터, "신은 없다"라고 한 칼 마르크스 같은 사람들이 무시되는 것은 이해할 만하다. 하지만 막스 베버 같은 사람들이 왜 제외되었는지는 이해할 수가 없다. 더 나쁜 것은, 이븐 할둔 같은 무슬림 철학자들이 너무 "과학적"이어서 이슬람적이지 않다는 이유로 제외되었다는 것이다. 철학 강의는 평론가들이 "정치적 이슬람political Islam"이라고 부르는 것으로 축소되었다(Fuller 2003; Kepel 2002). 정치적 이슬람[정치적 이슬람, 이슬람주의Islamism, 이슬람 극단주의Islamic extremism, 이슬람 원리주의Islam Fundamentalism는 거의 동일한 의미로 사용되고 있다]은 이슬람을 포괄적 변화를 추동하는 매개물로 보며, 또한 부패한 지역 엘리트뿐만 아니라 세계 질서에 대한 도전으로 보고 있다. 그리고 이슬람을 예술, 문화, 신비주의, 철학 등의 훌륭한 유산이 제거된 것으로 본다.

서구화된 학교가 독립 초기부터 명성을 얻기 시작했다면, 마드라사는 1970년대 남아시아에서 가장 두드러지게 번창하기 시작했다. 파키스탄에만 5만 개의 마드라사가 있었던 것으로 추정된다(Stern 2000). 중동 국가들이 송금해 준 보조금으로 기금을 조성함으로써 파키스탄 중앙 정부는 교육 자금을 확보할 수 있었다. 1980년대에 소련의 지배에 대항하여 아프가니스탄에서 일어난 전쟁은 마드라사 출신의 젊은이들에게 전 세계적 무대와 대의명분을 제공하였다.

이러한 마드라사들은 1990년대에 나타난 대중적인 군부 이슬람 지도력의 출현 기반이 되었다. 가난한 지방 출신에 사투리만 구사하고, 전통 의상을 입으며, 이슬람의 정체성이 수염이라고 주장하는 대부분의 학생들은 탈리반을 구성하여 계속 아프가니스탄을 평정하는 전사가 되었다. 탈리반이라는 단어는 세계적 용어가 되었다.

소련에 대항한 아프가니스탄인들의 전투는 무슬림 이튼 학교Muslim Eatons의 운동장에서가 아니라 마드라사의 허름한 교실과 안마당에서 승리했다. 그것의 결과는 아프가니스탄에서 뿐만 아니라 [이슬람] 전 지역에서 이미 흔들리고 있던 교육과 정치 구조에 도전했고 그것들을 변화시켰다. 탈리반의 사상, 정신 구조, 행동 방식과 논쟁 · 논리의 영향은 로스앤젤레스에서 라호레에 이르는 무슬림 집단에게 다르게 비춰질 수 있다.

탈리반이 반서구의 칼날을 드러낸 것은 최근의 일이다. 그것은 다음과 같은 탈리반의 믿음에서 나왔다. 즉, 그들의 동족이 미국의 동맹자로서 소련과 싸우며 그들의 삶과 땅을 희생했지만, 전쟁이 끝나자 미국은 곤경에 빠져 있는 그들과 황폐해진 그들의 땅을 못 본 척 떠나 버렸다는 믿음 말이다. 서구인들이 현재 "광신도," "극단주의자"라고 부르는 사람들이 바로 서구인들에 의해 "자유의 전사"로 환영받았었다는 사실을 탈리반은 상기시키고자 한다. 그들의 행동은 부분적으로 그들의 비판자들을 분노케 하고, 그들에게 도전하기 위한 심리적 충동에서 동기 부여된 것이다.

탈리반이 2001년에 불상을 파괴한 것도 의도적인 것이었다. 불상, 특히 칭기즈칸 같은 지도자가 파괴하려고 했음에도 살아남았던 아프가니스탄 중부에 있는 바미얀Bamyan의 불상을 파괴한 것은 과거 문명의 문화유산을 중시하는 사람들을 분노하게 했다. 그 불상은 불교인들에게 중요한 것이었다. 비록 부처가 신으로서 추앙 받지 못할지라도 그는 불교의 근원이다. 그렇기 때문에 불교계 유명 인사들은 달라이 라마Dalai Lama와 함께 탈리반의 불상 파괴를 단념시키려고 노력했다. 탈리반이 이를 거절함으로써 다시 한 번 이슬람이 전 지구의 재앙이라는 나쁜 이미지가 형성되었다.

탈리반의 영웅

종교에 관한 글들로 잘 알려진 캐런 암스트롱Karen Armstrong은 탈리반을 설명하면서, 무굴 제국의 아크바르Akbar를 예로 들며 탈리반은 이 모델에서 떨어져 나온 것이라고 주장했다

("Breaking the Sacred," *New York Times*, March 11, 2001). 그녀는 보통 때와는 달리 중요한 점을 놓치고 말았다. 그녀는 사람들이 어떻게 우리 세계의 신앙을 해석하려고 노력하는지 매우 잘 이해하고 있기 때문이다.

아크바르는 탈리반의 모델이었던 적도 없고, 탈리반의 아프간 선조의 모델이었던 적도 없다. 게다가 아크바르와 그의 무굴 왕조는 항상 "적"으로 간주되었다. 델리에 무굴 왕조를 세운 바바르Babar는 지금의 아프가니스탄 북부 지역인 파르가나 출신이었고, 그래서 아프간인들은 그를 반대했다. 아크바르 자신은 힌두교의 영향을 너무 많이 받아서 아프간인의 정통 모델이 될 수 없었다. 아프간인들은 천 명에 달하는 그의 부인들과 여러 종파를 종합한 그의 종교 딘-에-일라히Din-e Ilahi를 몹시 싫어하였는데, 그들은 그것들이 이슬람에 무관심한 태도를 표한 것으로 생각했다.

암스트롱은 탈리반과 가장 관련 있는 역사적 인물을 찾아냈다. 그 사람은 천 년 전에 아프간에서 태어나 인도에 전광석화같이 떨어진, 가장 중요한 역사적 인물 중 하나인 가즈나비의 마흐무드Mahmud였다. 그는 인도의 여러 도시를 급습하고, 그곳의 사원들을 약탈했다. 그의 유명한 솜나트Somnath 급습 사건은 — 역사가들은 그것에 대해 자세히 이야기하면서 악명 높다고 하는데 — 유명한 시인 알라마 이크발에게 영감을 주었다. 금과 보석을 위해 솜나트에 있는 거대한 우상에 대해 인정을 베풀 것인가에 대한 질문을 받았을 때, 마흐무드는 이렇게 대답했다. "나는 우상 파괴자이지 우상 판매자가 아니다."

나는 가즈나비의 마흐무드를 남아시아의 주요 인물들 — 이들은 나의 책, 『진나, 파키스탄 그리고 이슬람 정체성: 살라딘을 찾아서』에서 종교 공동체를 분류하는 데 있어 중심인물들이다 — 중의 한 사람으로 인용했다. 대부분의 무슬림들에게 마흐무드는 가장 위대한 이슬람 영웅 중 한 사람이다. 왜냐하면, 그들의 종교를 그 지역에 가져왔고, 검의 힘으로 그 일을 했기 때문이다. 대부분의 힌두교도들에게 그는 억압을 일삼고 광신적이었던 무슬림의 상징이다. 마흐무드에 대해 중립적인 입장은 거의 없을 것이다. 오늘날에도 파키스탄과 인도에서는 자국의 가치에 의미를 부여하기 위해 그에 대한 기억을 생생하게 유지하고 있다.

불상을 보존해 준다면 보상하겠다는 세계인들의 제의를 거절하고 불상 파괴를 지시했을 때, 탈리반의 수장인 우마르가 언급했던 것도 바로 이러한 생각과 일맥상통하는 것이다. 아프간인들은 오늘날 그들의 행동을 정당화하기 위해 그들의 역사에서 모델을 찾았다. 그들은 천 년 전의 사건으로부터 하나의 모델을 발견했다. 그러므로 우상 파괴는 그들의 유일신이 자신에 대한 예배를 분산시키는 어떠한 이미지에 대해서도 질투를 한다고 믿는 사람들에게는 강력한 종교적 상징이 된다.

심지어 오늘날에도 — 아프가니스탄뿐만 아니라 — 남아시아의 전체 무슬림들은, 진정한 무슬림은 우상 판매자가 아니라 우상 파괴자라고 자랑스럽게 선언하면서, 이크발의 시를 인용한다. 그러므로 인도의 아크바르에 의해 묘사된 것과 같은 관용의 이슬람 모델과는 거리가 먼 탈리반은 합법적인 아프간의 지도자 모델을 찾기 위해 단순히 뒤로 거슬러 올라갈 뿐이었다.

문제는 그 모델의 정당성이 아니라 왜 그들이 그것을 고수하고 있는가 하는 것이다. 그에 대한 답은 그들의 목적이 세계를 적대시하는 것이 아니라 ― 그들이 실제로 그렇게 했듯이 ― 극적인 하나의 큰 몸짓을 통해서 여러 개의 행동을 만들어 내는 것이었다는 데 있다. 그들은 한 번에 그리고 동시에 그들의 정체성을 단언했다. 그리고 그들은 자신들의 가족, 특히 어린이나 여성의 고통과 굶주림에는 무관심하면서 오직 문화 유물에만 관심을 가지는 세계에 대한 혐오를 표현했다. 또한 자신들의 고통에 무관심했던 세계에 고통을 줄 수 있는 심술궂은 희열도 있었다. 그들은 그것에 대해 무엇을 생각하고 있는지를 세상에 말했다.

2001년 초에 탈리반이 불상들을 파괴하기 시작했을 때, 그들이 생각했던 것보다 더 많은 역풍이 불어닥쳤다. 인도의 힌두교 극단주의자들은 즉시 인도에 있는 무슬림 건물들뿐 아니라 이슬람의 심장부인 메카와 메디나에 군대를 파견해서 고대의 모스크와 유적지를 파괴할 것이라고 위협했다. 군인들은 코란을 태우기도 했다. 그러한 행동은 코란이 신의 말씀이라고 생각하는 무슬림 여론에 불을 지폈다. 무슬림의 행동은 다시 한 번 세계를 대립으로 몰고 갔다. 그것은 비무슬림 세계에 도전하는 이슬람이었다.

미국은 2001년과 2002년에 아프가니스탄의 탈리반을 공격했다. 그러나 그 전쟁은 무슬림 세계의 다른 곳에서 탈리반이 미친 영향력에 대항하는 데는 역부족이었다. 이에 반하여, 아프가니스탄에 대한 동정심이 전 무슬림 세계에서 증대되었다. 그들의 악행을 탓하기보다는 그들에게 덮을 것을 주며 도왔다.

9월 11일의 비극적 주검들에 대한 무슬림들의 반응도 드러나고 있었다. 많은 사람들이 유감을 표시했지만, 그러면서도 그들은 팔레스타인과 카슈미르의 무슬림들이 살아가면서 겪어야 하는 고통과 고난을 미국인들도 경험을 통하여 알아야 한다고 강력하게 주장했다. 아프가니스탄 전쟁과 미국과 영국 내 무슬림에 대한 노골적인 분노의 표현은 어느 쪽도 진정으로 승리한 것이 아님을 보여 주고 있다.

II. 미국의 배타주의자:
오하이오 주 클리블랜드에서의 논쟁

무슬림이 사는 곳이라면 어느 지역에서나 이슬람의 본성과 목표에 대한 논쟁이 일어나고 있다. 나는 2001년 10월 연례행사인 이븐 시나 협회에서의 강의를 위해 오하이오 주 클리블랜드에 갔을 때, 그러한 논쟁에 대해 들었다. 우리는 다음 해 9월 11일에 불확실한 상황에서 열릴 클리블랜드 행사를 취소할 것인지 여부를 놓고 토론했다. 유대인과 무슬림 사이에 약간의 긴장감이 감돌았다. 중앙 모스크의 이맘이 반유대적인 발언을 했고, 그것이 뉴스에 보도되었다. 그러자 한 젊은이가 중앙 모스크로 차를 돌진하여 입구를 부숴 버렸다. 우리는 행사를 진행하는 것이 대화를 진전시킬 것이라는 희망을 갖고서 행사를 진행하기로 결정했다.

행사 전날 밤, 주최자이자 저명한 파키스탄 출신 의사인 한Zia Khan 박사는 60명의 — 아랍, 이란, 남아시아 출신의 — 무슬림 전문가들을 자신의 집으로 초대했다. 식사 시간에 가진 토론은 배타주의자와 포용주의자 간의 차이점을 분명하게 드러냈다.

내가 이슬람은 9.11 이후 매우 비이슬람적인 폭력 행위 때문에 커다란 퇴보를 겪게 되었고, 결국 모든 무슬림들이 피고인석에 앉아 있게 되었으며, 이슬람의 이상은 더욱 균형을 잃게 되었다고 말했을 때, 몇몇 아랍인들과 파키스탄인들이 내게 반문했다. 그들은 9.11 사건을 이슬람을 위한 영광스러운 이벤트라고 불렀다. 그들의 주장에 의하면, 9.11은 미국 뒤에 숨어 있는 이스라엘에 대항하여 벌인 광범위한 이슬람 전쟁의 연속이기 때문에 무고한 생명의 희생도 정당하다는 것이었다. 나는 2002년 7월에 영국무슬림평의회가 나를 만찬에 초대했을 때에도 비슷한 논쟁을 하는 것을 들었다.

나는 코란이 두 가지로 해석될 수 없다고 주장했다. 무고한 생명의 희생을 허락하든가 아니면 금지하는, 둘 중 하나였다. 코란이 살인을 절대적으로 금지한 때부터, 무슬림은 살인에 대한 코란의 명령을 받아들이든가 아니면 받아들이지 않든가 해야 했다. 이것은 술을 금지하는 것과 같았다. 그것은 절대로 허용되지 않았다. 무슬림은 "나는 어떤 특별한 상황에서는 때때로 한 모금씩 마실 것이다"라고 말할 수 없다. 많은 사람이 내 의견을 받아들였지만, 몇몇 아랍인들은 계속해서 논쟁을 했다. 그러나 저녁이 되었을 때, 그 집단 내에서 그들을 지지하는 사람들은 줄어 있었다. 그러나 그 논쟁은 어디에서 살든 그것과 관계없는 무슬림들의 사고방식을 예증해 주는 것이었다. 이슬람의 이상은 깨져 버렸다. 만약 무슬림이 의미 있고 분명한 어떤 방법으로 앞으로 나아가고자 한다면, 재건되어야 할 필요가 있다.

클리블랜드 강연에는 유명한 무슬림과 비무슬림들이 많이 참석했다. 나는 특히 미국 유대인위원회 회장인 마틴 플랙스Martin Plax 씨를 환영했다. 반가웠다. 그 강연은 모스크에서 발생할지도 모르는 긴장을 미리 풀기 위해 계획된 것이었기 때문에 대화 분위기를 조성하는 데 도움이 되었다.

우리는 위의 사례 연구를 통하여 때로는 부글부글 끓어오르고, 때로는 폭발하면서 아직도 계속되고 있는 문명 간의 갈등이 있다는 것을 입증했다. 그러나 우리는 대화를 향한 진지하고 전심전력하는 움직임도 있다는 것을 알게 되었다. 이제 가능한 해결책과 미래를 위해 제기할 필요가 있는 의문점들에 대해서 탐구해 보자.

7. 지구적 패러다임을 향하여

I. 이슬람에 대한 도전

9.11은 자신들의 생각과 행위에 동의하든 동의하지 않든 간에 자신들의 전 문명을 다른 문명들과의 대결로 끌어들이는 데 있어 결정권을 가진 소수 사람들의 능력을 확인해 주었다. 일단의 힌두교도들이 아요디야에 있는 모스크를 파괴하고, 무슬림들이 아프가니스탄에 있는 불상을 파괴하였을 때, 세계 언론은 그들의 종교가 극단주의자들의 행위와 관련된 것으로 보도했다.

최악의 시나리오

아브라함 신앙에서 나온 세 종교를 위한 신성한 도시, 그리고 세 종교가 나란히 존재하고 있는 도시, 긍정적인 종교 간 상호작용을 만들어 낼 수 있는 잠재성을 가진 도시 예루살렘에 있는 중앙 모스크[알 아크사 모스크]를 파괴하는 악몽 같은 테러의 시나리오를 지금 한 번 상상해 보자. 그 사원은 이슬람에서 가장 오래되고 신성한 곳 중의 하나이다. 예언자 무함마드는 그곳에서 승천을 위한 신성한 밤 여행을 했고, 그것을 기리기 위해 매년 열정적인 축제가 열린다. 또한 어떤 미국 편집인이 제안한 것과 같이, 만약 이교도에 의해 메카가 파괴되었을 때의 영향에 대해 상상해 보자.

일부 훈련되고 단호한 개인들이 — 일부 사람들이 정치적, 종교적 이유 때문에 그렇게 한다고 위협해 왔던 것처럼 — 이러한 장소들을 폭파시켜 버린다면, 그 행위는 곧바로 전 세계적 갈등을 촉발할 잠재력을 가질 것이다. 이슬람은 유대교, 기독교와의 충돌 과정에 처할 것이다. 각국 정부는 세계 종말을 각오하면서까지 대응하지는 않을 것이기 때문에 그 "전쟁"은 군사적 충돌로까지 확대되지는 않을 것이다. 그러나 무슬림들은 어디에서 살든 폭력 행위로 복수를 감행하기로 결심할 것이다. 그리고 이런 상황이 실제로 벌어진다면, 무슨 일이 일어났는지를 이성적으로 설명하려는 무슬림들은 거의 없을 것이다. 이성에 비해 감정이 매우 강렬해질 것이다. 그래서 대화와 이해는 간단히 무시될 것이다.

계속되는 위기 상황으로 기울고 있는 세계를 우리가 보호하려고 한다면, 우리는 우리의 종교와 타 종교 사이의 관계를 근본적으로 재고할 필요가 있다. 즉, 서로에 대한 근본적인 재평가가 필요하다.

만약 대화와 이해로 일이 해결되지 않는다면, 발전은 거의 없을 것이다. 초-아싸비야를 창출하고, 결과적으로 탈명예의 세계를 창출하는 과정을 역전시킬 수 있는 희망은 없을 것이다. 무슬림 세계에 정의, 지식, 그리고 동정심 · 균형이 부재하다는 데 대한 깊은 인식 없이는 불가능하다. 그러므로 이슬람의 이상을 재창조하는 일을 돕는 것은 지구의 조화와 평화를 원하는 모든 사람들 — 무슬림과 비무슬림 모두 똑같이 — 의 당연한 목표이다.

무엇을 해야 할 것인가?

단기적으로는 이슬람 문명과 서양 문명 및 다른 문명들 사이에 조화로운 관계가 형성될 전망은 불확실하고, 심지어 비관적으로까지 보인다. 좀 더 장기적으로는, 훨씬 더 많은 것들이 대화와 이해를 촉진하려는 사람들의 성공 여하에 달려 있을 것이다.

[이를 위해] 무엇을 해야 할 것인가? 무슬림과 비무슬림이 공동으로 노력하는 것이 가능할까? 무엇보다도 우리는 무엇이 잘못되고 있는지를 이해해야 할 필요가 있다. 즉, 아싸비야가 붕괴되고 있는 사실에 직면해 있다는 것, 그리고 이것에 대한 이해로부터 모든 것이 시작된다는 것을 이해할 필요가 있다. 명예를 폭력과 동일시하는 것은 아싸비야 붕괴로 인한 하나의 직접적 결과이다. 필요한 것은 정의, 동정심 · 균형, 그리고 지

식에 대한 개념과 실천을 재구성하는 것이다. 이것은 명예를 유지하고자 하는 욕구로 꽉 차 있는 배타주의자들을 대결에서 수용으로, 갈등에서 합의로 전환시켜 줄 것이다.

무슬림들은 무엇을 해야 하는가

다가올 시기에 무슬림 세계를 위해 가장 우선해야 할 것은 무엇인가? 그리고 서구는 이를 어떻게 가장 잘 도울 수 있는가?

첫 번째 단계는 서로를 악마로 보는 것을 멈춰야 한다. 무슬림들은 그들 주위에서 일어나는 모든 일들을 세계적 음모로 보는 것을 그만두어야 한다. 섹스와 폭력에 탐닉하면서 이슬람을 멸종시키기 위해 영구적으로 음모를 꾸미고 있는 거대 악마Great Satan라는 고정관념에서 벗어나 서구에 대한 이해를 높여야 한다.

무슬림들은 자신들을 위협적이고 무질서한 세력으로 보는 비무슬림들의 입장에 스스로 서 있어 볼 필요가 있다. 이스라엘의 유대인들은 자기 나라를 파괴하려는 의도로 연합한 수백만 아랍인들에 둘러싸여 있다고 생각한다. 그리고 인도의 힌두교도들은 파키스탄과 방글라데시에 의해, 그리고 이슬람의 열정에 사로잡혀 있는 그 너머의 무슬림 사회, 즉 이란과 중동에 의해 측면 공격을 받고 있다고 생각한다.

무슬림 세계는 민주주의를 제도화하고 확실하게 성공시켜야 할 필요가 있다. 무슬림 세계에서 민주주의의 실천은 실망스러운 것이었고, 또 부정부패와 잘못된 국정 운영이 계속

되는 한 대안은 없다. 최소의 마찰로 부패한 지도자들을 제거할 수 있는 유일한 체제는 민주주의이다. 세계는 선거가 공정하고 자유롭다는 것, 그리고 공정한 선거와 민주주의를 보호하는 제도의 유지에 자원이 제공된다는 것을 보장함으로써 무슬림 세계를 도와줄 수 있다.

무슬림들은 자신들이 통치 과정에 직접 참여할 수 있다는 것을 느낄 수 있어야 한다. 그들은 자신의 지도자를 투표로 뽑을 수 있고, 만약 그 지도자가 자신들을 구원할 수 없다면 그들 또한 그 지도자를 버릴 수 있다는 것을 느껴야 한다. 매우 많은 무슬림 지도자들이 왕이거나 군사 독재자이다. 그들 중 많은 사람들이 자기 왕가의 지배를 영속시키기 위해 아들이나 친척을 통해 계속 지배하려고 한다. 대부분의 무슬림들은 자신들이 선거권을 빼앗긴 상태에 있다고 느끼고 있다.

민주주의가 잘 운영되면, 무슬림들은 확대되고 있는 빈부 격차로부터 스스로를 보호할 수 있을 것이다. 크고 화려한 저택들이 자동 무기로 무장한 안전요원들에 의해 보호되고 있는 광경과 가난한 아이들로 가득한 인근 판자촌의 형편없는 모습은 무슬림 도시에서 흔히 볼 수 있다. 부의 재분배는 민주주의 정부라면 가장 우선적으로 해결해야 할 과제임에 틀림없다.

우선해야 할 또 다른 일은 교육이다. 무슬림 사회는 다른 선진 사회와 동등한 위치에 올라서기 위해서 저렴한 양질의 교육에 접근할 수 있게 할 필요가 있다. 교육이 소수의 서구화된 엘리트들을 위한 것으로 한정되어서는 안 된다. 마드라사로부터 혜택을 받은 대다수 사람들은 과학, 기술, 대중 매체

그리고 세계에 관한 정보와 그것의 다양성 등에 대해서도 배워야 한다.

무슬림 교육은 이슬람의 관대하고 동정적인 성격을 강조할 필요가 있다. 그럴 때에만 이슬람의 본 모습이 다시 나타날 것이다. 정의, 지식, 그리고 동정심 · 균형에 대한 존중이 표면화될 때, 학자들과 사회의 소수자들에 대한 관용을 보여 줄 수 있을 것이다. 가장 중요한 것은 여성이 사회에서 정당한 지위를 부여받을 것이라는 사실이다.

무슬림들은 한때 그들 사회의 특징이었던 관용을 재발견해야 한다. 또한 우리는 무슬림들이 때때로 그럴듯한 말로 얼버무린다든가 인정하기를 거부하는 것에 대해 지적할 필요가 있다. 특히 무슬림 국가에서 살고 있는 소수의 비무슬림들에 대한 심각한 인권 침해에 무관심한 측면이 있다. 이것은 너그럽고 자비로운 이슬람 정신이 부족하기 때문이다. 무슬림들은 왜 (성서의 백성인 유대인과 기독교인에게) "용서하고 관대하라"는 코란의 교훈을 무시하고 있는가(2장과 109장)? 그들은 왜 신의 위대한 이름이 자선을 베푸시는 분이고 자비로우신 분이라는 것을 잊고 있는가?

교회, 버스 그리고 시장에서 보통 사람들을 납치하고, 강탈하고, 고문하고, 폭파시키는 행동에 대해 생각해 보자. 그 젊은 남자들 — 그리고 이제는 여자들 — 은 어디에서 그들의 영감을 얻는가? 왜 무슬림들은 가장 강력하고 사랑스러운 이슬람의 모습 중의 하나를 포기하려고 하는가? 왜 저항을 (팔레스타인, 이란, 아프가니스탄, 알제리, 파키스탄, 이집트에서와 같이)

항상 폭력으로 표현하는가? 왜 친절한 교사들과 이슬람의 신비론자들[예를 들면, 수피즘]에게 귀를 기울이지 않는가?[1]

무슬림 지도자들 또한 그들 나라의 사회적, 인구학적 추세에 대해 고민할 필요가 있다. 무슬림의 인구 성장률은 세계에서 가장 높다. 그리고 문자 해득률은 가장 낮고, 건강 편의시설은 만족스럽지 않고, 평균 수명은 세계 평균치보다 낮다. 부유하면서 부패한 엘리트들과 대다수의 인구 사이에 갈라진 틈은 불길하게도 확대되고 있다. 인구의 높은 비율이 젊은이들인데, 이들은 직업이 없고, 급진적인 변화를 원하고 있다. 많은 사람들에게 공격적인 이슬람 — 이것은 쉽게 폭력으로 변질되는데 — 이 당연한 출구가 되고 있다.

마지막으로, 무슬림들은 또 다른 중대한 국내 문제에 직면해 있다. 그들은 정의, 청렴, 관용 그리고 종교 의식에 대한 고집이 아닌 지식에 대한 추구 — 고전적 이슬람 문명 — 를 포함하는 이슬람의 이상을 재건해야 할 필요가 있다. 이슬람의 5주柱뿐 아니라 이슬람이라는 전체 건물을 재건축해야 할 필요가 있다. 매우 복잡한 문명을 단순한 종교 의식으로 축소하여 해석하는 것은 단순한 행동, 예를 들면 총이나 폭약에 손을 뻗치도록 조장한다. 오늘날 신앙심과 덕목은 도덕적 완결성이나 영성靈性에 의해서가 아니라 종종 폭력과 동일시되는 정치적 행동에 의해 판단되고 있다.

서구는 무엇을 해야 하는가?

서구는 세계적인 힘을 가지고 있기 때문에 솔선해야 할 필요가 있다. 문제는 지금 무슬림 세계와 상호 작용하는 서구 강대국들이 장기적인 전략을 보이고 있지 않다는 점이다. 장기적인 명확성과 이해가 없다면, 그 관계는 어디까지나 어렵고 불만족스러운 것일 뿐이다. 문제를 더욱 악화시키는 것은, 석유 문제와 관련된 다국적 기업들의 이해관계가 정책을 좌우하는 것 같아 보인다는 것이다. 무슬림 지역뿐만 아니라 세계 많은 지역에서 일반적으로 믿고 있는 바에 의하면, 서구가 아프가니스탄과 이라크에서의 군사적 행동에 관심을 갖고 있는 것은, 아프가니스탄은 잠재적으로 석유가 풍부한 중앙아시아 국가들과 접근이 용이하며, 이라크는 훨씬 더 많은 석유를 공급할 수 있게 해 주기 때문이라는 것이다. 우리는 앞에서 아시아의 지식인들이 "테러와의 전쟁"을 실제로는 이익을 위한 전쟁, 즉 알-파이다로 보고 있다는 것을 살펴보았다(Arundhati Roy in the *Guardian*, 2002. 9. 27).

서구는 먼저 무슬림들이 말하는 것에 귀를 기울이면서, 나아가서 이슬람을 이해하려고 노력하면서 무슬림 세계에 대응할 필요가 있다. 약간의 인내심과 이해심만 있다면, 무슬림 세계를 도우려는 일반적인 바람은 실현될 것이다. 만일 서구가 민주주의와 교육에 초점을 맞출 수 있다면, 비전과 목표 모두 명확해질 것이다. 그렇게 되면, 무슬림들도 서구가 이슬람을 멸망시키려고 하는 것은 아니라는 것을 느끼게 될 것이다.

경청과 이해는 매우 중요하다. 무슬림에 관해 가장 흔하게 사용되는 "원리주의자"나 "성전" 같은 단어들을 생각해 보자. 세계의 언론 매체는 원리주의자를 항상 무슬림 극단주의자, 광적인 무슬림 테러리스트로 인용하고 있는데, 많은 언론인들이 왜 다음과 같이 질문하지 않는 것인지 우리는 의아할 뿐이다. 우리는 어떤 문화의 무엇인가를 묘사하기 위해 고안된 용어(기독교인의 행동과 사상에 관한 어떤 낙인)를 구분되는 다른 문화에 적절하게 적용할 수 있는가? 개념상으로 무슬림들은 코란을 믿기 때문에 — 어떤 행동을 하건 또는 그들이 그 교훈들을 따르지 않을지 모름에도 불구하고 — 모두 원리주의자들이다. 그렇다면 오늘날 지구상에 있는 모든 무슬림들은 극단주의자이며 광적인 테러리스트들인가? 아니다. 명백히 그렇지 않다.

흔히 서구에서 종교적 전쟁이라는 공격적인 행동으로 오해하고 있는, 하지만 노력한다는 말에서 파생되어 나온 '대 지하드greater jihad' 개념은, 예언자의 설명에 의하면, 우리 자신의 기본적 본능을 통제하고, 더 낫고 더 조화로운 세계를 향해 노력하기 위한 시도임을 무슬림과 비무슬림들 중 얼마나 많은 사람들이 알고 있는가? 소 지하드lesser jihad는 이슬람을 위해 물리적으로 싸우는 것이다. 즉, 오직 폭정과 불의에 대항하는 방어적인 행동으로 싸우는 것을 의미한다.

서구는 무슬림 정부들에게 행동을 함께하도록, 정의를 지키도록, 깨끗한 행정 업무를 제공하도록 압력을 넣을 수 있다. 그리고 서구는 대부분의 무슬림 국가들과 공공연하게 또는 은

밀하게 상호 관계를 맺고 있다. 서구의 정부들은 이를테면 교육 프로그램 같은 것을 도울 수도 있다. 파키스탄의 예를 들어 보겠다. 9.11 이후 파키스탄은 미국으로부터 10억 달러 이상의 원조를 받았다. 원조 받은 그 돈의 얼마나 많은 부분이 수수료와 뇌물로 사라질까? 교육을 위해 얼마가 배당될까? 마드라사의 강의 내용은 향상되고 있는가? 도서관의 건립과 교사들의 훈련 프로그램에 얼마나 많은 돈이 투자될까?

서구는 언론 매체, 세미나, 회담, 회합을 통하여 이슬람을 적으로 간주하지 않는다는 것을, 그러나 무슬림들의 어떠한 측면의 행동에는 동의하지 않는다는 것을 보통의 무슬림들에게 진지하게 전해야 한다. 서구는 무슬림들의 폭동이 서구에 반대하는 것으로서가 아니라 부패와 정의의 결핍에 대항하는 운동의 이슬람식 표현임을 이해할 필요가 있다.

이 책에서의 논쟁을 이해함으로써, 즉 무슬림 사회가 사회적 연대의 붕괴로 혼란 상태에 있고, 그 결과 아노미 상태에 있다는 것을 이해한다면, 서구는 무슬림들이 존엄성과 명예를 재구축할 수 있도록 도울 수 있을 것이다.

서구는 "핵무기" 하면 자동적으로 무슬림들을 떠올리는 것과, 모든 무슬림의 행동에 대해 "원리주의자"의 행위로 단정짓는 것을 중단할 필요가 있다. 반이슬람적인 경향들을 스스로 억제하고 통제하는 것을 배워야 한다. 국제적인 언론 매체와 서구의 정부들은 무슬림 사회에 대해 더 신경을 쓸 필요가 있다. 서구는 이슬람이 존엄성을 가진 세계 종교라는 관점에서 보도해야 한다. 이슬람에 대한 서구 언론 매체의 일반화되고 강도 높은 경멸 때문에 많은 무슬림들은 반서구적인 태도를 갖게 된다. 또한 그것은 대화와 중용을 말하려는 사람들의 입장을 더욱더 난처하게 만든다.

이렇게 경직된 세상에서 인류 공동의 문제들에 대해 인지할 필요가 있다. 즉, 약물과 알코올 남용, 이혼, 10대들의 폭력과 범죄, 민족적 · 인종적 편견, 노인과 빈곤층 문제, 증가하는 무정부주의와 만연하는 물질 만능주의의 도전, 여성과 아이들의 성적 대상으로의 타락, 천연 자원의 고갈과 생태학적 관심사 등이 그러한 문제들이다.[2] 아프리카에서 개인, 가족, 전 사회를 파멸시키고, 인도, 러시아, 중국 같은 나라에서 거의 점검되지 않은 채 널리 퍼지고 있는 에이즈는 강력하게 제지할 필요가 있다. 이런 문제들에 대해서 이슬람은 강력하고 분명한 입장을 취한다. 이것이 진정한 이슬람의 '성전'이며, 만일 적절하게 이용되고 이해된다면, 그것은 가장 중대한 이런 세계 문제들에 대해 신선하고도 몹시 필요한 힘을 공급해 줄 수 있을 것이다.

게다가 우리는 물질주의와 소비주의를 조장하는 관념들에 대해서도 조망할 필요가 있다. 우리는 인간의 삶이라는 특별한 운명에 감사할 필요는 있지만, 우리의 정신적 삶에 도전하는 기술의 발전을 두려워할 필요는 없다. 그러한 경이로운 발전이 우리의 재량에 의해 행해지는 것은 필요하나, 우리가 그러한 발전의 노예가 되어서는 안 된다.

무슬림들은 그들 사회 내부를 보면서 근본적인 문제점들을 들여다보듯이, 외부를 볼 때도 중요한 문제점들을 들여다

본다. 그렇기 때문에 그들은 자신들이 포위당해 있다고 느낀다. 그들은 주요 텔레비전 뉴스에서, 세계 신문들의 일면에서 이런 문제들을 본다. 대부분의 뉴스는 폭력적인 것이고, 무슬림들에 대해 좋지 않은 소식들이다. 무슬림들은 죽임을 당하거나 죽이고 있다; 무고한 사람들이 죽어 가고 있다. 해결책은 쉬워 보이지 않는다. 이것이 중동, 카슈미르, 체첸, 수단 남부 그리고 발칸으로부터 들려오는 뉴스의 진실이다. 즉, 유럽, 아프리카, 아시아 세 대륙으로부터 들려오는 뉴스는 피로 얼룩져 있으며, 무슬림이 직면하고 있는 문제 및 무슬림과 다른 사람들과의 관계에 관한 문제들에 집중되어 있다. 만일 이 지역에서 어떤 해결책을 찾지 못한다면, 끝없는 폭력의 악순환이 지속될 것이다. 세계는 이러한 문제들을 해결하는 데 초점을 맞출 필요가 있다. 하지만 더 강한 힘으로 그 문제들에 대응할 일은 아니다. 폭력은 더 많은 폭력을 가져온다는 것은 인류 역사에서 이미 확인된 사실이다.

민족적, 종교적 폭력은 인간 본성의 어둡고 추한 측면이다. 폭력을 억누르고 폭력과 싸우기 위해 우리는 가장 먼저 그것에 대해 이해할 필요가 있다. 그것은 우리의 시대, 우리의 본성, 우리의 열망들을 하나하나 자세히 바라보는 것이어야 한다. 폭력은 우리에게 인간의 조건에 대해 조망해 볼 것을 요청하고 있다.

민족적, 종교적 폭력 속에서 인류는 가장 극악무도한 행위를 초래하는 도덕적 붕괴에 직면하고 있다. 우리의 세계는 기아와 질병 같은 긴급한 문제들과 씨름할 능력과 자원을 가지고 있다. 우리는 인종적, 종교적 위협에 대처해 나갈 때에도 그에 못지않은 능력과 자원을 사용해야 한다. 분명히 말해, 지구 공동체는 역사에서 어떤 극적인 갈림길, 위기의 한계점에 이르러 있다.

II. 우리 시대에 대한 질문들

이븐 할둔의 순환론의 붕괴, 세계 종교 문화들 간의 상호 침투, 심지어 가장 멀리 떨어진 외딴 가정에까지 외국의 이미지와 사상으로 무장한 언론 매체의 침투, 학자들의 침묵, 정의와 질서에 기초한 인간 사회에서 균형을 유지해 주는 자비로운 신이라는 믿음을 붕괴시키는 가난과 불평등으로 인해 증대하는 절망감, 이러한 것들 때문에 우리는 [이 시대에 맞는 새로운] 포스트-할둔 패러다임post-khaldunian paradigm을 발전시킬 필요가 있다. 21세기 지구 사회를 연구하기 위한 새로운 이론적, 방법론적 틀을 개발할 필요가 있다. 그것은 사회적 결속 개념과 새로운 세계 사회의 다양성을 결합하고, 그래서 안달루시아가 보여 준 관용의 필요성을 인식할 수 있는 그러한 틀이 되어야 할 것이다. 우리는 사회과학의 새로운 일반 이론General Theory을 찾을 필요가 있다.

오늘날, 예상치 못했고 예상할 수도 없었던 종교적 부흥주의의 표현들은 현대의 철학자들과 사회학자들을 놀라게 했다.

분명 "신은 죽었다"라고 말했던 니체와,[3] 안정적이고 안전하며 자본가와 관료제 세계의 토대 위에 놓여 있는 프로테스탄트 윤리를 보았던 베버조차도 놀랐을 것이다. 니체에게는 신이 돌아와서 복수하는 것처럼 보였을 것이고, 베버에게는 신이 우승자라고 생각했던 바로 그 질서에 신이 도전하고 뒤집느라 바쁜 것처럼 보였을 것이다. 아마도 가장 놀란 사람은 마르크스였을 것이다. 종교는 더 이상 사람들을 다루기 쉽게 마비시키는 "아편"이 아니다. 종교는 "속도speed"와 더 유사해 보인다.[4]

신성 관념에 대한 연구

때로는 충돌하고 때로는 동맹을 맺으면서 상호 작용하는 주요 종교에 대한 연구가 하나의 실마리를 제공해 줄 수도 있다.[5] 모든 종교는 보통 고정관념과 풍자의 렌즈를 통해 비쳐지기 때문에 이해하려면 노력을 해야 한다. 그러나 이슬람보다 더 많은 이해를 요구하는 종교는 없을 것이다. 이 이슬람은 극심한 압력과 적대감에 쉼없이 노출되고 있다.

여전히 영향을 미치고 있다고 생각되는 문명 간의 충돌에 관한 논제는 금세기의 전쟁이 종교의 단층선을 따라 발생한다는 가정에 기초하고 있다. 그러므로 종교 사태의 요인이 무엇이며, 종교는 정치 발전에 어떠한 역할을 하는지에 대해 이해하는 것은 논리적이고 긴급한 일이다. 우리는 이러한 이론들의 특징의 이면을 통찰하고 사회를 이해하기 위한 대안적인 방법들을 찾아야 한다. 나는 우리가 각자의 종교나 모든 종교를 무비판적으로 받아들여야 한다고 제안하는 것이 아니다. 세계 사회에서 무슨 일이 일어나고 있는지를 이해하기 위해서 그것들을 이해해야 한다는 말이다.

질문하기

이와 같은 주장의 연결선상에서 몇 가지 질문을 해 볼 필요가 있다.[6] 이 질문들은 앞에서 논의할 때 이미 나온 것들이다. 서로 다른 문명들은 신성에 대해 서로 다르게 본다. 무슬림들은 이슬람 부흥주의 때문에 언론 매체를 통해 가끔 비난을 받지만, 종교적 부흥주의는 유대교와 기독교, 힌두교와 불교 사회를 막론하고 전 세계적으로 일어나고 있다. 심지어 종교를 거부하는 서구의 과학적, 지적 체계에서도 신성의 "재발견"에 대해 주목하고 있다(예컨대, Glynn 1999 참조). 우리는 서로 다른 세계 문명들이 자신과 상대를 어떻게 바라보는지 알 필요가 있다. 그들이 무엇을 미래의 비전으로 보는지 알 필요가 있다. "시간의 종말"에 대한 그들의 관념을 살펴볼 필요가 있으며, 시간의 종말을 계시로 보고, 그 과정이 가속화되기를 희망하는 사람들이 목소리를 높이는 것에 대해 주의를 기울일 필요가 있다.

이것을 통해 우리는 다음과 같은 질문들을 우선적으로 제기할 수 있다. 종교 부흥은 왜 일어나며, 사람들은 신에 대한 관념 또는 신성을 어떻게 수용하는가? 종교 부흥은 세계화 과

정의 결과이며, 세계화로부터 초래된 변형인가? 가족, 부족, 국민, 국가 같은 전통적인 구조가 약화되고 있는 이때, 종교가 아노미 상태에 빠진 개인들에게 불확실한 세상에서 확실성을 제공해 주고, 변화하는 세계에서 연속성을 제공해 준다고 설명할 수 있는가?

종교 부흥은 "인간 문명"을 재건하기 위해 아싸비야를 재창조하려는 시도인가? 우리는 할둔주의자들의 이론을 비무슬림 문명 또는 산업 문명에 적용할 수 있는가? 이븐 할둔이 기술했던 방식으로 부족민 또는 지방민들의 의미 있는 순환 운동이 더 이상 발생하지 않을 때, 할둔주의자들의 순환 — 또는 직선 — 운동 이론을 무슬림에게 계속 적용할 수 있을까? [할둔은 문명 순환을 도시민과 지방 유목민 간의 순환 운동으로 설명했다.]

배타성을 전제하고 있는 아싸비야는 집단을 강조한다. 그러나 신은 인간에 대해 보편적이고 관용적인 태도를 보임에도 불구하고 독점적으로 숭배 받고 싶어 한다. 신은 "부족"이나 "국가"라고 불리는 경쟁자와 숭배를 나누어 가지는 것을 승인하지 않을 것이 틀림없다. 공동체의 지도자들은 신과 집단을 혼합함으로써 효과적인 전략을 구사한다. 집단의 명예는 이제 신의 이름으로 보호받을 수 있게 되었다. 그 결과 우리는 아싸비야의 열광적이고 왜곡되고 위험한 형태, 즉 내가 초-아싸비야라고 부르는 형태의 출현을 보게 된다. 그러므로 신의 정의와 동정심을 말할 때, 집단의 명예와 복수의 필요성은 제외되어야 할 것이다. 공동체를 연구하고, 명예 사상이 행동에 어떤 영향을 미치고 있는가를 연구하는 초-아싸비야 인류학자들의 난제를 풀기 위해서는 신학자들과 토론할 필요가 있다. 다른 쪽에 대한 연구 없이 한쪽만 연구하는 것은 전체 그림을 부분적으로만 이해하는 꼴이 될 것이다.

우리의 두 번째 질문은 9월 11일 이후 전 세계에 반향을 불러일으키고 있다. 왜 신성에 대한 이해가 폭력이라는 프리즘을 통해 왜곡되고 있는가? 왜 사람들은 십자군 전쟁이나 종교 전쟁을 통해서 명예를 드높이려는 생각에 그렇게 열광하는가? 왜 무고한 사람들이 신의 이름으로 죽임을 당하고, 여성들은 강간을 당하는가? 어떤 종교도 이런 종류의 폭력을 고무시키지 않지만, 우리는 그것을 텔레비전에서 보고 신문에서 읽는다. 명예에 대한 인간적 해석이 실패하고 폭력적 해석이 승리한 것인가? 어떻게 우리는 그 과정을 멈추고 반전시킬 것인가?

죽음과 강간이 난무하는 스레브레니카 캠프는 무슬림들에게 무엇을 불러일으킬까? 구자라트의 불타 버린 이웃과 강탈당하고 살해된 무슬림의 시신들일까? 예닌에서 매장된 그 많은 사람들의 잔상들일까? 그러면 반대로 생각해 보자. 9.11에 수천 명의 무고한 사람들을 죽인 무슬림 납치범들에 대해 비무슬림들은 어떻게 대응하고 있는가? 이스라엘에서 유대교인, 파키스탄에서 기독교인, 인도에서 힌두교인 같은 무고한 민간인을 죽이는 것에 대해서 비무슬림들은 어떻게 대응하고 있는가? 대답은 긍정적이지 않다. 그것은 앞으로 격분과 분노, 더 많은 보복과 폭력을 가져올 것이라는 사실을 반영한다. 종교적 차이에 관심이 적은 신세대들은 이러한 사건들로부터 정보를 얻을 것이고, 스레브레니카, 구자라트, 예닌, 뉴욕, 워싱턴 같은 이름들은 불의와 종교적 폭력의 유력한 상징들이 될 것이다. 종교의 핵심적 특징들인 정의, 동정심, 지식을 현실화시키는 것은 더욱 어려울 것이다. 바로 여기에 학자들이 문명 간의 충돌이라고 부르는 것의 세계사적 의미가 있다.

셋째, 우리는 다음과 같이 질문할 필요가 있다. 그것에 대해 무엇이 행해져야 하는가? 우리는 학대, 강간, 살인이 명예로운 행위가 아니라 명예롭지 못한 행위라는 것을 사람들에게 어떻게 납득시킬 수 있는가? 인간의 행동에서 무엇이 선하고 고귀한 행동인가를 우리는 어떻게 재발견할 것인가? 어떻게 탈명예의 세계를 극복하고 명예에 대한 인간적 관념을 재창출할 것인가?

앞으로의 길

나는 다른 문명의 이해라는 관점에서 문명 간의 대화에 대해 생각하고 실천하는 데 그 답이 있다고 믿는다. 그것은 탈명예의 세계에서 동정심에 기초한 명예와 존엄을 재창조하는 방향으로 나아가는 첫걸음이 될 것이다. 그것은 또한 우리 시대에 초-아싸비야에 대한 병적이고 거의 광적인 표현을 점검하는 것과 같은 행위일 것이다. 우리는 단순히 부족이나 국가가 아닌, 글로벌 사회 또는 모든 인류를 포함하는 아싸비야 또는 집단 충성의 관념을 구축할 필요가 있다. 수세기 전에 모든 위대한 종교 전통을 종합한 신비주의자들이 이것을 실행하고 있었다는 것을 고려해 볼 때, 그렇게 비현실적인 꿈만은 아니다. 수피들의 술-이-쿨, 즉 "모두와의 평화를"이라는 구호는 상기해 볼 가치가 있다. 알-루미 — 그의 작품은 오늘날 미국에서 꽤 인기가 있는데 — 와 이븐 아라비는 무슬림 세계의 서로 다른 두 극단에서 온 두 가지 예이다. 그들의 생각과 시구들은 유대교의 회당, 기독교의 교회, 이슬람의 모스크에서 신의 본질적인 통합을 분명하게 반영하고 있다. 루미의 예는 9.11 사건 후의 아이러니를 보여 준다. 즉, "테러와의 전쟁" 직후에 탈리반과 빈 라덴으로 인해 비난받고 있는 아프가니스탄에서 7세기 전에 태어난, 현재 미국에서 인기 있는 무슬림 시인의 사상은 우리가 사는 세상이 역설적이게도 희망적이라는 것을 말해 주고 있다.

우리는 각 문명 속에 놓여 있는 신비 사상의 깊은 우물을 재발견할 필요가 있다. 우리는 모든 위대한 종교들을 결합시키고, 힌두교 같이 비유일신 사상을 상당 부분 포함하는 신비주의를 통해 표현되고 있는 더 높은 수준의 영성spirituality을 재발견하고 재강조할 필요가 있다. 우리는 집단의 명예와 정체성의 관념들을 초월한 종교 속에서 본질적이며 정신적인 통일을 재발견하려는 의식적인 시도를 할 필요가 있다. 이것은 가능하다. 여러 수준의 대화에서 몇 가지 예를 들어 보겠다.

나는 2002년 10월 초에 유럽 기독교계에서 가장 오래된 교회들 중의 하나인 캔터베리 대성당의 지하 납골당 — 있을 것 같지 않은 장소 — 에서 인간의 정신과 그것의 본질적인 통일에 대한 확증의 표현들을 보았다. 그것은 일본인 플루트 연주자, 성당 합창단, 그리고 아프리카계 미국인 재즈 피아니스트와 모로코 수피 음악가들이 협연한 저녁 음악회에서였다. "물위를 걸어가는 예수"를 노래하는 천사 같은 합창단의 모습과 목소리, 그리고 이슬람 예언자에 대한 경배를 노래하고 춤추는 모로코인들은 나에게 21세기의 문화적 조화의 가능성을 요약해서 보여 주었다.

저녁 음악회는 당시 캔터베리 대주교인 캐리 박사와 세계은행 총재인 울펜손James Wolfensohn이 "신앙과 개발의 세계 지도자들"이란 주제로 캔터베리에서 개최한 이틀간의 회담에서 절정을 이루었다. 신을 믿는 사람들과 개발이라는 쟁점에 관심 있는 사람들 간의 논쟁을 통해서 그들은 세계를 주도해 가는 몇몇 인사들의 관심을 끌었다. 개발이라는 쟁점의 정신적 만족을 조사해 보려 했던 처음의 생각은 교회와 경제학자들 모두에게 논쟁적인 문제로 남아 있다. 그러나 그것의 힘은 부정할 수 없으며, 아마도 그것은 불확실한 미래에 길을 제공해 줄 것이다.

여기에 참석한 사람들의 명단을 다시 작성하는 것은 쉽지 않은 일이다. 왜냐하면 기라성 같은 사람들 중에서 단지 몇 사람만을 선택하기란 어려운 일이기 때문이다. 게다가 그들의 직업과 이름을 모두 적기에는 지면이 너무 부족하다. 요약하여 적으면 다음과 같다. 이스라엘의 최고 랍비인 라우Meir Lau, 맥캐릭Theodore McCarrick 추기경, 영국 상원의 보수당 외무 담당 전前 대변인 모이니한 경Lord Moynihan, 대주교인 엔둔가네Winston Njongonkulu Ndungane, 국제개발부 장관

클레어 쇼트Clare Short, 인도 출신의 성하聖下 아그니베시Shri Swami Agnivesh, 뱌무기샤Canon Gideon Byamugisha 주교, 전 코스타리카 대통령이자 세계경제포럼의 경영 감독관인 피구에레스Jose Maria Figueres, 그리고 티라나와 알바니아의 대주교인 아나스타시오스Anastasios가 참석했다. 이러한 저명 종교 지도자들은 여러 가지 문화적 추세를 접하였다. 그리고 밴드 U2의 리드 싱어인 보노Bono 역시 초대되었는데, 이것은 보노와 한마음인 사람들의 지지를 얻어내기 위해서였다. 빈곤, 외채, 에이즈에 대한 보노의 관심은 세상 사람들에게 각인되어 있는데, 『타임』은 3월 4일자 특집에서 "보노가 세상을 구할 수 있을까?" 라는 표지 기사를 실었다.

이러한 종류의 국제적 모임은 단조로움 속에 아이디어들이 묻혀 버리기 때문에 대체로 딱딱하다. 우리는 모두 평화를 원한다. 우리는 모두 조화를 원한다. 우리는 모두 희망 속에서 살기를 원한다. 때때로 이와 같은 모임은 욕설로 끝나기도 한다. 그리고 시대에 뒤떨어진 편견이 시작된다.

그러나 이번에는 뭔가 다른 일이 일어났다. 그 이유는 쉽게 설명할 수 없다. 아마도 그것은 개인의 마음에 화학적인 변화가 일어났기 때문일 것이다. 아마도 그것은 매일 아침 영감을 불어넣고 감동적인 멜로디를 연주해 준 일본인 플루트 연주자 때문이었을 것이다. 그리고 캔터베리라고 하는 참으로 멋진 무대 때문이었을 것이다.

참가자들은 세계 문명이 직면한 빈곤, 에이즈, 내전 같은 실제 현안에 초점을 맞춰 위급성을 표현했을 뿐만 아니라 건

강한 자기비판에 대한 필요성도 표현했다. 캐리 박사는 "세상은 끔찍한 혼란 속에 있다"라고 말했다. 종교 공동체들은 협력할 필요가 있다. 오직 이러한 전망만이 개발과 빈곤이라는 문제에 대해 효과적으로 맞설 수 있다. 보노는 빈곤, 외채, 에이즈 같은 세상의 부조리한 상태에 대한 강력한 이미지를 창조했다. "신은 우리에게 무릎 꿇고 인간성을 구원하라고 호소하고 있습니다. 우리는 즉시 대답해야 합니다."

이처럼 용기 있는 사람들은 그들 자신의 공동체에서 고정관념에 도전할 준비를 해 왔다. 세계은행에서 이런 전망을 이끌고 있는 울펜손은 10,000명이나 되는 세계은행 관료들의 노력은 개선되고 있는 중이지만 여전히 "불충분하다"는 것을 인정했다. 라우 박사는 병원에서, 때로는 그들 가족 앞에서 팔레스타인 환자들을 어떻게 방문했는지를 말해 주었다. 기드온 주교는 자신이 에이즈에 걸렸다는 사실을 공표함으로써 그의 대륙 아프리카를 황폐화시키고 있고, 이제는 러시아, 인도, 중국까지도 위협하고 있는 에이즈 문제를 조명하기를 희망했다. 아그니베시는 자신의 책 『증오의 수확*Harvest of Hate*』(2002)에서 무슬림 암살 활동에 종사했던 같은 종교를 믿는 사람들[힌두교도들]을 비난했다. 아나스타시오스 대주교는 이슬람에 대한 관심 때문에 자신의 성당에서 사용하는 종교 서적을 저술했다고 나에게 말했다. 그는 얼마나 많은 무슬림들이 예수와 마리아를 숭배했는지를 아는 사람은 거의 없다는 점을 지적했다. 실제로 마리아는 성경에서보다 코란에서 더 많이 언급되고 있다.

내가 보기에 가장 의미 있는 언급은 캔터베리 대주교로부터 나왔다. 나는 그에게 무슬림 세계의 상처와 분노는 미국의 저명한 한 종교 인사가 최근 이슬람의 예언자를 비난하면서 생겨난 결과라는 점을 지적했다. 이슬람의 예언자는 무슬림들뿐 아니라 세속적인 사람들의 숭배와 사랑을 받고 있다는 점을 지적했다. 이러한 이슬람 예언자에 대한 비판은 중동 시장에서부터 남아시아의 시골마을 장터에서까지 서구의 이익에 손해를 끼치고 있다. 그들은 정말로 이슬람에 대항하는 "십자군"이 있다는 것을 사람들에게 확인시켜 주고 있었다. 그러한 독설은 무슬림 사회에서 극단주의자들을 고무시킬 뿐이었다. 그것은 문명 간의 충돌이라는 개념을 둘러싸고 꺼져 가는 불꽃에 기름을 붓는 격이었다.

대주교는 열정을 가지고 대답했다. 그는 이러한 비난들이 "터무니없다"는 것을 계속 기록해 두고 싶다고 말했다. 그는 이슬람의 예언자는 위대한 종교 교사이며, 아브라함에서 비롯된 이슬람의 영성에 감탄을 표한다고 말했다. 정말로 그는 자신의 종교와 무슬림과의 강한 일체감을 인정했다. 이슬람 예언자에 대한 그러한 언급들은 그 자신을 움찔하게 했는데, 왜냐하면 그러한 언급들은 기독교 신앙 자체를 낮추는 것이었기 때문이다. 기독교는 자비, 관대함, 희망의 종교이다.

나는 대주교의 용기와 자비심에 감사를 표했다. 그의 논평은 혹독한 비난으로 상처받은 무슬림들을 치료해 줄 것이 분명했다. 나에게 희망을 주었던 것은 분명히 이러한 포용주의자의 동정과 이해의 정신이었다.

워싱턴행 비행기를 타기 위해 히드로 공항으로 가는 도중에, 나는 영국 신문들의 주요 기사를 읽었다. 에드위너 커리Edwina Currie는 전 영국 총리였던 존 메이저John Major와의 정사를 폭로하는 책을 막 출간했다. 그 소식은 사담 후세인과 이라크전 이야기를 압도했다. 우리는 미디어의 주요 주제인 성과 스캔들 이야기로 돌아갔다. 그것은 나에게는 비현실적인 것이었다. 나는 여전히 대성당의 지하실에서 들려오는 듯한 달콤한 플루트 연주 소리를 듣고 있었고, 나의 마음은 고양되었다.

또 다른 차원에서, "종교와 국제적 사건들"이란 아메리카 대학에서의 나의 강의가 또 다른 예를 보여 준다. 나는 내 수업 시간에 특강 강사로 대학 교목인 랍비 케니스 코헨Kenneth Cohen 씨를 초대했다. 그는 아브라함에 뿌리를 두고 있는 세 개의 일신교를 묘사하면서 "세 자매"라는 개념을 사용했다. 그들은 때때로 싸우고, 때때로 다정하게 지내기도 하지만, 같은 가족이다. 종교와 정치를 전공한 저명한 기독교 학자인 조 몬트빌Joe Montville도 이에 동의했다. 국제이슬람사상연구소의 소장이자 매우 유명한 사우디 출신 학자인 아부술레이만 AbdulHamid AbuSulayman 교수는 "나는 유대인이며, 기독교인이며, 무슬림입니다"라고 자신의 입장을 밝혔다. 그는 계속해서 이슬람은 유대교와 기독교의 위대한 예언자들을 종교적 유산으로 받아들인다고 지적했다. 존경할 만한 이슬람 학자인 압둘 아지즈 사이드Abdul Aziz Said 교수는 이슬람 신비주의의 우주적인 미스터리에 대해 설명했다. 이러한 포용주의자들의 접근법은 유대인, 기독교인, 무슬림, 힌두교인 학생들이 포함된 나의 수업에서 토론을 위한 공감대를 형성해 주었다. 나의 학생들은 감동을 느꼈고, 영감을 받았으며, 나도 또한 그랬다.

무슬림 공동체 안에서도 변화의 조짐들이 있었다. 나는 2002년 8월에 북미이슬람협회(이것은 북미에서 가장 큰 무슬림 공동체이다)의 연중행사에서 이러한 변화의 조짐을 보았다. 그 집회는 35,000명이 등록한 가장 큰 행사 중의 하나였고, 워싱턴에서는 처음으로 열리는 것이었다. 나는 패널 의장 자격으로 "문명 간의 대화"라는 주제로 개막 연설을 했고, 그 협회가 조직한 첫 번째 영화제에서 진나 다큐멘터리를 상영할 때 진행을 맡았다.

9.11 사건 1주년 행사 전날에, 나는 대표자들에게 유대교회당, 교회, 이슬람 사원에 가 볼 것을 강조했다. 화해의 정신 속으로 들어가기 위해서, 그리고 상호 이해의 폭을 넓히기 위해서라고 강조했다. 나는 (2장 2절에서 서술한 강간 사례를 인용하면서) 무슬림 국가에서 일어나고 있는 여성들에 대한 대우, 교회와 병원을 폭파하는 행위를 가장 거친 용어로 비난했다. 충돌, 복수, 응징에 대한 이야기가 너무나 많음을 나는 한탄했다. 문명들 사이에서, 그리고 문명 내부에서 상호 이해를 위한 핵심 사상으로 자비심을 강조할 필요가 있다. 나는 훌륭한 청중들에게 무슬림 사회의 교육이 열악한 상태에 있으며, 아이러니하게도 '일름ilm,' 즉 지식이라는 단어가 코란에서 신의 이름 다음으로 많이 사용되는 단어임을 상기시켰다. 나

는 나를 초대한, 4-5백만 달러짜리 집을 가진 부유한 무슬림 가정들이 매우 인상적이었다고 말했다. 그들의 집에 몇 권의 책이라도 있었다면, 나는 더 강한 인상을 받았을 것이다. 지식은 정신적 통일로 가는 통로이다.

이것은 그곳에 모인 사람들에게 특별한 메시지였다. 그러한 경우에는 깃발을 흔들거나 트럼펫을 부는 경향이 있다. 무슬림을 곤경에 빠뜨리는 세상의 음모들은 비난받아 마땅하다. 그러므로 나는 그 반응에 깜짝 놀랐다. 나의 이야기가 끝나자 사람들은 일어나 감사의 박수를 쳤다. 나중에 어떤 젊은이는 나에게 와서 "이것은 너무 늦은 감이 있습니다"라고 말했다.

"대화"를 주제로 한 패널에서도 유사한 반응이 나왔다. 전 세계은행 부총재인 샤히드 후세인Shahid Husain, 신경과 의사인 아유브 한 옴마야Dr Ayub Khan Ommaya, 그리고 작가인 엔버 마수드Enver Masud 등이 유명한 발제자였다. 젊은 세대를 대표하여 학식 있고 논리적인 법률가인 사에드 한Saeed Khan도 이 패널에 참여했다.

그 반응은 나에게 희망을 주었다. 왜냐하면 우리는 이븐 할둔이 "인간 문명"이라고 불렀던 것에 관하여 생각해 볼 필요가 있으며, 전 세계적으로 현대적 의미로 사용할 필요가 있기 때문이다. 우리는 "포스트모더니즘," "세계화" 같은 단어들을 좋아하지 않을지도 모른다. 그러나 다른 문명들에 대해 동정심을 가진 이해와 포용의 학문 발전을 통해서, 우리는 빈부 격차의 심화, 절망감의 증가, 특히 가난한 사람들의 절망감의 증가와 같은 세계화의 결과들을 해결할 수 있다. 발칸, 중동,

서아시아에서 발생하고 있는 위대한 종교들 사이의 비극적 대결, 즉 어리석은 폭력의 악순환은 금세기에 문명 간의 대화를 통해 제어하여야 한다. 공동체들 간의 신뢰를 쌓기 위해서는 장기적인 작업을 시작할 필요가 있다. 워싱턴, 뉴욕, 모스크바, 파리뿐만 아니라 카이로, 이슬라마바드, 카불, 테헤란의 권력 중심에 있는 정책 입안자, 정책 결정자들은 오늘날 문명 간에 발생하고 있는 폭력의 악순환에 대해 진지하고도 긴급하게 다시 생각해 보아야 한다.

결론

나는 한편으로는 세계화, 사회 분열, 급진화가 상호 연계되어 있고, 다른 한편으로는 성적 위협과, 공격적이고 과도한 집단 충성, 명예 관념이 서로 연계되어 있다는 점을 지적했다. 여기에 원인과 결과가 있다. 우리는 종교적, 민족적 편협함의 희생자들이 그들의 종교나 민족성을 공유하는 사람들의 행동 때문에 다른 차원에서는 그들 자신이 공격자가 된다는 점을 알고 있다. 모든 단체는 그 바이러스에 노출되기 쉽다. 인종 청소는 죽음과 강간 수용소의 명백한 야만성으로부터, 좀 더 미묘하나 소수자에게 영향을 미치는 외상적인 문화적, 정치적, 경제적 압력에까지 걸쳐 있다고 나는 주장해 왔다.

나는 새로운 밀레니엄을 위한 타개책을 제안한다. 만일 무슬림 세계에 정의와 자비심이 넘친다면, 그리고 그것을 무슬림 세계가 볼 수 있다면, 만일 통치자들이 국민들을 통합시킨다면, 그리고 만일 무슬림들이 명예를 가지고 그들의 종교를 실천한다면, 그러면 이슬람은 그들의 경계 밖에서 살고 있는 비무슬림들에게 좋은 이웃이 될 것이고, 국내에서 살고 있는 사람들에게 호의적이고 동정적인 환경을 제공할 것이다. 무슬림의 정체성이나 존엄성을 파괴하려는 시도에 대해서는 계속 저항이 뒤따를 것이다. 저항에는 진나나 빈 라덴의 형태를 취할 수 있다.

9.11 사건은 문명 간의 충돌이라는 개념을 유행시켰지만, 그것은 또한 긴급한 대화의 필요성을 제기했다. 지역 공동체의 요구와 전통, 그리고 점차 국제적 기업과 정치적 관심들이 지배하는 세계 사이의 내부적 균형을 발견하기 위해 문명 간의 대화에 창조적으로 참여하는 것, 인간 사회가 직면하고 있는 지구적인 공동 문제들에 대한 세계적 해결책을 찾는 데 헌신하는 것, 그리고 정의롭고 자비로우며 평화로운 질서를 요구하는 것은 21세기에 인간 문명이 직면한 도전이 될 것이다. 도전에 대비하는 것은 신의 비전을 이행하는 것이며, 그렇게 하면서 모든 인류를 껴안는 것이 바로 신의 자비를 아는 것이 될 것이다.

옮긴이의 글

이 책은 2001년 9.11 사건 이후 이슬람 세계와 미국 및 서구 세계에서 벌어지고 있는 '폭력성'에 대한 한 무슬림 지식인의 통렬하고 처절한 비판서이다. 파키스탄계 미국인이고 무슬림이며, 인류학자인 필자는 '이슬람이 포위되어 가고 있다'는 위기의식을 강하게 느끼고 있다. 그는 극단적인 무슬림 테러리스트 및 테러리즘과 보편 종교로서의 이슬람을 구분해야 한다고 주장한다. 9.11 사건 이후 벌어지고 있는 상황에 대해서 무슬림들은 부시 정부의 '테러와의 전쟁,' '테러리스트 네트워크와의 전쟁'을 '이슬람과의 전쟁'으로 인식하고 있다. 십자군 철학에 기초하고 있는 "우리편 아니면 적"이라는 부시 독트린은 매우 많은 정체성이 혼재되어 있는 세계에 하나의 정체성만을 강요하는 것이다.

무슬림 세계에서 무엇what이 잘못되고 있고, 왜why 잘못되고 있으며, 지구의 안전과 조화를 원한다면 우리 모두가 어떻게how 해야 하는가? 필자는 우선 '무엇이 잘못되고 있는가? 이슬람이 잘못인가, 세계화가 잘못인가?' 라고 묻고, '세계화는 부분적으로는 인류의 미래이고, 부분적으로는 현실이며, 부분적으로는 환상에 불과하다. 이슬람 부흥 시대에 유대인, 기독교인, 무슬림들은 풍부한 종합 문화를 만들어 냈다. 이것이 진정한 세계화이다' 라고 주장한다.

신자유주의 세계화는 문명 대화, 문명 공존, 다문화의 조화를 추구하는 것이 아니라 오직 물질적 확대만을 추구하는 '공격적인 세계화' 이다. 미국의 TV에 나오는 최근의 이미지들은 육체적인 것과 인위적인 것에 대한 강박 관념을 확인해 주고 있다. 남자들은 성기의 크기를 확대하고 발기시켜야 한다는 강박 관념을 가지고 있고, 여성들은 가슴과 엉덩이를 탄력 있게 해야 한다는 강박 관념을 가지며, 모든 사람들은 술, 패스트푸드, 의상, 그리고 자동차에 대한 강박 관념을 가지고 있다. 이러한 것들은 유혹적이고 매혹적이기는 하지만, 노여움과 혐오감을 불러일으키고 우울하게 만드는 소비주의 세계화의 이미지들이다. 미국이 주도하고 있는 세계화에 대한 개발도상국 시민들의 반응은 미국에 대해 매혹과 혐오감을 동시에 느낀다는 것이다. 그것이 미국이 노여움의 중심이 되는 이유이며, 결국 세계화의 상징인 세계무역센터와 세계화를 무력으로 지탱해 주는 펜타곤에 대한 공격으로 나타났다. 그런데 빈 라덴의 명예롭지 못한 행동과 탈리반의 부족 명예만을 중시한 행위는 이러한 신자유주의의 공격적 세계화 과정을 무슬림의 책임으로 돌려 버렸다.

신은 인간을 창조하고 인간에게 자유 의지free will를 주고서 (인간) 역사와 도박을 했다. 자유 의지 개념 속에는 온건과 잔혹 간의 긴장이 존재한다. 인간은 정의롭고 자비롭게 되는 것만큼이나 쉽게 살인하고 파괴할 수 있는 능력을 가지고 있다. 21세기 초의 문제들, 즉 광범위하게 퍼져 있는 빈곤, 정의와 동정심의 결핍, 지구 자원의 완전한 고갈, 무감각하고 광범위하게 퍼져 있는 폭력 등을 보면서, 신은 이제 인간 창조를 후회할 것이다. 신은 인간이 선을 행하고 악을 피하기를 원하신다. 신은 정의롭고 균형 있는 인간 사회를 원하신다. 그러므로 아마도 신을 가장 실망시키는 것은 인간의 극단적인 폭력일 것이다. 의약과 의사소통 수단의 획기적인 성취로 인간은 탐욕스러운 욕구를 억제하지 못하고 있다. 인간 사회는 매우 빠른 속도로 지구를 파괴시킴으로써 미래 세대의 것을 빼앗고 있다. 인류의 가장 위대한 특성 중 하나는 도덕적 선택을 할 수 있는 능력이다. 즉, 인간은 분노하는 사람에게 다른 쪽 뺨을 내 놓을 수 있고, 다른 사람들과 평화를 이야기할 수 있는 유일한 종이다. 인간이 동정심을 표현할 때, 인간은 인간과 창조주를 연계시키는 신성의 불꽃을 반영하는 것이다. 그러나 이러한 도덕적 선택을 할 수 있는 자유 의지 때문에, 다른 방식으로 신을 믿는 사람들에게 폭력을 가하기 위해 신의 이름을 이용하기도 한다. 신의 대리인이자 청지기 역할을 해야 하는 인간은 이슬람의 5주柱, 즉 종교 의식 및 기도를 통해 인간과 신 사이에 좋은 관계를 만들어 내야 한다.

인간은 아들(adl, 정의), 이흐산(ihsan, 동정심 · 친절 · 균형), 일름(ilm, 지식)을 통해 좋은 사회적 관계들을 만들어 내야 한다. 정의, 동정심, 지식을 추구한다는 것은 신이 소망하는 사회를 지향하고 있다는 것을 함의한다. 정의, 동정심, 지식은 이상적인 지도자가 되기 위한 전제 조건이다. 정의롭고 동점심이 있는 사회를 창출하는 데 실패함으로써 사람들은 부족의 명예tribal honor를 생각하게 된다. 명예 개념이 변한 것은 특정 집단에 대한 과장된, 강박적인 충성과 타자에 대한 적대감, 때로는 '폭력을 통하여 표현되는 아싸비야asabiyya,' 즉 '초-아싸비야hyper-asabiyya의 결과' 이다. 아싸비야의 붕괴는 정의, 동정심, 지식에 기초한 사회의 붕괴를 의미하고 탈명예의 시대를 초래했다. 탈명예의 대표적 사례로서 빈 라덴과 탈리반의 반이슬람적 행동, 클린턴-르윈스키 사건을 들 수 있다. 클린턴이 르윈스키와 '부적절한 관계' 를 갖고 있을 때, 아라파트는 긴급한 팔레스타인 문제를 논의하기 위해 백악관에서 기다리고 있었다.

명예와 복수, 이것은 사회적 행위에 대한 남성적 해석, 즉 남성이 사회적 행위를 할 때 지켜야 하는 규범이다. 9.11 사건 이후, 세계 무대에 등장한 배우가 주로 남성이라는 사실은 우연이 아니다. 그 배우들은 미국에서는 부시, 체니, 파월, 럼스펠드, 영국에서는 블레어, 러시아에서는 푸틴, 중동에서는 샤론, 아라파트, 무바라크, 후세인, 두 명의 압둘라(요르단의 압둘라 2세 국왕과 사우디의 국왕) 등이다. 우리를 탈명예의 세계로 밀어 넣는 움직임을 역류시키기 위해서, 우리는 타 문화와 대화하고 타 문화에 대한 이해를 재발견할 필요가 있다. 우리는 모두를 위해 정의와 동정심을 강조하는 도덕을 강조할 필요가 있다.

그렇다면, 이러한 탈명예의 시대에 이슬람이 대안인가? 55개 국가에 약 13억 무슬림이 살고 있고, 하나의 핵 보유 국가가 있다. 세계 무슬림의 약 1/3이 비무슬림 국가에 살고 있다. 미국에 700만, 영국에 200만을 포함하여 약 2,500만 무슬림이 서구에 살고 있다. 무슬림 국가들은 미국 외교 정책에 매우 중요한 국가들이다. 미국 외교 정책 대상의 9개 '중추 국가pivotal states' 중 5개 국가가 무슬림 국가이다. 무슬림 세계의 인구는 가장 빠른 속도로 증가하고 있다. 이러한 상황 때문에 이슬람 공포증Islamophobia이 점증하고 있다. 그 귀결은 무슬림의 노여움, 혼란, 좌절이고, 결국 무슬림들의 폭력 행위를 초래한다. 피트나(fitna, 혼돈)와 샤르(shar, 갈등)는 흔한 일이 되고 있고, 정의롭고 동정심 있는 인간 사회를 만들겠다는 신의 희망은 달성되지 않은 채로 남아 있다.

세상에는 이슬람에 대한 오해가 많다. "이슬람이 동정심과 인내심을 그렇게 강조하면서도 왜 비무슬림들을 향해 폭력을 사용하고, 참지 못하며, 여성을 차별하는가? 이 질문에 대한 대답은 무슬림과 비무슬림 모두 코란을 선택적으로 이용하고 있다는 것이다. 코란 구절들을 독해할 때, 기록될 당시의 특수 상황과 그것들이 구현되는 일반 원칙general principle 모두를 고려해야 한다. 신은 라흐만Rahman과 라힘Rahim, 즉 자선심이 충만한 분이고Beneficient 자비로우신 분Merciful이라고 앎으로써 무슬림들은 자신들의 공동체, 종교, 국가에 속하지 않는 사람들에 대해서도 포용해야 한다고 알고 있다. 코란을 잘못 이해하는 무슬림들은 네 명의 아내를 가지는 것을 정당화시키기 위해서 코란 4장 3절 — "네가 원하는 만큼의 많은 여성, 2명, 3명 혹은 4명과 결혼해라" — 을 인용한다. 마찬가지로 코란을 잘못 이해하는 비무슬림들은 이슬람의 음탕한 특성을 지적한다. 양자 모두 그 다음 구절에 있는 같은 구절, 즉 각각의 아내는 '동등하게' 그리고 '정의롭게' 취급되어야 하며, '이것이 불가능할 때에는 한 명의 아내를 가지는 것이 가장 좋다' 는 구절을 무시하고 있는 것이다.

많은 무슬림들은 '초강대국인 미국은 도덕적으로 파산자이고, 세계인들이 겪는 고통을 중지시키려 하지 않으며, 미국인 자신들의 지나친 소비를 멈추려고 하지 않는다' 고 인식하고 있다. 관타나모 미군 포로 수용소의 죄수들에 대한 인권 침해 사례와 무슬림 정체성의 상징이자 이슬람 예언자의 언명이고 실천이기도 한 무슬림들의 수염이 강제로 잘렸다는 사실의 심각성에 대해서 서구인들은 아직 잘 인식하지 못하고 있다. 자신도 모르게, 미국인들은 자기 자신들을 현대 세계에서 가장 야만적이고 종족적이며, 문맹적이고 후진적인 단체(탈리반 정권)와 비교하고 있었다. 개발도상의 사회에서 살고 있는 사람들은 '테러와의 전쟁' 을 미 제국주의의 탐욕스럽고, 만족할 줄 모르는, 협박과 폭력에 대한 표현으로 인식했다.

9.11 사건을 보고, 헌팅턴은 능글맞게 만족스러운 웃음을 지었을 것이고, 루시디는 '그래, 이것이 바로 이슬람이야' 라고 생각했을 것이다. 후쿠야마는 뉴욕의 세계무역센터와 펜타

곤이 파괴되는 사건을 보면서 자본주의 승리와 역사 종말론의 문제점을 인식했을지도 모른다. 서구 언론들도 저주와 편견을 가지고 이슬람과 무슬림에 대해 보도했다.

'원리주의자,' '테러리스트,' 그리고 '극단주의자' 등의 단어들은 의미가 없다. 모든 무슬림들은 각자가 코란의 원리를 이루는 것들을 믿고 있기 때문에 '원리주의자' 이지 않는가? 자유주의 무슬림들조차도 코란의 본질적인 신성을 믿고 있지 않는가? 그렇다면 모든 무슬림은 '광신자' 또는 '테러리스트' 또는 '극단주의자' 인가? '원리주의자' 같은 용어들은 우리에게 말해 주는 것이 거의 없고, '테러리스트' 와 '극단주의자' 같은 용어는 더욱 그렇다. 이 용어들의 사용은 혼란을 배가할 뿐이다. 그래서 필자는 단순성과 명쾌함이라는 장점을 가진 '배타주의자exclusivist' 와 '포용주의자inclusivist' 라는 용어를 사용한다. 우리 모두는 술-이-쿨sulh-i-kul, 즉 '모두와의 평화' 를 주창하는 수피 메시지를 고려해야 한다. 학자들도 포용성의 학문을 해야 한다. 서로를 악마로 보는 것을 멈춰야 한다. 무슬림들은 서구가 '섹스와 폭력의 탐닉에 빠져 있으면서 이슬람을 멸종시키기 위해 영원히 음모를 꾸미고 있는 거대 악마Great Satan' 라고 보는 고정관념에서 벗어나야 한다. 민주주의를 제도화하고 민주주의가 확실하게 성공하도록 할 필요가 있다. 높은 양질의 교육을 실시하고, 이슬람 사회의 특징이 되어 왔던 관용을 재발견해야 한다. 정의, 청렴, 관대함, 그리고 종교 의식에 대한 고집이 아닌 지식에 대한 요구를 포함하는 이슬람 이상을 재구축해야 할 필요가 있다. 왜 저항을 항상 폭력을 통해 표현하는가?

서구인들도 무슬림들이 말하는 것에 귀를 기울이고, 이슬람을 이해하려고 노력함으로써 무슬림 세계에 대응할 필요가 있다. 서구 언론에서 가장 자주 언급되는 '원리주의,' 우리 자신의 기본적인 본능을 통제하고 더 낫고, 더 조화로운 세계를 향해 노력하도록 시도하기 위해 예언자가 설명한 '대 지하드,' 오직 폭정과 불의에 대항하는 방어적인 행동으로 싸우는 것을 의미하는 '소 지하드' 개념들은 의도적으로 잘못 해석되고 있다. 서구인들이 사용하는 '원리주의' 개념은 이슬람 문화를 묘사할 때 '극단주의자,' '광적인 테러리스트들'이라는 의미로 사용된다. 서구는 이슬람 사회에서 벌어지고 있는 폭동이 서구에 반대하는 것으로서가 아니라 부패와 정의의 결핍에 대항하는 운동의 이슬람식 표현임을 이해할 필요가 있다. 무슬림 사회는 사회적 연대성의 붕괴 결과로 혼란 상태에 있고, 그 결과로 초래된 아노미 상태에 있다는 것을 인식함으로써 서구는 무슬림들이 존엄성과 명예를 재구축할 수 있도록 도울 수 있다. 인류 공동의 문제들, 즉 약물과 알코올 남용, 이혼, 10대들의 폭력과 범죄, 민족적 · 인종적 편견, 노인과 가난한 사람들의 문제, 증가하는 무정부주의와 만연하는 물질 만능주의의 도전, 여성과 아이들의 성적 대상으로의 타락, 천연자원의 고갈과 생태계 파괴에 대한 해결책을 찾아야 한다. 서구는 물질주의와 소비주의 사상에 대해 걱정해야 할 필요가 있다. 민족적, 종교적 폭력 속에서, 인류는 잔인함 중에서도 가장 극악무도한 행위를 하게 만드는 도덕적 붕괴에 직면하고 있음을 알아야 한다. 우리는 사회과학의 새로운 일반 이론 New General Theory을 찾을 필요가 있다. 오늘날 예상치 못했고 예상할 수도 없었던 종교 부흥주의는 현대의 철학자들과 사회학자들을 놀라게 했다. '신은 죽었다' 라고 말했던 니체와 자본가 및 관료제의 토대 위에 놓여 있는 프로테스탄트 윤리를 보았던 베버조차도 놀랐을 것이다. 니체에게는 신이 돌아와서 복수하는 것처럼 보였을 것이고, 베버에게는 신이 우승자라고 생각했던 질서에 신이 도전하고 뒤집느라 바쁜 것처럼 보였을 것이다. 아마도 가장 놀란 사람은 마르크스였을 것이다.

필자는 매우 풍부한 지식과 상상력을 가지고 9.11 이후 벌어지고 있는 갈등들을 분석한 후, 그 해결책들을 제시하고 있다. 필자가 강조한 것과 같이, 이 책을 통해 이슬람에 대한 편견과 오해가 조금이나마 해소되고, 평화와 연대성의 세계가 건설되기를 기대한다. 끝으로 좋은 책을 선택하여 번역할 것을 권고하고, 출판해 주신 도서출판 울력의 강동호 사장과 편집에 심혈을 기울인 편집진에게 감사한다.

주

서론: 신의 도박

1) 필자는 이 책에서 Marmaduke Pickthall이 번역한 *The Meaning of the Glorious Quran* (1938)을 사용하고 있다.

2) 신의 단일성unity of God, 즉 타우히드tawhid에 대한 관념은 이슬람의 중심 사상이다.

3) 논의 전문은 Safi (2001) 참조.

4) 논의 전문은 Bullock (2002) 참조.

5) 후쿠야마 교수는 그가 초기에 탐구했던 하나의 아이디어(1988), 즉 '현대 파시즘의 한 형태로서의 이슬람' 에 대해 고집스럽게 주장하고 있다(2002년 9월 12일자 *Wall Street Journal*에 게재된 프란시스 후쿠야마와 나다르 사민Nadar Samin의 "Destructive Creation: Can any good come of Radical Islam?" 참조).

6) 나는 지난 10년 동안 종교 간의 적극적 대화를 주장해 왔지만, 이제야 나의 일이 실패했다는 것을 알게 되었다. "나는 이슬람에 대한

[부정적] 이미지를 수정하도록 하는 데 나의 일생을 보냈다. 이 모든 것은 헛된 일이었는가?"(2001년 9월 20일 *Independent* 참조).

7) Ahmed 1992a; Barthes 1989; Foucault 1984; Harvey 1989; Jencks 1986; Kroker and Cook 1988; Lash 1990; Lyotard 1984; Turner 1994 참조. 일부 학자들은 우리가 근대라고 하는 세계사의 국면을 벗어났다고 확신하지 않는다. 그들은 현재를 "고도high" 또는 "후기late" 근대라고 주장한다(Giddens 1991).

8) 1990년대 초에 발칸의 수용소에서 자행된 살인과 강간 사건들을 볼 때, [인간 사회에서] 동정심, 상상력, 그리고 감정을 불러일으킨다는 것은 불가능하다. 그래서 일부 학자들은 우리가 "탈감정주의" 시대에 살고 있다고 믿고 있다(Mestrovic 1996).

9) 후쿠야마는 생명 공학이 지배하는 세계를 표현하기 위해 '탈인간' 개념을 사용했다(2002).

10) 나는 1998년 10월 발간된 *The World Today*에 게재된 "World without Honor?"에서 처음으로 "탈명예post-honor"라는 용어를 사용했다.

11) 이 개념은 세계를 dar al-Islam(이슬람의 집)과 dar al-harb(전쟁의 집)로 단순하게 분류한 것이다. 이 개념 속에서 이슬람의 기원을 추적할 수 있다. 메디나로 이주한 이후, 예언자는 그가 쫓겨났던 메카는 dar al-harb로 남아 있지만, 메디나는 dar al-Islam이라고 선언했다(Zeep Jr. 1992: 30; AbuSulayman 1993a와 Sachedina 2001 참조).

12) Falk(2000)의 글, "The Geo-Politics of Exclusion: The Case of Islam" 장 참조.

1. 포위당한 이슬람

1) 알리(Tariq Ali, 2002) 등 네오 마르크스주의자들은 거울 이미지 mirror image를 보고 있었다. 알리도 다른 학자들과 마찬가지로 미국과 이슬람의 극단주의자들 또는 "원리주의자들" 양쪽 모두에 대해 비판적이다. 그는 조지 부시의 미국과 빈 라덴의 이슬람 양쪽 모두에게서 원리주의를 보고 있다. 그의 책표지 위에 그려져 있는 그림, 즉 터번[남자가 머리에 감는 두건]을 쓰고 탈리반 스타일의 턱수염을 한 부시, 미국 대통령 문장이 보이는 벽을 배경으로 대통령 포즈를 한 채 서구식 옷을 입고 있는 빈 라덴 그림은 그가 주장하려고 하는 주요 내용을 잘 전달하고 있다. 그가 볼 때, "알라의 복수"와 "신은 우리 편이다"는 동전의 양면과 같다. 무슬림 세계에서만 "신식민주의"와 "제국주의자" 미국을 싫어하는 것이 아니다. 그는 9.11 사건 소식을 듣고서 중앙아메리카, 브라질, 중국도 이를 즐거워했다고 적고 있다. "그 제국의 신민들을 되받아쳤다"(같은 책: 2).

2) 이븐 아라비의 시적, 철학적 비전은 그의 시들 중의 하나에 쓰여 있는 다음과 같은 내용에 잘 표현되어 있다(Menocal 2000, 2002 참조).

My heart can take on 나의 심장은
Any Form: 어떤 모양새일까
Gazelles in a meadow, 목초지에서 뛰노는 가젤일까
A cloister for monks, 수도사들이 머무는 수도원일까
For the idols, sacred ground, 성상이 머무는 성지인가
Kaaba for the circling pilgrim, 성지 순례자들이 머무는 카바인가

The tables of the Torah, 토라를 올려 놓은 테이블인가
The scrolls of the Quran, 두루마리 코란인가

I profess the religion of love; 나는 사랑의 종교를 설파하네
Wherever its caravan turns, 그 순례단이 길 따라 돌고 도는 곳이
Along the way, that is the belief, 어느 곳일지라도, 그것은 믿음,
The faith I keep. 나는 그 믿음을 지키네

3) 나는 그들이 서구의 어떤 집단들에게 상대적으로 인기 있기 때문에 이 이름들을 선택한 것은 아니다. 그들은 주류를 이루는 무슬림 인사로 간주되고 있고, 무슬림 사회 내에서 표준이 되고 영감을 가진 사람으로 행동했다.

4) 2001년 9월 전후에 이러한 논평을 한 사람들은 다음과 같다. Armstrong 2000; Esposito 2002; Fuller 2003; Fuller and Lesser 1995; Nasr 2002; Rosen 2002와 Ahmed 2002a의 서문.

5) 헌팅턴Samuel Huntington의 글 「문명의 충돌인가The Clash of Civilizations?」(1993)와 그 후에 출판된 책(1996)은 이슬람과 서구 사이에 원천적으로 존재하고 있는 갈등을 강조함으로써 전 지구적인 논쟁을 불러일으켰다. 잘 알려져 있지 않은 사실이지만, 그러한 용어와 관념은 헌팅턴보다 몇 년 전에 쓴 루이스Bernard Lewis의 글 "The Roots of Muslim Rage"에서 비롯되었다(*Atlantic Monthly* 1990년 9월호). 루이스는 이 글에서 언급한 논쟁들을 그의 *What Went Wrong?* (2002)라는 책에서 다시 언급하고 있다. 직접적으로든 간접적으로든 루이스와 헌팅턴의 그러한 관념들은 이슬람에 관하여 언급하는 현시대의 저명한 대부분의 저자들, 예를 들면 Akbar(2002), Benjamin and Simon

(2002), Corbin(2002), Hiro(2002), Spencer(2002) 등에게 영향을 미쳤다. 그러나 헌팅턴과 루이스는 서구에 약 2,500만 명의 무슬림들이 살고 있다는 사실, 일부 무슬림 국가들이 미국 외교 정책에 "중추적 역할"을 하고 있다는 사실, 많은 무슬림 지도자들이 매우 지나치게 친서구적이어서 자국 국민들이 실망하고 있다는 사실, 무엇보다도 아브라함의 전통Abrahamic tradition의 재발견을 통하여 매우 강력한 문명 간의 대화 가능성이 있다는 사실을 무시하고 있다. 나는 이슬람과 서구 관계의 복합성과 명예, 정의, 위엄의 관념 같은 필터를 통하여 그것을 이해할 필요성이 있다는 것을 지적하고 싶다.

6) 개발도상국 출신의 많은 지식인들은 반드시 무슬림이 아니여도 미국에 비판적이었다. 미국에 대한 강한 비판, 미국은 무엇을 대표하는가, 미국이 세계 무대에서 운명적으로 해야 할 역할에 대해서는 2002년 9월 27일자 *Guardian*에 게재된 Arundhati Roy의 "Not Again" 참조.

7) 2001년 10월 7일 방영된 알-자지라 TV(카타르)와의 인터뷰와 미국 CNN의 정규 방송 보도.

8) 무슬림 당국자들도 새로운 세계 질서라는 용어를 빠른 속도로 배웠다. 대학의 교수들도 학생들을 침묵시키기 위해 "테러리스트"라는 용어를 자유롭게 사용했다. 예를 들면, 카라치 대학Karachi University의 부총장은 과도한 폭력의 사용을 준군사력paramilitary forces이라고 부르고, 학생들의 행위를 "테러리즘에… 상응한다"라고 발표함으로써 학생들의 요구를 간단하게 처리할 수 있었다("Troops break up demonstration at University of Karachi injuring dozens of protestors" by Martha Ann Overland in *The Chronicle of Higher Education*, September 9, 2002).

9) 일부 학자들은 미국을 진심으로 조화롭고, 다종교적이며, 다문

화적인 사회를 창출할 잠재력을 가진 것으로 보고 있다(Eck 2001 참조). 무슬림들이 많아지면서 더 자주 눈에 띄기 때문에 그 공동체에 반대하는 사건들이 증대하는 것 같다. 2001년 8월에 미-이슬람 관계 협의회(CAIR, Council for American-Islamic Relations)의 보고서인 「다양성 수용Accommodating Diversity」에 따르면, 반무슬림 사건은 2000-2001년에 15% 증가했다. CAIR 보고서는 다음과 같이 말한다. "미네소타 주에서는 기도할 권리가 부정되었기 때문에 30명의 무슬림 노동자들이 직장을 떠났고, 뉴욕 주에서는 한 명의 교정 공무원이 수염 기를 권리를 박탈당했으며, 일리노이 주에서는 종교적 의무인 히잡을 썼다는 이유로 한 여성이 해고되었다. 버지니아 주에서 무슬림 학생들은 학교에서 의무적인 금요 예배를 할 수 없다고 통보 받았고, 테네시 주의 한 모스크에서는 엽총 공격 사건으로 부상자가 나왔다. 그중 많은 사건들은 직장(48%) 또는 학교(15%)에서 종교적 수용이 거부된 사건들이다." 특히 9.11 사건의 결과로 무슬림에 대한 반발들이 발생한 이후, 이 지역에서 좀 더 적극적이고 강력한 조치를 행할 필요가 있다. 더 많은 사건들에 대해서는 2002년 워싱턴에 있는 아랍 아메리칸 연구소Arab American Institute가 발행한 "Healing the Nation: The Arab American Experience After September 11: A First Anniversary Report" 참조. 더 격렬한 발언에 대해서는 *America Muslim* (Khan 2002) 참조.

10) 라마단 월의 기원과 의미는 다음과 같다 — 옮긴이.

① 이슬람 성 단식월Islamic holy month of fasting

② '라마단'의 의미: '여름의 열기heat of summer'

③ 이슬람력 9월이라고 하는데, 우리로는 음력 9월쯤 되지만 음력하고도 차이가 있다. 이슬람 창시자 무함마드가 25세에 15년 연상의 하디자와 결혼한 후, 히라 산 동굴에서 명상을 하다가 가

브리엘 천사의 계시를 받음. '라마단 26-27일 밤(night of power, 권능의 밤, 정확한 날짜는 아님)' 은 예언자 무함마드가 최초로 '거룩한 계시divine revelation' 를 받은 날임.

④ 첫 번째 계시: "이끄라Iqraa(읽으라)." "저는 읽지 못합니다"…(세 번)(코란 96장 첫 5절의 내용).

⑤ 라마단 월에는 독실한 신자들은 코란이 예시한 것과 같이 단식을 해야 한다.

코란 제2장 185절: "인류의 복음인 코란과 그 복음의 설명과 기준이 내려진 달이 라마단 월이거늘 단식을 실천하라 하셨도다…."

코란 제2장 183절: "믿는 자들이여! 너희 선조들(모세, 예수 그리스도…)에게 명했듯이 너희들에게도 단식을 명하노라…."

⑥ 라마단 월 전 달(이슬람력 8월)이 30일로 끝나고, 그 다음 날부터 라마단 월 첫 날이 됨(나라마다 시작 시점이 다를 수 있다). 9월 첫 초승달이 뜨는 날의 첫 초승달이 뜨는 시각(저녁노을이 질 때인 4번째 기도 시간이 다음 날의 시작임): 각 나라의 울라마(무슬림 학자들)와 무프티(최고 법관, 샤리아에 따른 재판관)가 라마단 월을 선언하면서 시작된다. 사우디아라비아의 경우, 메카의 첫 초승달이 뜨는 시간. 수니파와 시아파 간에 라마단 월 시작 시점은 다르지 않다.

⑦ 코란에 '그 달에는 일출과 일몰 사이에 모든 성인 무슬림은 먹는 것, 마시는 것, 담배 피우는 것, 부부가 관계하는 것을 삼가는 것이 요구된다.' 술 마시는 것은 물론 물도 마시면 안 되고, 심지어 침도 삼켜서는 안 된다.

예외: 환자, 임산부, 노약자, 어린이(성인이 되면서 서서히 단식을 늘려감), 여행자, 외국인, 멘스나 하혈하는 여성 등은 제외. 나중에 그해가 다 가기 전에 똑같은 수의 단식을 해야 한다. 노인, 만성적 지병이 있는 사람은 경제적 형편에 따라 가난한 자들에게 단식의 숫자만큼 음식을 제공해야 한다.

⑧ 라마단 월의 의미는 다음과 같다. 개인적 차원에서 제일 중요한 것은 '하느님에게 가까이 가는 것,' 즉 종교적 신심을 강화시키는 계기가 된다는 것이다. 기독교의 사순절에 해당한다. 종교적 신심(영성, 은사)뿐 아니라 '자신을 수양(자기 통제)' 하고 정신적으로 강화시키는(영과 육의 강화) 기간이 된다. 영과 육을 내려 주신 신에 대한 감사의 표시로 단식을 함. 배고픔의 체험을 통해 남의 고통을 이해함. 사회적 차원에서는 '이웃에 대한 사랑과 나눔,' 즉 가난한 자들을 위한 기부금을 희사하고, 이웃과 음식을 나누어 먹음. 이러한 과정을 통해서 '사회적 연대,' '국가적 연대,' '무슬림 간의 연대' 를 강화시킴.

⑨ 라마단 월이 끝나면 '단식 종료 축제(다음 달 시작일로부터 3일 정도)' 를 하기도 한다. 라마단 특수라는 말을 하기도 하는데, 사실 라마단 기간에 음식과 물건을 더 많이 소비한다.

2. 무엇이 잘못되고 있는가?

1) Lewis 같은 역사가는 "무엇이 잘못 되었는가What Went Wrong?"(2002)라고 묻는다. 사회과학자는 "무엇이 잘못 되고 있는가What Is Going Wrong?"를 알고 싶어 할 것이다. 질병을 알지 못하면,

우리는 치료할 수 없을 것이다.

2) Richard Falk는 다음과 같이 지적한다. "매우 광범위하게, 이러한 인권 담론은 잘못된 보편주의에 의해 오염되었기 때문에 다양한 정도의 정당화와 기회주의를 가진 것으로 인식되고 있음에 틀림없다. 그리고 이 인권 담론은 서구적 패권의 한 표현인데, 이 서구적 패권은 문명 정체성civilisational identity과 차이, 특히 이슬람에 대한 억압을 해왔고, 계속 억압하고 있다. 역사적으로 서구는 이슬람을 하나의 위협으로 인식해 왔다."(2000: 150); 또한 Barber 1995; Esposito 1992, 2000; Fuller and Lesser 1995; Halliday 1996; Izetbegovic 1993 참조.

3) 이란의 하타미Muhammad Khatami 대통령은 1998년 9월 28일 유엔 총회 연설에서 강하고 분명하게 "문명 간의 대화"를 옹호했다(Muhammad Khatami, "Dialogue of Civilisation"; 특히 pp. 12-13 참조). 그 연설문 표지의 두 마리 비둘기가 그 내용을 상징적으로 표현해 주었다. 그 개념에 대한 상세한 토론 내용은 Segesvary 2000 참조; 또한 Picco 2001 참조.

4) 교황 바오로 2세(1994), 전임 캔터베리 대주교인 조지 캐리 박사, 남아프리카공화국의 넬슨 만델라 전 대통령, 데스몬드 투투 주교, 조너선 삭스Jonathan Sacks 영연방 연합 헤브루 총회United Hebrew Congregation of the British Commonwealth 최고 랍비(2002), 영국의 찰스 왕세자(1993), 그 외에도 많은 사람들이 오랜 기간 동안 그들 자신의 방식으로 이러한 종류의 대화를 주장해 왔다. 대화를 주장한 인사들의 목록에는 요르단의 하산 빈 탈랄(전 왕세자), 아가 한Aga Khan, 말레이시아 수상인 마하티르 모하마드 박사 같은 무슬림들도 포함되어 있다.

5) 세계은행 총재인 제임스 울펜손James Wolfensohn과 함께 전임

캔터베리 대주교인 조지 캐리 박사는 1998년에 세계 신앙 개발 대화 World Faiths Development Dialogue를 발족했다. 9월 11일의 행사는 예언적 전망을 확인해 주었고, 그들의 열정을 더욱 고조시켰다. 나는 이사로서 참여하라는 요청을 받고서 이를 기꺼이 수용했다.

6) 세계화에 관한 문헌은 풍부하다. 그리고 그 내용 중에는 유용한 것이 많다. 세계화에 대한 표준적인 정의와 연구로는 Kottak 2000 참조. 또한 Ahmed 1993d, 2002a와 b; Ahmed and Donnan 1994; Ahmed and Shore 1995; Bauman 1998; Beck 1992; Benthall 1993; Braibanti 1999; Falk 1999; Giddens 1990, 1991; Huntington 1993; Izetbegovic 1993; Khatami 1998; Mandaville 2001; Micklethwait and Wooldridge 2000; Mische and Merkling 2001; Moynihan 1993; Nash 1989; Robertson 1991, 1992; Thompson 1990; Turner 1994 참조.

Lewis는 역사적 관점에서 같은 주제를 다루고 있다(1998); Friedman은 저널리스트의 관점에서 보고 있고(2000), Mittelman은 정치경제학자의 관점에서 보고 있다(2000). Ali는 네오-마르크주의자의 관점에서(2002), Giddens는 사회학자의 관점에서(2000), Kottak은 인류학자의 관점에서(2000) 바라보고 있다. 좀 더 종말론적인 해석에 대해서는, Halsell(1986, 1999); Kaldor(1999); Kaplan(1997) 참조.

7) Ahmed 1992a와 위에 언급한 다른 자료 참조.

8) Giddens는 근대성 자체, 즉 세계화를 추동하는 엔진은 "서구의 (세계화) 프로젝트"라고 주장한다(1990: 174).

9) Friedman은 세계화를 미국화와 등치시킨다(2000 xix).

10) 부족 집단에 대한 개념과 딜레마에 대해서는 Ahmed 1980, 1991과 Ahmed and Hart 1984 참조.

11) 1994년 2월 25일 새벽, 요르단 강 서안 지역 헤브론의 사원에

서 한 이스라엘 정착민이 예배중인 팔레스타인인들을 향해 기관총을 난사해 50여 명이 숨지고 100여 명 이상이 다치는 사건이 발생했다. 이날 새벽 이스라엘 정착민 한 명이 군인으로 변장해 패트리아크 묘지 사원에 들어온 뒤 라마단 기도를 하기 위해 온 팔레스타인 군중에게 무차별적으로 기관총을 난사한 것이다. 이 사건의 범인인 바루크 골드스타인(37)은 11년 전 미국에서 이곳으로 이민 와 의사로 일해 왔다. 그는 이 사건을 저지른 뒤 자살하거나 팔레스타인인에 의해 살해된 것으로 알려졌다. 유대인 선조들의 묘가 있는 패트리아크 사원은 유대교와 이슬람교 모두의 성지이며, 지난 67년 제3차 중동전쟁 이후 이스라엘이 점령하고 있었다. PLO는 튀니스에서 성명을 발표해 점령지 내 모든 팔레스타인 노동자들과 기업들에게 3일 동안 항의 파업에 들어갈 것을 촉구했고, 하마스 등 정치적 이슬람 단체들은 '즉각적인 보복'을 선언했다. 이 사건은 지난 67년 이스라엘이 요르단 강 서안 지역 등을 강제 점령한 뒤 점령지에서 발생한 단일 사건으로는 최악의 유혈 참사였다 — 옮긴이.

3. 이븐 할둔과 사회적 결속

1) 나는 이븐 할둔만큼 다른 학문적 배경을 가진 학자들의 관심을 끈 국제적 학자는 소수밖에 없는 것으로 알고 있다. 그에게 관심을 가진 학자들 중 몇 명만을 언급하자면, Gellner(1981), Rosen(1984), Lings (1995), Mahdi(1957), Dhaouadi (1997)가 있다.

2) 나는 이븐 할둔의 이름 뒤에 석좌를 붙임으로써 이븐 할둔을 계속 기억할 수 있도록 해준 데 대해 워싱턴에 있는 아메리카 대학에 감

사의 마음을 전하고 싶다. 나는 케임브리지 대학에서 이크발Allama Muhammad Iqbal에게 경의를 표하기 위해 마련한 자리, 즉 대학 특별 연구원(Fellowship) 자리에 5년 동안 있었다. 서구의 한 대학에서 이븐 할둔 석좌 교수로서 글을 쓸 수 있다는 것은 매우 큰 영광이다. 왜냐하면 시인-철학자인 이크발과 사회학자인 할둔이 다른 영역, 다른 학문 분야, 다른 접근 방법을 대표한다 해도 그들 두 사람 모두 현대 학문에 풍부한 상상력을 제공하고, 문명 간의 대화를 위해 확실한 기초를 제공해 준다고 믿기 때문이다.

3) 이븐 할둔은 무슬림 세계의 서부 지역에서 사회에 대해 연구하였다(이븐 할둔은 튀니지 출신 학자였다 — 옮긴이). 하지만 할둔주의자들이 말하는 흥망성쇠라는 왕조의 주기적 유형은 중앙아시아와 서아시아에서도 똑같이 일어나고 있었다. 중앙아시아 부족들은 인도에 침입하여 델리로부터 7개 왕조를 건설했는데, 이 왕조들 각각은 여러 세대를 거치면서 차례로 쇠퇴하게 되고, 북부의 더 강한 아싸비야를 가진 부족들에 의해 무너졌다.

4) *Human Development Report*, 1995 참조. 또한 Burki (2001) 참조. Burki는 1억 4,500만의 인구를 가진, 가장 큰 무슬림 국가 중 하나인 파키스탄과 미국과의 비교를 통해 요점을 지적하고 있다. 즉, 비록 파키스탄의 인구가 미국 인구의 절반에 불과하지만, 파키스탄에는 19세 이하의 인구가 7,200만 명이고, 미국에는 7,000만 명이다.

5) 국제기구가 수집한, 사회의 건강성을 나타내는 특징들을 보면, 그 수치는 이러한 어두운 면을 확인해 준다. 무슬림 세계의 경제적, 사회적 발전에 관한 통계는 — 만약 우리가 그것을 모로코에서 인도네시아까지 광범위하게 조사한다면 — 다른 지역들과 비교해서 일반적으로 인상적이지 않으며 초라하다(*Human Development Report* 1995; 또

한 *Arab Human Development Report* 2002 참조).

6) 그러한 험담에도 불구하고, 간디의 상징적 가치는 여전히 강하다. 간디의 지지자 중 한 사람인 Swami Agnivesh(Agnivesh and Thampu 2002)는 다음과 같은 현대 인도의 대중적 표어를 나에게 인용했다. "오 간디! 우리는 당신을 암살한 자가 살아 있고, 잘 살아가고 있다는 것에 대해 부끄러워합니다."

7) 예를 들어, 이 하디스는 *Sahih al-Bukkari*의 6763번과 *Sunan Darami*의 242번에서 발견된다.

8) Abdus Salam은 파키스탄 무슬림들의 대부분이 이슬람으로 보지 않는 아흐마디 파Ahmadi sect에 속해 있다는 이유로 집요하게 괴롭힘을 당했다. 『워싱턴포스트』 2002년 5월 19일자에 게재된 나의 글 "Pakistan's Blasphemy Law: Words Fail Me" 참조.

4. 무슬림 지도력의 실패

1) 일부 네오-마르크스주의자들은 냉전 체제의 옛시절을 여전히 동경한다. Tariq Ali는 무슬림 사회에 그의 아버지의 메시지인 "정통 공산주의"(2002: 17)를 환기시키고 싶어 한다. Ali 책의 마지막에 있는 주장들은 무슬림 세계에서 이슬람을 금지하고, "진정한 진보의 토대, 즉 사회주의 중동의 구축"을 원한다. Ali는 중동에서 사회주의 지도자, 즉 시리아의 아사드와 이라크의 사담과 함께 했던 무슬림 경험Muslim experience을 잊고 있다. 사회주의는 비밀 경찰, 암살, 잔인한 살해, 두려움 속에 사는 사회를 의미한다. 중동에서 이슬람 극단주의가 부상한 것은 민족주의 운동과 사회주의 운동이 실패한 결과이다.

5. 무슬림 이상의 탐색: 포용성

1) 케임브리지에 도착했을 때, 파키스탄이 전액 지원해 주기로 한 기금을 지원해 주지 않았기 때문에 이크발 석좌 교수가 이크발 펠로우십Iqbal Fellowship으로 개명된 것을 알게 되었다.

2) 1993년에 방송된 〈살아 있는 이슬람Living Islam〉은 나의 책 『이슬람의 발견*Discovering Islam*』(2002a, 1998년에 초판 발행됨)에 기초하였다. 그것은 영국 TV에서 세 번 방영되었는데, BBC의 "이슬람 주간Islam Week"의 일환으로 2001년 8월에 마지막으로 방영되었다. 그리고 세계 여러 나라에서도 방영되었다. 나의 책인 *Living Islam: from Samarkand to Stornoway*는 많은 언어로 번역되었다(Ahmed 1993a).

3) 영화 〈진나〉를 만든 영국의 Montage Productions의 다큐멘터리 〈감히 꿈을 꾸다*Dare to Dream*〉 참조.

4) *Friday Times*, 1977. 3. 28 - 4. 3에 게재된 "Jews and Jinnah"와 *Friday Times*, Lahore, Pakistan 1997. 5. 16-22에 게재된 "Iranian Counsel on 'Jinnah'" 참조. 또한 다큐멘터리 〈감히 꿈을 꾸다〉 참조.

5) *Pakistan Link*, 2001년 7월 13일에 게재된 Shagufta Yaqub의 "Profile: Ambassador of Dialogue" 참조; 런던에서 발행되는 *QNews*, 2001. 7에 게재된 특별 코너 참조.

6) 중상과 비방은 근거가 없었고, 회사에서 일어나고 있던 부정행위에 대한 사람들의 관심을 다른 곳으로 돌리기 위한 조잡한 계략으로 일부러 만들어진 것이었다. 이 사실은 1997년 12월에 케임브리지에 있는 영국계 회사인 Brown Mcleod and Berrie 사의 공인회계사들이 진행한 Petra의 감사 보고로 확인되었다(또한 2000년 6월 9일자) "The Jinnah Film and Quaid Project Report from 7 March 1994 to 31 March

2000," 참조). 그러한 소동은 영화에 대한 전망에 손상을 입히는 데 성공했다. 회사를 대신해서 씌어진, 그러한 소동 이면의 잘 짜여진 계획을 폭로하고 있는 자세한 내용에 대해서는 2002년 11월 14일 Free Press Network의 *Information Times*에 게재된 "Quaid Project Limited Letter to General Pervez Musharraf" 참조.

7) 인터넷 사이트 Information.com에서 이 장관에 대한 몇몇 이야기 참조. 2002년 8월 4일에 Amir Mateen이 이 사이트에 쓴 "The Venal Game of a Pakistani Minister"와 2002년 9월 23일에 편집국장 Syed Adeeb이 *Information Times*에 쓴 특별 보고서 "Supreme Court Judge must investigate Nasim Ashraf" 참조.

8) 2005년 1월 25일 Dr. Masood Haider가 *Pakistan Link*에 쓴 "Pakistan's Treatment of Intellectuals" 참조.

9) 찰스 왕세자는 내가 1993년에 그에게 선물로 주었던 〈살아 있는 이슬람〉과 동봉한 책(Ahmed 1993a)을 보았다. 그리고 그는 그해 말 옥스퍼드 대학에서 "이슬람과 서구"에 관한 그의 헌정 강의를 할 때, 이것들을 사용했다("Islam and the West," speech by the Prince of Wales, Oxford Centre for Islamic Studies, October 27, 1993).

10) 많은 영국 저널리스트들은 나에게 "이슬람의 특사Ambassador of Islam"라는 칭호를 주었다(Hawkey 1995). 또한 진나 4중주에 관한 사설인 "Akbar Ahmed's Achievements"(*The News*, London, November 30, 1998) 참조.

11) 6월에 파키스탄에서 우르드어와 영어로 된 〈진나Jinnah〉가 일반인에게 개봉된 것이 파키스탄 최초의 영자 신문인 *Dawn*의 연간 회고에 그 달의 주요 이벤트로 선정되었다(*Dawn*, December 27, 2000). *Dawn*은 다음과 같은 글로 마무리했다. "이 영화가 아직도 매우 볼 만

하고, 정신을 고양시키는 것은 그 뒤에 숨은 사람, 즉 아크바르 아흐메드의 의지력의 증거이다."

12) 무슬림 세계의 주도적 학자이며 자마아트-이-이슬라미 Jamaat-i-Islami의 원로인 Khurshid Ahmad 교수는 *The News* (London, June 2, 2000)에서 나를 "이슬람의 특사Ambassador of Islam"라고 불렀다.

6. 무슬림 이상의 탐색: 배타성

1) 푸흐툰 족의 부족주의, 이슬람 지도력, 국가의 정치적 기회주의 political opportunism의 복잡한 상호 작용을 설명하는 사례 연구로는 필자의 *Resistance and Control in Pakistan* (1991) 참조; 학문적이지만 애정 어린 평가에 대해서는 Edwards 1996 참조; 종교와 인민에 대해 알고 있는 페샤와르Peshawar의 원주민에 의한 동정적이지만 객관적인 평가에 대해서는 Hussain 2001 참조; 영국의 저널리스트가 탈리반의 역사와 종교의 맥락 내에서 그에 대해 재치 있고 통렬하게 평가한 것으로는 Lamb 2002 참조.

2) 나는 2001년 7월 시카고에서 열린 주요 무슬림 회의에 주제 강연을 하기 위해 초대받았다. 그때 나는 처음으로 탈리반식 사고의 영향력에 직면했다. 그 회의의 조직위원장은 나의 이름이 발표되었을 때 일부 사람들이 반대했다는 사실을 나에게 알려 주었다. 그들은 나의 학식을 존경하지만, 빈 라덴보다 진나를 지도력의 모델로 격상시키는 것에 반대한다고 말했다. 나는 그들이 미국인으로서, 21세기에 다른 문명과 함께 살아가야 하는 좋은 무슬림으로서 그들의 상황을 올바로 인식하

지 못하고 있다고 느꼈다.

7. 지구적 패러다임을 향하여

1) 나는 다음과 같은 예를 들어 내가 주장하는 것을 설명할 것이다. 전형적인 수피주의자인 Sheikh Nazim Adil al-Haqqani Nagshbandi가 1996년 3월 8일에 케임브리지에 왔었다. 그는 특히 영국으로 전향한 사람들 중에 많은 추종자들을 가지고 있었다. 하지만 그들에 대해 신경이 곤두서 있던 젊은 무슬림들은 수피즘 운동에 반대하는 시위를 하였다. 그들은 매일 수피즘 관련 포스터를 떼고 수피주의자들의 회의를 방해했다. 그들에게 수피즘은 위험한 이교도였다. 하지만 그 모임을 안전하게 진행하기 위해 힘들게 일한 행사 주최자는 그 행사를 성공적으로 마무리했다. 나는 뒤에서 그들을 도왔다. Sheikh는 경의의 표시로 그의 오른편에 나를 앉혔고, 우리는 따뜻하게 맞이하는 것으로써 젊은 무슬림들의 무례한 행동에 대한 보상을 했다.

2) 지구의 파괴가 얼마나 심각한지에 관한 명료하고 학문적인 저서인 Pimm(2001) 참조.

3) 니체가 자신에게 적그리스도Anti-Christ라는 별명을 붙인 채 신이 죽었다고 언급하면서 야만적이고 잔인한 귀족에게 설교하였을 때, 그는 정치적 사건에 직접적으로 미치는 관념의 힘을 과소평가했다. 나치는 이 악의의 철학에 고무되었다(Nietzsche 1966 and 1972). 니체의 철학적 계승자인 마르틴 하이데거Martin Heidegger는 열렬한 나치가 되어 끝까지 나치로 남는 것으로써 그 전통을 계속 이어갔다.

4) 마르크스주의자조차 종교의 재건을 원리주의fundamentalism

라고 부르면서 그것을 인정했다(Ali 2002 참조).

5) 2001년 9월 이전에도 종교에 대한 관심의 징후로서 *Newsweek, Time, US News and World Report* 같은 몇몇 대중적인 잡지들은 종교를 커버스토리로 대서특필했다(이 잡지들의 4월 쟁점들 참조). 또한 높은 수준의 종교 관련 서적이 쏟아져 나왔다. 예컨대, Armstrong 2000, Eck 2001, Forbes and Mahan 2001, Johnston and Sampson 1994, Mische and Merkling 2001, Smith 2001, Wuthnow 2001.

6) 나는 이 장과 내가 현재 저술중인 책인 *Negotiating God-Global Society and the Idea of the Divine on the 21st Century*에서 제기한 몇 가지 의문점들을 탐구할 예정이다.

참고 문헌

Abdelkader, Deina (2000) *Social Justice in Islam*, International Institute of Islamic Thought, Herndon, Virginia.

AbuSulayman, AbdulHamid (1993a) *Towards an Islamic Theory of International Relations: New Directions for Methodology and Thought*, International Institute of Islamic Thought, Herndon, Virginia.

AbuSulayman, AbdulHamid (1993b) *Crisis in the Muslim Mind*, International Institute of Islamic Thought, Herndon, Virginia.

Agnivesh, Swami and Thampu, Valson (2002) *Harvest of Hate: Gujarat Under Siege*, Rupa Co, New Delhi.

Ahmad, Aisha and Boase, Roger (2003) *Pashtun Tales from the Pakistan-Afghan Frontier*, Saqi Books, London.

Ahmed, Akbar S. (1975) *Mataloona: Pukhto Proverbs*, Oxford University Press, Karachi.

Ahmed, Akbar S. (1976) *Millennium and Charisma among Pathans: A Critical Essay in Social Anthropology*, Routledge and Kegan

Paul, London.

Ahmed, Akbar S. (1980) *Pukhtun Economy and Society: Traditional Structure and Economic Development in a Tribal Society*, Routledge and Kegan Paul, London.

Ahmed, Akbar S (1991) *Resistance and Control in Pakistan*, Routledge, London.

Ahmed, Akbar S. (1992a) *Postmodernism and Islam: Predicament and Promise*, Routledge, London.

Ahmed, Akbar S. (1992b) "Bombay Films: The Cinema as Metaphor for Indian Society and Politics" in *Modern Asian Studies*, 26, 2, pp. 289-320.

Ahmed, Akbar S. (1993a) *Living Islam: From Samarkand to Stornoway*, BBC Books, London.

Ahmed, Akbar S. (1993b) "New Metaphor in the 'New World Order'" in *Impact International*, March 12 - April 8, pp. 24-7.

Ahmed, Akbar S. (1993c) "Points of Entry: The Taj Mahal" in *History Today*, vol. 43, May.

Ahmed, Akbar S. (1993d) "Media Mongols at the Gates of Baghdad" in *New Perspectives Quarterly*, vol. 10, summer.

Ahmed, Akbar S. (1996) "An Islamic University on the Internet" in the *Independent*, July 20.

Ahmed, Akbar S. (1997a) *Jinnah, Pakistan and Islamic Identity: The Search for Saladin*, Routledge, London.

Ahmed, Akbar S. (1997b) *The Quaid: Jinnah and the Story of Pakistan*, Oxford University Press, Karachi.

Ahmed, Akbar S. (1998) "World without Honour?" in *The World Today*, Royal Institute of International Affairs, London, October.

Ahmed, Akbar S. (2001) "Ibn Khaldun's Understanding of Civilizations and the Dilemmas of Islam and the West Today" in *Middle East Journal*, vol. 56, no. 1, winter.

Ahmed, Akbar S. (2002a) *Discovering Islam: Making Sense of Muslim History and Society*, Routledge, London. [originally published 1988; new Introduction and Foreword, by Lawrence Rosen]

Ahmed, Akbar S. (2002b) *Islam Today: A Short Introduction to the Muslim World*, I. B. Tauris, London. [originally published 1999; revised 2002]

Ahmed, Akbar S. and Donnan, Hastings (eds) (1994), *Islam, Globalisation and Postmodernity*, Routledge, London.

Ahmed, Akbar S. and Hart, David (eds) (1984) *Islam in Tribal Societies: From the Atlas to the Indus*, Routledge, London.

Ahmed, Akbar S. and Rosen, Lawrence (2001) "Islam, Academe, and Freedom of the Mind" in *Chronicle of Higher Education*, November 2.

Ahmed, Akbar S. and Shore, Cris (eds) (1995), *The Future of Anthropology: Its Relevance to the Contemporary World*, Athlone, London.

Akbar, M. J (2002) *The Shade of Swords: Jihad and the Conflict between Islam and Christianity*, Routledge, London.

Ali, Tariq (2002) *The Clash of Fundamentalisms: Crusades, Jihads and Modernity*, Verso, London and New York.

Arab Human Development Report (2002) United Nations Development Program Arab Fund on Economic and Social Development, United Nations Publications, New York.

Armesto, Felipe Fernandez (1995) *Millennium: A History of the Last*

Thousand Years, Scribner, New York.

Armstrong, Karen (2000) *The Battle for God: Fundamentalism in Judaism, Christianity and Islam*, HarperCollins, London.

Banaji, J. (1970) "Crisis of British Anthropology" in *New Left Review*, no. 64, pp. 71-85.

Barber, Benjamin R. (1995) *Jihad vs. McWorld*, Time Books, New York.

Barthes, Roland (1989) *Barthes: Selected Writings*, edited and introduced by Susan Sontag , Fontana Press, London

Baudrillard, Jean (1994) *The Illusion of the End*, Polity Press, Cambridge.

Bauman, Zygmunt (1988) *Globalization: The Human Consequences*, Polity Press, Cambridge.

Beck, Ulrich (1992) *Risk Society: Towards a New Modernity*, translated by Mark Ritter, Sage Publications, London. [originally published 1986]

Benjamin, Daniel K. and Simon, Steven A. (2002) *The Age of Sacred Terror: Radical Islam's War against America*, Random House, New York.

Benthall, Jonathan (1993) *Disasters, Relief and the Media*, I. B. Tauris, London.

Braibanti, Ralph (1999) "Islam and the West: Common Cause or Clash?," Occasional Paper Series, Center for Muslim-Christian Understanding, Georgetown University, Washington DC.

Bullock, Katherine (2002) *Rethinking Muslim Women and the Veil: Challenging Historical and Modern Stereotypes*, International Institute of Islamic Thought, Herndon, Virginia.

Burki, Shahid Javed (2001) "Population as an Asset" in *Pakistan Link*, August 10.

Catherwood, Christopher (2002) *Why the Nations Rage : Killing in the Name of God*, Rowman & Littlefield, Lanham, Maryland.

Charles, Prince of Wales (1993) "Islam and the West," speech at Oxford Centre for Islamic Studies, Oxford, October 27.

Chase, Robert et al. (1996) "Pivotal States and US Strategy" in *Foreign Affairs*, January/February, vol. 74, issue 1.

Chaucer, Geoffrey (1977) *The Canterbury Tales*, Penguin Books, London.

Cohen, Stephen P. (2001) *India: Emerging Power*, Brookings Institution Press, Washington DC.

Cole, David, Dempsey, James X. and Goldberg, Carole E. (eds) (2002) *Terrorism and the Constitution: Sacrificing Civil Liberties in the Name of National Security*, New Press, New York.

Collins, Larry and Lapierre, Dominique (1994) *Freedom at Midnight*, Vikas, New Delhi. [originally published 1976]

Connor, Walker (1993) "Beyond Reason: The Nature of the Ethnonational Bond," Annual ERS/LSE Lecture, 1992, in *Ethnic and Racial Studies*, vol. 16. no. 3, July.

Corbin, Jane (2002) *Al-Qaeda*, Nation/Thunder's Mouth, New York.

Dalrymple, William (1994) *City of Djinns: A Year in Delhi*, Flamingo: HarperCollins, London.

Daniel, Norman (1960) *Islam and the West: The Making of an Image*, Edinburgh University Press, Edinburgh.

Dennis, Lisl and Dennis, Landt (2001) *Living in Morocco: Design from Casablanca to Marrakesh*, Thames and Hudson, New York.

Dershowitz, Alan M. (2002) *Why Terrorism Works: Understanding the Threat, Responding to the Challenge*, Yale University Press, New Haven.

Dhaouadi, Mahmoud (1997) *New Explorations into the Making of Ibn Khaldun's Umran Mind*, A. S. Noordeen, Kuala Lumpur.

Duran, Khalid (2001) *Children of Abraham: An Introduction to Islam for Jews*, American Jewish Committee, distributed by Ktav Publishing House, Hoboken, NJ.

Durkheim, Emile (1964) *The Division of Labour in Society*, Free Press, New York.

Durkheim, Emile (1966) *Suicide: A Study in Sociology*, Free Press, New York.

Eck, Diana L. (2001) *A New Religious America: How a "Christian Country" has become the World's Most Religiously Diverse Nation*, HarperSanFrancisco, a Division of HarperCollins, New York.

Edwords, David B. (1966) *Heroes of the Age: Moral Fault Lines on the Afghan Frontier*, University of California Press, Berkeley,CA.

Elst, Koenraad (1992) *Negationism in India: Concealing the Record of Islam*, Voice of India, New Delhi.

Esposito, John L. (1992) *The Islamic Threat: Myth or a Reality?* Oxford University Press, New York.

Esposito, John L. (2002) *Unholy War: Terror in the Name of Islam*, Oxford University Press, New York.

Falk, Richard (1999) *Predatory Globalization: A Critique*, Polity Press, Cambridge.

Falk, Richard (2000) *Human Rights Horizons: The Pursuit of Justice in a Globalizing World*, Routledge, New York and London.

al-Fattah, Anisa Abd (2002) "When Time Stood Still in Jenin" in *Middle East Affairs Journal*, vol. 8. no. 1-2, winter/spring.

Findley, Paul (2001) *Silent No More: Confronting America's False Images of Islam*, Amana Publications, Beltsville, Maryland.

Forbes, Bruce David and Mahan, Jeffrey H. (eds) (2001) *Religion and Popular Culture in America*, University of California Press, Berkeley, CA.

Foucault, Michel (1984) *The Foucault Reader*, edited by Paul Rabinow, Penguin Books, London.

Friedman, Thomas (2000) *The Lexus and the Olive Tree: Understanding Clobalization*, Farrar, Straus and Giroux, New York.

Fukuyama, Francis (1998) *The End of History and the Last Man*, Bard, New York.

Fukuyama, Francis (2002) *Our Posthuman Future: Consequences of the Biotechnology Revolution*, Farrar, Straus and Giroux, New York.

Fuller, Graham E. (2003) *The Future of Political Islam*, Palgrave, St Martin's Press, New York.

Fuller, Graham E. and Lesser, Ian O. (1995) *A Sense of Siege*, Westview/RAND, Boulder, Colorado.

Gellner, Ernest (1981), *Muslim Society*, Cambridge University Press, Cambridge.

Gellner, Ernest (1983) *Nations and Nationalism*, Blackwell, Oxford.

Giddens, Anthony (1978) *Durkheim*, Fontana Modern Masters, London.

Giddens, Anthony (1990) *The Consequences of Modernity*, Polity Press,

Cambridge.

Giddens, Anthony (1991) *Modernity and Self-Identity: Self and Society in the Late Modern Age*, Polity Press, Cambridge.

Giddens, Anthony (2000) *Runaway World: How Globalisation is Reshaping our Lives*, Routledge, London.

Glynn, Patrick (1999) *God: The Evidence - The Reconciliation of Faith and Reason in a Postsecular World*, Forum: Prima Publishing, Rocklin, CA.

Goldberg, Danny, Goldberg, Victor and Greenwald, Robert (eds) (2002) *It's a Free Country: Personal Freedom in America after September 11*, Akashic Books, Brooklyn, New York.

Goldberg, Jeffrey (2000) "The Education of a Holy Warrior" in *New York Times Magazine*, June 25.

Golwalkar, Madhav Sadashiv (1938) *We or Our Nationhood Defined*, Bharat Prakashan Press, Nagpur, India.

Golwalkar, Madhav Sadashiv (1966) *Bunch of Thoughts*, Kesari Press, Bangalore, India.

Goytisolo, Juan (1993) "Terror Town" in *New Statesman and Society*, December 17-31.

Haider, Masood (2002) "Pakistan's Treatment of Intellectuals" in *Pakistan Link*, January 25.

Halliday, Fred (1996) *Islam and the Myth of Confrontation*, I. B. Tauris, London.

Halsell, Grace (1986) *Prophecy and Politics: Militant Evangelists on the Road to Nuclear War*, Lawrenece Hill and Co. Westport, Connecticut.

Halsell, Grace (1999) *Forcing God's Hand - Why Millions Pray for a*

Quick Rapure - and Destruction of Planet Earth, Crossroads Int. Publishing, Washington DC.

Harvey, David (1989) *The Condition of Postmodernity: The Enquiry into the Origins of Culutral Change*, Blackwell, Oxford.

Hawkey, Ian (1995) "Ambassador for Islam" in *CAM: The Univeristy of Cambridge Alumni Magazine*, Easter Term.

Heston, W. L. and Nasir, Mumtaz (undated) *The Bazaar of the Story Tellers*, Lok Virsa Publishing House, Islamabad.

Hiro, Dilip (2002) *War without End*, Routledge, London.

Hodgson, M. G. S. (1974) *The Venture of Islam*, 3 vols, University of Chicago Press , Chicago.

Hourani, Albert (1991) *A History of the Arab Peoples*, Faber and Faber, London.

Hoyt, Michael (2000) *Captive in the Congo: A Consul's Return to the Heart of Darkness*, Naval Institute Press, Annapolis, Maryland.

Human Development Report (1995) United Nationls Development Program, Oxford and New York.

Huntington, Samuel P. (1993) "The Clash of Civilizations?" in *Foreign Affairs*, summer vol. 72, issue 3.

Huntington, Samuel P. (1996) *The Clash of Civiliztions and the Remaking of World Order*, Simon and Schuster, New York.

Hussain, S. Amjad (2001) *The Taliban and Beyond: A Close Look at the Afghan Nightmare*, BWD Publishing, Perrysburg, Ohio.

Izetbegovic, Alija Ali (1993) *Islam between East and West*, American Trust Publications, Indianapolis.

Jencks, Charles (1986) *What is Post-Modernism?*, Academy, London.

Jeremias, Joachim (1964) *Unknown Sayings of Jesus*, SPCK, London.

John Paul II (1994) Crossing the Threshold of Hope, Alfred A. Knopf, New York.

Johnston, Douglas and Sampson, Cynthia (eds) (1994) *Religion, The Missing Dimension of Statecraft*, Oxford University Press, Oxford and New York.

Kaldor, Mary (1999) *New and Old Wars: Organized Violence in a Global Era*, Polity Press, Cambridge.

Kaplan, Robert (1997) *The End of the Earth: From Togo to Turkmenistan, from Iran to Cambodia, a Journey to the Frontiers of Anarchy*, Vintage Books, New York.

Kepel, Gilles (2002) *Jihad: The Trail of Political Islam*, I. B. Tauris, London.

Khaldun, Ibn (1969) *The Muqaddimah: An Introduction to History*, translated by Franz Rosenthal, Princeton University Press, Princeton.

Khan, M. A. Muqtedar (2002) *American Muslims: Bridging Faith and Freedom*, Amana Publications, Beltsville, Maryland.

Khatami, Muhammad (1998) "Dialogue of Civilisations," speech to United Nations General Assembly, New York, September 24.

Kimball, Charles (2002) *When Religion Becomes Evil*, HarperSanFrancisco, a Division of HarperCollins, New York.

Kipling, Rudyard (1960) *Kim*, Macmillan Press, London.

Kottak, Conrad Phillip (2000) *Cultural Anthropology*, McGrawHill, Higher Education, Boston, New York, London.

Kramer, Martin (2001) *Ivory Towers on Sand: The Failure of Middle Eastern Studies in America*, Washington Institute for Near East Policy, Washington DC.

Kroker, Arthur and Cook, David (1998) *The Postmodern Scene: Excremental Culture and Hyper-aesthetics*, Macmillan Education, London.

Lamb, Christina (2002) *The Sewing Circles of Herat: My Afghan Years*, HarperCollins, London and New York.

Lash, Scott (1990) *Sociology of Postmodernism*, Routledge, London.

Lebor, Adam (1997) *A Heart Turned East: Among the Muslims of Europe and America*, Little, Brown, London.

Lee, Christopher (1997) *Tall, Dark and Gruesome*, Midnight Marquee Press, London.

Lewis, Bernard (1998) *The Multiple Identities of the Middle East*, Schocken Books, New York.

Lewis, Bernard (2002) *What Went Wrong? Western Impact and Middle Eastern Response*, Oxford University Press, New York.

Lindholm, Charles (1982) *Generosity and Jealousy: The Swat Pukhtun of Northern Pakistan*, Columbia University Press, New York.

Lings, Martin (1995) *What is Sufism?* Islamic Texts Society, Cambridge.

Loizos, Peter (1981) *The Heart Grown Bitter: A Chronicle of Cypriot War Refugees*, Cambridge University Press, Cambridge.

Lyotard, Jean-François (1984) *The Post-Mordern Condition: A Report on Knowledge*, translated by G. Bennington and B. Masumi, University of Minnesota Press, Minneapolis.

Mahdi, Muhsin (1957) *Ibn Khaldun's Philosophy of History: A Study in the Foundation of the Science of Culture*, University of Chicago Press, Chicago.

Mahdi, Muhsin (1968) "Ibn Khaldun" in *International Encyclopedia of the Social Sciences*, edited by David L . Sills, vol. 7, Macmillan,

New York.

Makiya, Kanan (1933) *Cruelty and Silence: War, Tyranny, Uprising, and the Arab World*, Jonathan Cape, London.

Mandaville, Peter (2001) *Transnational Muslim Politics*, Routledge, London.

Masud, Enver (2002) *The War on Islam*, Madrasah Books, An Imprint of The Wisdom Fund, Washington DC.

Menocal, María Rosa (2002) "Culture in the Time of Tolerance: *Al-Andalus* as a Model of Our Own Time," Yale Law School Occasional Papers, second series, no. 6.

Menocal, María Rosa (2002) *Ornament of the World*, Little, Brown, New York.

Mestrovic, Stjepan G. (1994) *The Balkanisation of the West: The Confluence of Postmodernism with Postcommunisim*, Routledge, London.

Mestrovic, Stjepan G. (ed.) (1996) *Genocide after Emotion: The Postemotional Balkan War*, Routledge, London and New York.

Micklethwait, John and Wooldridge, Adrian (2000) *A Future Perfect: The Challenge and Hidden Promise of Globalization*, Times Books, New York.

Mische, M. Patricia and Merkling, Melissa (2001) *Towards a Global Civilization? The Contribution of Religions*, Peter Lang, New York.

Mittelman, James (2000) *The Globalization Syndrome: Transformation and Resistance*, Princeton University Press, Princeton.

Mohamad, Mahathir (2001) *Islam and the Muslim Ummah*, Prime Minister's Office, Putrajaya, Malaysia.

Moynihan, Daniel Patrick (1993) *Pandaemonium: Ethnicity in*

International Politics, Oxford University Press, Oxford.

Najjar, Abdal Majid al (2000) *The Viceregency of Man: Between Revelation and Reason*, International Institute of Islamic Thought, Herdon, Virginia.

Nash, Manning (1989) *The Cauldron of Ethnicity in the Modern World*, University of Chicago Press, Chicago.

Nasr, Seyyed Hossein (2002) *The Heart of Islam: Enduring Values of Humanity*, HarperSanFrancisco, a Division of HaperCollins, New York.

Nehru, Jawaharlal (1941) *Towards Freedom: An Autobiography*, John Day, New York. [originally published 1936]

Nietzsche, Friedrich (1966) *Beyond Good and Evil*, translated by Walter Kaufmann, Vintage, New York.

Nietzsche, Friedrich (1972) *Twilight of the Idols: The Anti-Christ*, translated by R. J. Hollingdale, Penguin, Harmondsworth, Middlesex.

Oak, P. N. (1990) *Some Blunders of Indian Historical Research*, Bharati Sahitya Sadan, New Delhi.

Padgaonkar, Dileep (ed.) (1993) *When Bombay Burned*, UBS Publishers and Distributors, New Delhi.

Pearson, Robert P. and Clark, Leon E. (2002) *Through Middle Eastern Eyes*, Apex Press, New York.

Picco, Giandomenico (2001) "A Dialogue Among Civilisations" in *Seton Hall Journal of Diplomacy and International Relations*, vol. 2, no. 1, winter/spring, pp. 5-10.

Pimm, Stuart L. (2001) *The World According to Pimm: A Scientist Audits the Earth*, McGraw-Hill, New York.

Poggi, Gianfranco (2000) *Durkheim*, Oxford University Press, New York and Oxford.

Quran (1938) *The Meaning of the Glorious Quran*, translated by Marmaduke Pickthall, Government Central Press, Hydera-bad-Deccan, India.

Qutb, Sayyid (n.d.) *Milestones*, Iowa University Publishing Co., Cedar Rapids.

Rashid, Ahmed (2000) *Taliban: Militant Islam, Oil and Fundamentalism in Central Asia*, Yale University Press, New Haven and London.

Reston, James, Jr (2002) *Warriors of God: Richard the Lion-heart and Saladin in the Third Crusade*, Anchor Books, New York.

Robertson, Roland (1991) "The Globalisation Paradigm: Thinking Globally" in D. G. Bromley (ed.) *Religion and Social Order*, JAI Press, Greenwich, Connecticut, pp. 207-24.

Robertson, Roland (1992) *Globalisation: Social Theory and Global Culture*, Sage Publications, London.

Rosen, Lawrence (1984) *Bargaining for Reality: The Construction of Social Relations in a Muslim Community*, University of Chicago Press, Chicago.

Rosen, Lawrence (2002) *The Culture of Islam: Changing Aspects of Contemporary Muslim Life*, University of Chicago, Chicago and London.

Sachedina, Abdulaziz (2001) *The Islamic Roots of Democratic Pluralism*, Oxford University Press, Oxford.

Sacks, Jonathan (2002) "The Dignity of Difference: Avoiding the Clash of Civilisations," Foreign Policy Reasearch Institute WIRE www.fpri.org, vol. 10, no. 3, July.

Safi, Louay M. (2001) *Peace and the Limits of War: Transcending Classical Conception of Jihad*, International Institute of Islamic Thought, Herndon, Virginia.

Said, Edward W. (1978) *Orientalism*, Penguin Books, New York.

Said, Edward W. (1993) *Culture and Imperialism*, Chatto and Windus, London.

Segesvary, Victor (2000) *Dialogue of Civilisations: An Introduction to Civilisational Analysis*, United Press of America, Lanham, Maryland.

Shah, Idries (1990) *The Sufis*, Doubleday, New York.

Sherif, M. A. (1994) *Searching for Solace: A Biography of Abdullah Yusuf Ali, Interpreter of the Qur'an*, Islamic Book Trust, Kuala Lumpur, Malaysia.

Smith, Huston (2001) *Why Religion Matters: The Fate of the Human Spirit in an Age of Disbelief*, HarperSanFrancisco, a Division of HarperCollins, New York.

Spain, J. W. (1963) *The Pathan Borderland*, Mouton, The Hague.

Spencer, Robert (2002) *Islam Unveiled: Disturbing Questions about the World's Fastest-Growing Faith*, Encounter, San Francisco.

Stern, Jessica (2000) "Pakistan's Jihad Culture" in *Foreign Affairs*, November/December, vol. 79, issue 6.

Thompson, John B. (1990) *Ideology and Modern Culture*, Polity Press, Cambridge.

Turner, Bryan S. (1994) *Orientalism, Postmodernism and Globalism: Intellectuals in the Modern World*, Routledge, London.

Varshney, Ashutosh (2002) *Ethnic Conflict and Civic Life: Hindus and*

Muslims in India, Yale University Press, New Haven and London.
Vollmann, William T. (2000) "Across the Divide: What do the Afghan People Think of the Taliban?" in *New Yorker*, May 15.
Worsley, P. M. (1966) "The End of Anthropology?," paper for 6th World Congress of Sociology, mimeo.
Wuthnow, Robert (2001) *After Heaven: Spirituality in America since the 1950s*, University of California Press, Berkeley.
Yaqub, Shagufta (2001) "Profile: Ambassador of Dialogue" in *QNews*, July; reprinted *Pakistan Link*, July 13.
Yusuf, Feyyaz (1993) "Christian Radicalism Stirs the Serbs" in *QNews*, December 10-17, London.
Zepp Jr, Ira G. (1992) *A Muslim Primer: Beginner's Guide to Islam*, Wakefield Editions, Westminster, Maryland.

찾아보기